신자유주의에 대하여

– 신자유주의 쇠퇴기에 생각해보는 새로운 전망

필자소개

최병두 - 대구대학교, 지리학, bdchoi@daegu.ac.kr
김홍중 - 서울대학교, 사회학, slimciga@hanmail.net
박지웅 - 영남대학교, 경제학, pjiung@ynu.ac.kr
안현효 - 대구대학교, 경제학, harryahn@daegu.ac.kr
김재훈 - 대구대학교, 경제학, jaehk@daegu.ac.kr

초판 발행 | 2010년 8월 30일
지은이 | 최병두, 김홍중, 박지웅, 안현효, 김재훈
펴낸이 | 홍덕률
펴낸곳 | 열린길
경북 경산시 진량읍 대구대로 201
전화 053) 850-5661~3 | 팩스 053) 850-5669
http://press.daegu.ac.kr/
등록 | 2007년 4월 19일 제2007-3호
찍은곳 | 초록뱀디지털
ISBN 978-89-959583-0-8-04300
정가 | 10,000원

신자유주의에 대하여

– 신자유주의 쇠퇴기에 생각해보는 새로운 전망

최병두, 김홍중, 박지웅, 안현효, 김재훈 공저

서 문

신자유주의 사상의 극복과 그 대안의 모색

우리 시대 사회과학의 가장 중요한 화두는 무엇일까? 논자에 따라서 그리고 학문의 연구 분야에 따라서 아마도 다양한 견해들이 제시될 수 있을 것이다. 그러나 사회과학이 결국 당대 특정 사회의 가장 근본적인 모순의 구조와 지적으로 대결하는 작업이라면, 우리 시대 사회과학은 그 분야와 경향을 막론하고 '신자유주의'라는 문제를 우회할 수 없을 것이라는 사실에 많은 분들이 동의할 것이라 생각한다. 신자유주의에 대한 체계적 설명과 진단 그리고 그 패권적 시스템을 넘어서는 어떤 대안의 적극적 모색은 정치, 경제, 사회, 문화 등 사회과학의 거의 모든 영역에서 시급하게 요청되는 '시대적' 과제이다.

주지하듯이, 신자유주의적 제도와 시스템은 80년대 이후 전 세계적인 수준으로 파급되었으며, 한국 사회의 경우에 90년대 중반 이후 현재까지 그 경향은 점점 심화되고 있다. 2008년에 발생한 미국 발發 금융위기에도 불구하고 여전히 신자유주의는 강한 현실정치와 정책의 패러다임으로 기능하고 있는 것이 사실이다. 신자유주의는 단순한 정치경제적 시스템 구성의 하부 원리가 아니라 소위 '이념의 종언', '역사의 종언', '인간의 종언' 등으로 특징지어지는 '종언'의 시대를 지배하는 삶의 형태, 문화적 패턴으로 재생산되고 있다. 요컨대, 신자유주의적 제도는 신자유주의적 삶의 형식을 낳고, 그런 삶의 형식은 결국 신자유주의적 마인드와 에토스를 갖춘 신자유주의적 인간, 즉 '호모 에코노미쿠스Homo Economicus'를 양산한다. 제도로서의 신자유주의와 문화로서의 신자유주의는 서로를 강화시키면서 신자유주의 헤게모니를 심화시키고 있는 것이다.

우리 사회의 모든 문제를 신자유주의 제도화와 신자유주의적 문화로 설명할 수는 물론 없겠지만, 사회의 양극화, (신)빈곤, 사회 안전망의 해체, 복지 사각지대의 확장, 삶의 질의 전반적 저하, 환경 문제, 교육 부문에서 제기되는 다양한 문제들, 청년 실업, 일중독의 심화, 사회적 불안의 증대와 같은 무수한 사회적 문제들의 근저에 바로 '신자유주의'가 자리 잡고 있다는 것을 부인할 수는 없다. 사회 문제의 한 실마리를 붙들고 들어갔을 때 그 뿌리에서 발견되는 우리 시대의 신자유주의에 관해서 본격적인 성찰을 시도하는 이 책의 문제의식은 그렇게 형성된 것이다. 우리는 신자유주의의 방대한 측면들 중에서 그것의 '사상적 극복'이라는 각도에 초점을 맞춘다. 신자유주의의 사상적 극복이란 무엇을 의미하는가? 그것은 신자유주의를 단순한 정책이나 제도의 문제로 보는 것이 아니라, 앞서 소략하게 언급한 것처럼, 〈제도-문화-인간〉의 복합적 구조로 이루어진 하나의 이데올로기이자 우리 시대를 지배하는 '정신'으로 보는 관점으로 시작된다. 신자유주의가 하나의 '정신'이라는 인식은 신자유주의에 대한 접근에 있어서 보다 심층적이고 섬세한 각도와 태도를 요구하는 결과를 낳는다. 그것이 정신인 한에서 신자유주의는 독자적인 세계관과 현실적 권력을 갖고 있는 살아 있는 정당성의 체계이다. 신자유주의는 단순한 허위의식이 아니라, 그 안에서 수많은 민民이 자신 삶의 문제를 해결하고, 미래를 꿈꾸고, 세계를 해석하는 의미와 상징의 복합체, 즉 사상인 것이다. 바로 이런 점에서 우리는 신자유주의를 하나의 '사상'으로서 점검하고 신자유주의적 문화가 형성하는 인간성을 넘어설 수 있는 가능성을 윤리적, 정치적으로 모색하고, 한국 사회에서 그런 신자유주의화가 구체적으로 어떻게 진행되어 왔는지를 경험적으로 살펴보기 위해서 이 책을 기획하였다. 우리는 사상으로부터 시작하여 정책의 수준으로 논의를 구체화시키고, 결국 우리 사회에서의 신자유주의의 문제를 다룸으로써, 현대 한국 사회의 다양한 문제들의 해법에 관심을 기울이는 독자들과의 생산적 대화를 도모하고자한다. 책은 다음과 같은 5개의 장으로 나누어져 있다. 그 내용을 개략적으로 소개하면 다음과 같다.

우선 제1장 "신자유주의 개념의 이해: 신자유주의 기원과 발전 그리고 종말에 관한 하비의 견해를 중심으로"은 저명한 맑스주의 지리학자인 데이비드 하비의 논의를 중점적으로 검토하면서 신자유주의 이데올로기의 특성, 그 정치경제학적 성격 그리고 미국과 영국에서 이와 같은 신자유주의가 어떻게 창발했으며 그것이 어떻게 세계적으로 확산되었는지, 최종적으로는 신자유주의에 대한 대안으로서 무엇이 가능한지를 이론적으로 검토한다.

제2장 "육화된 신자유주의의 윤리적 해체"는 신자유주의적 제도가 내면화되어 형성되는 신자유주의 문화의 육화incarnation라는 개념을 제안

하면서, 신자유주의 시대의 대표적 주체 유형으로서 '생존자survivor'를 제시하고 그 한계와 특성을 분석한다. 이런 생존자의 유형을 극복할 수 있는 이론적, 윤리적 가능성을 탐구하기 위해서 이 글은 가라타니 고진의 성찰적 주체와 그가 형성하는 사회의 새로운 이미지 즉 어소세이션의 문제를 대안적 가능성으로 제시하고 있다.

제3장 "신체훼손의 역사로 본 오늘날의 자본주의와 그 대안"은 신자유주의의 조류를 타고 강력하게 자리 잡은 오늘날의 글로벌자본주의에서 인식하지 못하는 신체훼손을 폭로한다. 이러한 신체훼손을 인식하지 못한 채 마법적 포획과 통제사회의 합리성은 오늘날 자본주의를 미화할 수 있다. 이글에서는 오늘날 자행되고 있는 신체훼손이 유례를 찾아볼 수 없는 끔찍한 신체훼손임을 밝히고 신체훼손을 거부하고 훼손된 신체를 회복하는 대안을 제시한다.

제4장 "신자유주의 시대 한국경제의 양극화 성장"은 크게 다음의 세 가지 질문에 대한 흥미로운 해답을 시도한다. 첫째, 신자유주의는 현재 전세계적으로 퇴조하고 있는가? 둘째, 신자유주의가 한국 사회에 남긴 유산은 무엇인가? 셋째, 한국에서 신자유주의의 미래는 무엇인가? 특히 신자유주의와 한국 사회의 양극화의 문제를 이 글은 집중적으로 천착함으로써 한국적 신자유주의의 특이성에 대한 이해를 확장시키고 있다.

마지막으로 제5장 "민주화와 근로대중의 삶, 국가의 성격"은 한국에서 신자유주의 이후, 즉 1987년 민주화대항쟁 이후 한국 사회에서 노동자계급의 삶의 수준의 변화를 추적하면서, 정치적 민주주의와 경제발전의 관계 그리고 경제발전이 노동자계급의 실질적 삶의 변화와 맺는 관계를 집중적으로 논의하고 있다. 이런 논의를 통해서 우리는 신자유주의적 삶의 실제적 현실을 심층적으로 이해할 수 있는 중요한 시각을 제공하고자 했다.

5인의 경제학, 사회학, 지리학을 전공하는 교수님들이 신자유주의 실체를 이해하기 위해 같이 뜻을 모았지만 그 논의의 관점이 모두 통일된 것은 아니며, 또 그것을 추구한 것도 아니다. 우리는 오히려 이 책을 통하여 독자들이 신자유주의가 무엇이며, 어떻게 형성되어 발전되어왔으며, 한국 사회에서 신자유주의는 어떤 역사를 갖는지, 그리고 그 장점과 폐해는 또 무엇인지, 그것을 넘어설 수 있는 대안적 모델은 어떻게 사유될 수 있는지 등의 문제들을 성찰할 수 있는 시간과 계기를 제공받을 수 있기를 희망한다. 그리하여 공저자들이 함께 모여 그 주제를 좀 더 쉬운 형태로 논의하여 독자들의 이해를 도우려 했다.

마지막으로 집필자 여러분과 편집과정에서 수고해주신 박철호씨, 그리고 대구대학교 전 출판문화원장 하영수 교수님과 현 출판문화원장 김시만 교수님께 감사드린다.

2010년 2월 김홍중

차 례

최병두

신자유주의 개념의 이해

: 신자유주의의 기원과 발전, 그리고 종말에 관한 하비의 견해를 중심으로

1

신자유주의 개념의 이해

신자유주의 기원과 발전, 그리고 종말에 관한 하비의 견해를 중심으로

머리말

데이비드 하비는 그의 책 대부분이 한글로 번역되어 있고, 그 자신이 여러 차례 한국을 방문했을 정도로 한국 학자들, 특히 비판적 연구자들에게 친숙하다. 그는 심지어 2005년 행정중심복합도시와 관련된 국제 도시계획 공모전 심사위원으로 한국을 방문했으며, 당시 국토연구원에서 강연을 한 바 있다. 강연한 주제는 '신자유주의와 도시'였던 것 같은데, 배포한 논문의 제목은 '창조적 파괴로서의 신자유주의'였다[1]. 사실 신자유주의에 관한 하비의 논의는 '신자유주의와 도시'에 관한 이론적 배경으로 이해된다. 당시 발표한 내용은 다음과 같은 의문,

---

1 '신자유주의와 도시'와 같은 제목의 논문이 Harvey(2007b)로 학술지에 게재되었으나, 내용은 다른 것처럼 보인다. 그리고 '창조적 파괴로서의 신자유주의'는 Harvey(2007a)에 게재되어 있으며, 당시 배포된 원고의 한글 번역은 추선영 옮김, '신자유주의, 창조적 파괴', 진보저널 읽기모임, http://blog.jinbo.net/ecopeace/?pnum=3)에서 찾아 볼 수 있다.

즉 사람들은 "어떻게 신자유주의를 '자연스럽게' 받아들이게 되었는가?" 또는 "왜 신자유주의적 '전환'이 이루어지고 있는가?"였다. 하비는 이에 대한 답으로, 신자유주의는 개인의 자유와 같은 보편적 가치를 전제로 계급 권력의 회복을 목적으로 하고 있지만, 실제로는 자본축적을 위한 세계적 경제성장은 약화되었고 사회공간적 불평등이 심화되었으며, 따라서 그 대안으로 신자유주의의 이러한 속성과 반민주적 성향을 밝히는 것이 중요하다고 지적했다.

하비의 발표 내용은 그의 논문Harvey, 2007a의 초안과 더불어 당시 막 출판되었던 저서, 〈신자유주의: 간략한 역사〉A Brief History of Neoliberalism에서 주요한 부분을 발췌하거나 요약한 것이라고 할 수 있다. 당일 하비의 발표에 대한 질문과 답변이 있었는데, 주요 질문/답변으로, 첫째 '계급'은 어떻게 이해되어야 하는가? / 단기적이고 즉각적인 혁명이란 없으며, 상당히 오랜 과정이 필요하다; 둘째, 신도시 계획의 정치에 대해 어떻게 생각하는가? / 이에 대해 잘 모르며, 단지 '참여관찰'을 하기 위해 참여했다; 셋째, 최근의 연구관심사는 무엇인가? / 무엇이든 하고 싶은 것을 한다는 조건으로 뉴욕시립대로 옮겼으며, 주변에서는 기존 연구에 바탕을 둔 인류학적 연구를 할 것으로 기대한다. 이와 같이 최근 한국의 연구자들은 하비의 견해에 많은 관심을 가지고 있을 뿐만 아니라, 그를 국책사업의 심사위원으로 초청하거나 국책 연구기관에서 특강을 하고 질의/응답을 할 정도로 발전했다. 하비는 자신의 방문을 한국의 신자유주의적 발전 전략에 대한 '참여관찰'이라고 하지만, 역으로 한국의 신자유주의는 하비를 초청하여 그 내용과 영향력을 역逆관찰할 정도로 유연하고 대범해(?) 졌다.

데이비드 하비는 지리학자이지만, 그의 연구 주제는 좁은 의미의 지리학 범위를 훨씬 넘어서, 세계적 이슈, 즉 9.11사건 이후 미국이 보여준 신제국주의와 더불어 전세계를 뒤덮고 있는 신자유주의(그리고 최근 미국에서 시발된 금융위기에 이르기까지)에 대한 관심을 포괄하고 있다. 이에 따라 그의 영향은 단지 지리학자들에 한정된 것이 아니라 비판적 지식인들 나아가 현재의 정치경제적 상황의 역동성에 관심을 가지는 많은 학자들에게까지 미치고 있다. 그러나 연구의 출발점에서 그의 두 발은 항상 맑스의 이론과 지리학에 굳건히 뿌리를 두고 있다. 이 두 발판은 '역사-지리적 유물론'으로 지칭되면서 〈자본의 한계〉Harvey, 1982에서 이론적으로 체계화되었고, 그 이후 그의 연구를 위한 새로운 관심과 사고를 촉진시키는 기본 바탕이 되었다. 그의 최근 저서, 〈신제국주의〉Harvey, 2003, 〈신자유주의〉Harvey, 2005, 그리고 〈지구적 자본주의의 공간〉Harvey, 2006, 〈자본의 비밀〉Harvey, 2010 등은 그의 이론적 통찰력과 더불어 현실 세계의 변화에 대한 그의 성찰을 반영한 것이라고 할 수 있다.

이 글에서는 데이비드 하비가 지리학자로서 신자유주의와 도시에 관해 가지는 기본적 관심을 전제로, 최근 우리 사회뿐만 아니라 세계적으로 옹호되고 있는 지배적 이데올로기로서의 신자유주의, 그리고 현실 세계에서 역동적으로 전개되고 있는 신자유주의화에 관하여 논의하고자 한다. 신자유주의에 대해 관심을 가지는 많은 국내외 연구자들과 이들의 연구결과물들이 있지만[2], 현재 진행되고 있는 신자유주의의 역동성에 대한 깊이 있고 체계적인 연구는 사실 매우 부족한 편이다. 신자유주의에 대한 하비의 논의는 그 이데올로기적 기원과 현실세계에서의 발전과정, 그리고 현재 위기 상황에 대한 진단과 앞으로의 전망을 모색함에 있어 우리들에게 주요한 통찰력을 제공하고 있다[3]. 이 글에서는 하비의 논의를 중심으로 먼저 신자유주의의 이데올로기적 기원과 현실 세계에서의 기본 특성을 살펴보고, 미국과 영국을 중심으로 한 서구적 발전과정과 우리나라와 중국 등을 포함한 지구적 차원으로의 확산 과정을 고찰한 후, 현재 신자유주의가 봉착해 있는 위기 상황에 대한 하비의 입장과 대안적 미래를 검토해 보고자 한다.

신자유주의의 이데올로기와 정치경제적 특성

신자유주의적 이데올로기

신자유주의가 무엇인가에 대해서는 다양한 견해가 있을 수 있지만, 이는 기본적으로 현재 진행되고 있는 (자본주의적) 세계경제를 주도하는 이데올로기이며 또한 그 현실적 특성을 의미한다고 할 수 있다. 하비에

2 예로, 국내 연구자들의 저서로는 서울사회경제연구소편(2005)를 참조할 수 있으며, 국내 번역본으로는 Dumenil and Levy(2000; 이강국, 장시복 역, 2006), Glyn(2006; 김수행, 정상준 역, 2008), Saad-Filho and Johnston(2005, 김덕민 역, 2009) 등을 참조할 수 있다.

3 <신자유주의>를 출판한 후, 그에 대한 관심은 이 책에 대한 많은 서평들뿐만 아니라 그와 가진 많은 대담들(예로 Harvey, 2006a; 2006b)과 신자유주의에 관한 이론적 현실적 연구에의 응용들(예로, Harman, 2008; Nonini, 2008)을 찾아 볼 수 있다.

의하면, "신자유주의는 사적 소유권, 개인의 자유, 자유시장, 자유무역의 특징을 갖는 제도적 틀 안에서 기업의 자유를 극대화함으로써 인간 복리가 가장 잘 개선될 수 있다고 하는 정치경제적 실행에 관한 이론"이다 Harvey, 2007a, 22; Harvey, 2005, 2[15][4]. 그리고 신자유주의 "국가의 역할은 이러한 실행에 적합한 제도적 틀을 창출하고 보호하는 것"이라고 규정된다ibid. 이러한 신자유주의 이론은 1940년대 하이에크Hayek의 정치철학에서 시발되어, 1960년대 프리드만Friedman을 중심으로 한 시카고대학파 학계의 경제정책론에 반영되었고, 1970년대 경제침체 상황에서 영국의 대처와 미국 레이건의 정책을 통해 실제 실행되었으며, 1990년대 이른바 워싱턴 컨센서스를 통해 국제적 합의로 제도화되었다고 할 수 있다.

그러나 그 이데올로기적 성향에 있어서 뿐만 아니라 실제 이의 결과를 통해 보면, 신자유주의는 자본주의적 생산 또는 자본축적 과정에 직접적으로 기여하기 보다는 자본계급의 권력 회복을 위한 프로젝트로 이해된다. 즉 하비는 자본주의의 발전 과정에 관한 뒤메닐과 레비Dumenil and Levy, 2000의 설명에 공감하여, "신자유주의의 역사를 국제자본주의의 재조직을 위한 이론적 틀을 제공하는 유토피아적 기획 또는 자본축적 조건의 재구축과 계급권력의 복원을 염두에 둔 정치적 기획"Harvey, 2007a, 28-29; Harvey, 2005, [36]으로 정의한다. 신자유주의에 대한 이러한 정의는 사드-필류와 존스턴Saad-Filho and Johnston, 2005, [10]의 주장과 유사하다.

4 이 문장은 Harvey(2007a, 22) 및 Harvey(2005, 2; 최병두 역, 2007, 15. 이하에서 [ ] 속의 수자는 해당 원서의 한글 번역본 페이지를 나타냄)에서 약간 달리 서술되어 있다

이들에 의하면, 신자유주의란 "전 세계 엘리트 집단에게 부와 권력을 집중시키려는, 특히 각국의 금융적 이해관계에 이익이 되며 국제적으로는 미국 자본에 이익이 되는 헤게모니 프로젝트의 일부"이다[5].

하비의 우선적 관심은 이러한 신자유주의가 어떻게 그렇게 광범위하게 번성하게 되었는가에 있다. 그에 의하면, 이에 대한 정치경제학적 설명은 두가지 세부 내용을 가진다. 첫째는 이른바 '세계화'라고 불리는 새로운 경제적 공간적 편성, 즉 신자유주의화 과정이 어떠한 수단과 경로를 통해 기존의 체계에서 도출되었는가라는 의문이다. 이는 신자유주의의 물적 토대변화가 어떻게 이루어지게 되었는가에 관한 의문이지만, 이에 대한 실제 연구는 미흡하다고할 수 있다. 둘째는 신자유주의라는 소수파 주장이 어떻게 다수 주장이 되어, 담론 양식에서 헤게모니적이게 되었는가와 관련된다. 첫 번째 사항은 다음 소절에서 간단히 살펴보고, 우선 두 번째 사항을 확인해 볼 수 있다.

신자유주의가 전제로 하고 있는 '자유'는 보편적 가치를 함의한 것으로 이해되지만, 실제 신자유주의에서 자유는 자유시장, 자유무역, 그리고 자유로운 소유(즉 사적 소유권) 등과 우선 관련되며, 나아가 "개인의 자유는 시장과 무역의 자유에 의해 보장된다고 가정"된다. 이러한 점에

5 그러나 이들은 "몇 가지 이유에서 신자유주의를 순수하게 이론적으로 정의하는 것은 불가능하다"고 주장한다. 왜냐하면, 첫째, 신자유주의는 하나의 생산양식이 아니며, 둘째 신자유주의는 세계화나 제국주의와 분리할 수 없으며, 셋째 신자유주의에 대한 역사적 분석은 다층적인 접근을 요구하며, 넷째 신자유주의는 기본적으로 국가권력의 체계적 사용과 관련된다. 이러한 점에서 신자유주의적 이론은 정태적으로 머물러 있지 않지만, "신자유주의적 프로젝트의 핵심은 변화하지 않았다"고 주장된다(ibid, [15]).

서 하비Harvey, 2007b, 3는 부시의 연설문을 세심하게 확인하면서, 여기서 언급된 자유의 개념은 "자유freedom와 자율liberty이 미국적 가치라는 주장에서부터, 이들이 보편적 가치이며 지구를 위한 전지전능자의 지적 설계라는 주장에 이르기까지 다양하다"고 말한다. 그러나 국가는 보편적 가치로서 자유를 강조하지만, 실제 이러한 가정 하에서 "자본의 편에서 이윤을 올릴 수 있는 자본 축적의 조건들을 고무시키는 것을 기본 임무"로 수행한다. 하비에 의하면, 이러한 신자유주의 국가의 사례는 1973년 작은 9월 11일의 쿠테타 이후 칠레에 수립된 정부에서부터 2003년 이라크 침공 이후 미국이 이식한 이라크 정부에 이르기까지 다양하게 찾아 볼 수 있으며, 이와 같이 주변부에서 수행되었던 실험이 중심부의 정책 입안을 위한 모형이 되었다고 주장된다.

이와 같이 신자유주의화가 일부 주변부 국가에서 우선적으로 실험되었다고 할지라도, 신자유주의화가 추동된 우선적 배경은 1970년대 서구 경제의 침체에서 찾아 볼 수 있다[6]. 2차 대전 직후 서구경제는 1930년대 대공황과 같은 재앙을 막기 위하여 자본과 노동 간 계급적 타협의 산물로 케인즈적 재구조화를 광범위하게 받아들이게 된다. 이에 따라 국가는 적극적으로 산업정책에 개입하고 복지체계를 구축함으로서,

6 다른 한편, 이데올로기로서 신자유주의는 68운동 이후 대안의 모색에서 분리되었다고 하비는 지적하기도 한다. 하비에 의하면, 개인적 자유와 사회적 정의에 대한 주장들은 공동의 적이 있을 때는 서로 융합(68운동에서처럼)하지만, 그 이후 신자유주의적 수사는 사회적 정의를 추구하는 다양한 세력들로부터 개인적 자유를 주장하는 세력들을 분리시켰다. 반면 좌파운동은 개인적 추구와 사회적 정의의 추구 간 내재된 긴장을 극복하지 못했을 뿐만 아니라 이를 인식하여 대처하지도 못했다는 점이 지적된다 (당시 상위계급은 이를 직감하고, 대처한 반면).

하비가 주장하는 '착근된 자유주의'embedded liberalism를 달성하게 된다. 이는 시장 과정과 기업 활동에 대한 제한적이면서도 유도적인 전략을 강구하기 위한 것으로, 이러한 착근된 자유주의에 따라 1950~60년대 선진국들은 높은 경제성장률을 보이게 되었다. 그러나 1960년대 말경, 포드주의적 경제의 침체와 더불어 이러한 착근된 자유주의가 해체되기 시작했고, 경제침체에 대한 새로운 대안이 요청되었다. 이에 대한 진보적 입장은 사민주의와 조합주의적 해법이었으나, 이는 자본축적의 요구에 부응하지 못했다. 대신 기업 권력의 자유화를 포함하여 포괄적인 시장 자유를 지지하는 신자유주의가 힘을 얻기 시작했고, 상호논쟁의 결과 (워싱턴 컨센서스를 통해) 유일한 대안으로 자리잡게 되었다.

결국 대처가 주장한 바와 같은 유일한 대안으로서의 신자유주의는 이러한 경제 침체과정에서 상위 계급이 자신의 이해관계에 위협을 느끼게 됨에 따라 자신을 보호하기 위한 노력으로 신자유주의를 강화시키게 되었다고 할 수 있다 (착근된 자유주의에 기초한 경제성장 시기에는 비록 상위계급의 권력이 약화되고 노동자들의 몫이 커졌다고 할지라도, 성장이 지속되는 동안에는 이들의 이해관계 실현에 큰 문제가 되지 않았다). 바로 이러한 점에서 신자유주의화는 한편으로 심각한 경제침체 상황에서 "자본주의의 재조직화를 위한 이론적 설계를 실현시키고자 하는 유토피아적 프로젝트"로 제시되지만, 다른 한편 "자본축적의 조건들을 재건하고 경제 엘리트의 권력을 회복하기 위한 정치적 프로젝트로 해석"될 수 있으며, 실제 후자가 보다 지배적이게 되었다Harvey, 2005,

[36]. 이러한 이중성은 "사유재산권, 개인 및 기업의 자유를 방어하기 위해 필요할 경우 강력하고 강제적인 국가가 필요하다"는 주장에 함의된 바와 같이, 신자유주의 이론이 일관성을 전혀 가지지 못하도록 했다.

이러한 하비의 주장은 신자유주의가 가지는 이데올로기적 속성과 이에 내재된 이론적 비일관성을 이해할 수 있도록 한다. 그러나 여기서 일단 우리는 두가지 의문을 제기할 수 있다. 첫째, 하비는 신자유주의는 '계급 권력의 회복을 위한 수단'을 강조하지만, 여기서 '계급'이란 무엇을 의미하는가라는 점이다. 하비에 의하면, '계급'은 안정된 사회적 편제가 아니며, 실제 신자유주의화는 계급의 재개념화를 동반했다고 주장된다[7]. 만약 그렇다면, '계급'은 무엇을 의미하는가? 특히 뒤에서 논의할 '탈취에 의한 축적'의 개념과 관련하여 신자유주의화 과정에서 재편된 계급은 기존의 자본-노동관계와 어떤 관계에 있는가를 정확히 설정할 필요가 있다. 둘째, '좋은 자유'와 '나쁜 자유'가 있다는 폴라니Polany의 입장에 따라, 하비Harvey, 2007, 57는 (신)자유주의적 유토피아주의는 권위주의 또는 파시즘에 의해 좌절될 운명에 처해 있으며, 이로 인해 "좋은 자유는 사라지고, 나쁜 자유가 빈자리를 차지한다"고 생각한다. 그러나 여기서 좋은 자유와 나쁜 자유는 어떻게 구분될 수 있는가라는 의문이 제기될 수 있다.

---

7 예로, 대처는 "엘리트에 의해 지배되는 귀족적 전통에 대항해, 성급한 기업가들과 신흥부자들을 편들었다"고 한다. 또한 하비에 의하면, "'계급'은 장소가 달리지면 다른 의미를 가진다. 어떤 경우 (미국에서처럼) 이는 흔히 아무런 의미도 없다고 주장된다. 세계의 여러 다른 부분들에서 계급 정체성의 형성, 재형성이라는 점에서 상당한 차별화 경향이 있다."(Harvey, 2005, [50]).

신자유주의의 정치경제적 특성

일반적으로 신자유주의를 구성하는 주요 요소들로 자유시장의 원칙, 이를 위한 국가의 규제 완화 또는 탈규제, 그리고 사회적 서비스를 위한 공적 지출의 축소 등이 제시된다. 신자유주의는 우선 경제에 대한 국가 개입의 축소와 이에 따른 자유시장으로의 복귀를 전제로 한다. 이를 통해 국제적 자유 무역과 자유 투자가 촉진되며, 자본과 기술, 그리고 노동력의 자유로운 이동이 보장된다. 가격에 대한 통제는 사라지고, 노동자의 권리에 대한 요구도 없어져야 한다. 이와 같이 탈규제된 시장은 경제성장과 사회적 편익을 극대화할 수 있다고 주장된다. 그러나 실제 이러한 주장은 개인의 진정한 자유나 권리와는 무관하거나 오히려 억압하면서, 자유기업 또는 민간자본이 국가의 제약으로부터 벗어나 자유를 향유할 수 있도록 하기 위한 것으로 이해될 수 있다. 그러나 이러한 신자유주의화의 현실적 특성은 자본주의적 생산의 증대에 있는 것이 아니라, 위에서 언급한 바와 같이 자본계급의 이해관계를 위한 계급프로젝트로 해석된다.

하비는 이러한 점에서, "신자유주의화의 본질적이고 주된 업적은 부와 소득의 창출보다는 재분배에 있었다"고 주장하고, 이러한 신자유주의의 정치경제적 속성을 이론적 개념으로 설명하고자 한다[8]. 이를 위해

8 또한 하비는 이론이라기보다 상징적 은유로서 신자유주의를 '창조적 파괴'로 이해하고자 한다. 즉 그에 의하면, 신자유주의의 과정은 기존의 제도적 틀과 권력(심지어 국가주권의 전통적 형태에 도전하면서)뿐만 아니라 노동분업, 사회관계, 복지제공, 기술구성, 생활과 사고의 방식, 재생산 활동, 토지에 대한 애착과 습관적 성질에 있어서 많은 '창조적 파괴'를 동반하였다. 신자유주의는 시장 교환을 "모든 인간 행동의 지침으로 작동하면서, 앞서 유지되던 모든 윤리적 신념

하비가 제시된 개념이 '탈취에 의한 축적'accumulation by dispossession이다. 이 개념은 하비Harvey, 2003가 미국의 신제국주의 경향을 분석하기 위하여 제시한 몇 가지 주요 개념들 가운데 하나로[9], 마르크스의 '시원적 또는 본원적' 축적의 개념에서 도출한 것이다. 마르크스는 자본주의의 등장기에 노동에 의한 확대재생산 외에 토지의 상품화와 사유화에서부터 인신매매나 고리대금업, (신)식민지적 제국적 과정에 이르기까지 다양한 형태로 자본의 축적이 이루어졌다고 제시한다. 하비에 의하면, 이러한 축적은 단지 자본주의 초기단계에만 국한된 것이 아니라 그 이후에도 계속되고 있으며, 또한 이러한 과정이 자본주의 체제 외적으로 이루어지는 것이 아니라 자본축적의 역사지리 내에 끈질기게 중요한 형태로 지속되고 있다. 이러한 점에서 그는 '시원적'이라는 용어 대신 '탈취에 의한 축적'이라는 개념을 사용하고자 한다[10].

하비에 의하면, 탈취에 의한 축적은 기본적으로 4가지 주요 요소들을 통해 이루어진다. 첫째, 민영화와 상품화로, 신자유주의적 프로젝트의

들을 대체할 수 있는 윤리 그 자체"로서 가치지울 정도로, 이는 시장에서 계약적 관계의 유의성을 강조한다(Harvey, 2005, [16-17]; Harvey, 2007). 이러한 창조적 파괴의 개념은 Brenner and Theodore(2002, 15)에서 이미 사용된 바 있다.

9 <신제국주의론>에서 하비는 '역사지리유물론'이라는 방법론의 제안과 더불어 미국을 중심으로 진행되고 있는 자본주의적 제국주의를 설명하기 위하여 "'자본축적 논리'와 '영토 논리'의 모순적 혼합"을 제시하고, 그 주요한 특징으로 '탈취에 의한 축적'이라는 개념을 제시한다. (<신제국주의>의 번역본에서는 '강탈에 의한 축적'으로 번역했으나, 이 번역어가 지나치게 강제적 측면을 강조하는 것처럼 보이기 때문에, <신자유주의>에서는 '탈취에 의한 축적'으로 바꾸어 번역했다).

10 하비는 시간적 측면뿐만 아니라 지역적 측면에서도 시원적 축적과 탈취에 의한 축적 간에 어떤 차이가 있다고 생각한다. 즉 "중국과 러시아의 사례에 대해서 '시원적' 또는 '본원적'이라는 견지에서 최근의 사태를 언급하는 것이 합리적일 수 있지만, 미국과 다른 곳에서 이루어지는 자본가 엘리트의 계급권력을 복원했던 실행은 신자유주의 하에서 급속히 두드러지게 된 진행 중인 탈취에 의한 축적으로 묘사하는 것이 가장 적절하다"고 서술한다(Harvey, 2007, 35).

징후적 양상으로서 공적 자산의 법인화, 상품화, 민영화는 "그 동안 이윤가능성의 계산에서 제외되었던 영역에서 자본축적을 위한 새로운 장을 개발"하는 것을 일차적 목적으로 한다. 이는 모든 종류의 공적사업들(물, 통신, 교통), 사회복지 제공(사회주택, 교육, 의료보건, 연금), 공적 기관들(대학, 연구실, 감옥), 그리고 심지어 전쟁의 수행까지 포함하며, 유전물질이나 종자 등에 대한 지적 재산권과 지구의 공유적 환경자원(토지, 공기, 물), 그리고 각종 문화적 역사적 형태의 공유물이나 지적 창조물(음악산업 등) 등의 사유화와 상품화도 포함한다. 이러한 자원들은 기존에 공유물들을 대상으로 할 뿐만 아니라 "오랜 계급투쟁을 통해 획득된 공적 소유권을 사적 영역으로 되돌리려는 전환의 시도"에도 해당되며, 이 경우 국가는 흔히 국민 일반의 정치적 의지에 반대하여 이러한 과정을 강제할 때 사용한다.

둘째, 금융화로, 특히 1980년대 이후 투기적, 약탈적 양식으로 진행되고 있는 금융화는 주식 상장, 폰지형 사기, 인플레이션을 통한 구조적 자산 파기, 흡수합병과 취득을 통한 자산 박탈, 부채 부담 수준의 증대, 기업적 사기와 신용 및 주가 조작에 의한 자산 탈취(연기금의 투매와 주식 및 기업 붕괴에 의한 자산 처분 포함)등으로 나타나고 있다. 이 과정은 금융체계의 탈규제를 통해 투기, 강탈, 사기, 심지어 도둑질에 의한 재분배적 활동으로 이루어질 수 있지만, 예로 주식 상장은 "다수의 희생 위에서 소수의 손에 엄청난 부를 가져다주는 시장 조작"을 통해 이루어진다.

셋째는 위기의 관리와 조작으로, 탈취에 의한 축적의 일차적 수단으로서 '부채의 덫' 이면에서 작동하는 부의 재분배과정이다. 개발도상국들 대부분이 경험했던 부채 위기는 세계무대에서 위기의 창출, 관리, 조작을 통해 빈국에서 부국으로 부를 이동시키기 위한 것으로 이해된다.

넷째, 국가의 재분배로, 이는 착근된 자유주의 시대에 이뤄졌던 상위계급에서 하위계급으로의 부의 흐름을 역전시키기 위한 것이다. 이를 위해 국가는 다양한 유형의 민영화뿐만 아니라, 소득과 임금보다는 투자의 회수에 유리하거나 역진적 요소들을 촉진하기 위한 조세법의 개정, 수익자 부담금의 부과, 기업에 대한 지원 및 감세 혜택 등도 포함한다.

하비는 이러한 요소들로 추진되고 있는 탈취에 의한 축적을 '신자유주의화의 본질적이고 주된 업적'으로 지적하며, 자본축적과정에서 전통적 요소로 인식되고 있는 '노동에 의한 확대생산'과 더불어 자본주의 사회의 유지와 발전을 위한 양대 축으로 이해한다. 탈취에 의한 축적은 분명 현재 '초경제적'extra-economic 수단들에 의해 진행되고 있는 신자유주의화 과정을 설명하기 위한 중요한 개념이며, 마르크스의 정치경제학을 새롭게 이론화하기 위한 핵심적 요소로 부각될 수 있다Glassman, 2006. 그러나 이 개념은 경험적으로 매우 다양한 양상들과 과정들을 포함하고 있으며, 이론적으로도 어떤 내적 긴장 없이 독립적 범주가 될 수 있는가에 의문을 제기하도록 한다.

'탈취에 의한 축적'의 주요 요소들

구분	물질적 자원과 권리	화폐적 가치와 권리
일차적 수단	민영화, 상품화, 사유화	금융화
이차적 수단	국가의 재분배	위기의 관리와 조작

우선 첫째 문제와 관련하여 하비가 제시한 4가지 요소들이 경험적으로 배타적이지 않다는 점이다. 예로 첫 번째 요소로 제시된 민영화는 사실 국가의 재분배에서 핵심을 이루며, 두 번째 요소로 제시된 금융화에 관한 이해는 사실 국제적 '부채의 덫'에 관한 설명을 포함한다. 이러한 문제를 어느 정도 완화하기 위하여 표와 같이 탈취에 의한 축적의 두가지 기본 축을 물질적 자원과 권리 및 화폐적 가치와 권리에 대한 재분배로 구분하고, 이들을 각각 다시 일차적 수단과 이차적 수단으로 구분해 볼 수 있다. 그러나 이 경우에도 하비가 탈취에 의한 축적의 경험적 사례로 제시한 다양한 양상들을 다 포괄하기는 어려운 것처럼 보인다[11].

두 번째 문제와 관련하여, 하비는 '탈취에 의한 축적'의 개념을 〈신제국주의〉에서 역사지리유물론을 구성하는 한 축으로 설정하고 나아가 〈신

11 하비가 지적한 바와 같이, 시원적 축적에 관한 마르크스의 서술도 매우 폭넓은 양상들이나 과정들과 관련된다: "이들은 토지의 상품화와 사유화 및 소농 인구의 강제적 배제, 여러 형태(공유적, 집단적, 국가적 등)의 소유권들을 배타적 사적 소유권으로 전환, 서민들의 권리의 억압, 노동력의 상품화 및 대안적(토착적) 형태의 생산과 소비의 억압, 자산 (천연자원을 포함하여) 전유의 식민적·신식민적 그리고 제국적 과정, 교환과 조세 특히 토지세의 화폐화, 노예 거래, 그리고 시원적 축적의 급진적 수단으로서 고리대금, 국가 부채, 그리고 궁극적으로 신용체계 등을 포함한다. 폭력과 합법성의 규정에 관한 독점권을 가지는 국가는 이러한 과정들을 뒷받침하고 또한 촉진하는 결정적 역할을 담당한다"(Harvey, 2003, [142]; Harvey, 2005, [194]).

자유주의〉에서는 마르크스의 정치경제학에서 핵심을 이루는 노동에 의한 가치 창출과 이에 의한 확대생산의 개념과 쌍을 이룰 수 있는 이론적 범주로 설정한다. 이에 따라, 예로 하비는 사회운동의 특성과 미래의 전망을 새롭게 재조명하기도 한다. 그러나 김공회2005가 비판하는 바와 같이, “자본축적논리와 영토논리는 변증법적 대립 쌍을 이룰 수 없을 뿐만 아니라 [탈취]에 의한 축적은 하나의 독립된 이론적 범주로 성립될 수 없다. 자본축적의 논리와 영토의 논리가 변증법적 관계를 이룰 수 없는 상이한 범주에 속하는가는 여전히 논란꺼리지만, 하비가 ‘노동에 의한 확대 재생산’과 ‘탈취에 의한 축적’간 관계를 명확히 설정하지 않았다는 점은 분명하다고 하겠다.

신자유주의의 발전과정

미국과 영국의 경우

이데올로기로서의 신자유주의와 이를 전제로 한 계급 프로젝트로서 신자유주의화 과정은 일부 주변부 국가들에서 실험되었다고 할지라도 미국이나 영국과 같은 중심부 국가들에서 우선 작동하기 시작했고, 그 이후 강압적 또는 자의적으로 주변부 국가들로 확산되었다고 할 수 있다. 물론 이러한 신자유주의의 수용 과정은 중심부 국가와 주변부 국가들 간에 상당한 차이가 있으며, 심지어 중심부 선진 자본주의 국가들 내에서도 상당한 차이가 있었다. 예로 미국의 경우 신자유주의는 자본축적과 계급권력의 이중적 위기에 대한 대응책으로서 등장하게 된다. 아직 경제침체가 본격화되지 않았던 1971년에 이미 미국상업회의소는 자유기업체계에 대한 비판과 반대가 너무 지나치다고 주장하면서, 사람들이 회사, 법, 문화 등을 생각하는 방식을 바꾸기 위하여 주요 제도들(대학, 학교, 대중매체, 출판, 법정 등)을 공격해야 한다고 제안하였다. 이 기관은 실제 이를 위한 로비와 캠페인 자금을 모금하여, 자신들의 이데올로기와 정책을 개발하기 위한 연구소 설립을 지원했을 뿐만 아니라 기존에 반기업적 반국가적 정서의 중심지였던 대학들에도 지원하게 되었다.

다른 한편, 뉴욕시의 재정위기에 대한 대응은 미국에서 신자유주의가 등장하는 직접적 계기로 이해된다. 즉 1970년대 경기후퇴에 따라 뉴욕시가 재정위기에 처함에 따라, 이를 극복하기 위한 협상과정에서 상위계급들 특히 뉴욕의 투자은행가들은 '기업하기 좋은 도시'를 요구하게 되었고, 결과적으로 노동계급의 업적들이 해체되기 시작했다. 하비에 의하면, 이러한 뉴욕 재정위기의 신자유주의적 관리 전략은 1970년대 후반 레이건 정부 하에서 도시적 수준에서 국가적 수준으로 확대되었다. 신자유주의 전략들 가운데 하나인 긴축재정은 사실 위로부터의 반동적 혁명을 지연시켰을 뿐이고, 오히려 노동에 대한 강력한 통제와 탈규제 정책이 주류를 이루게 되었다. 즉 레이건에 의한 항공관제사 파업 진압을 시작으로 노동에 대한 강력한 통제가 이루어졌고, 실업의 증대와 탈산업화 및 기업의 이전 등은 노동 세력을 약화시키는 주요 수단으로 동원되었다. 이와 더불어, 유연적 전문화, 유연적 (노동)시간 등의 유연성은 노동을 설득시키는 수사가 되었다. 이러한 신자유주의적 전략은 그 이후 미국에서 관행적인 정책으로 자리를 굳혔을 뿐만 아니라[12], 1980년대 IMF에 의해 국제적으로 파급되게 되었다.

영국의 경우는 미국과는 달리 기독교 우파나 강력한 우파적 지식인 집단도 없었으며, 기업들은 노골적인 정치적 행동을 삼가했고, 일부 자치정부는 노조운동과 강한 결속력을 가지고 있었으며, 노동당은 복지국가를 분해하고자 하는 시도에 대해서 전적으로 찬성하지 않았다. 그러나 미국과는 달리 영국은 오래된 제국적 잔재로서 런던-기반 금융자본를 가지고 있었고, 이 점이 신자유주의로의 전환에 주요한 계기가[13]되었다. 물론 영국에서 신자유주의로의 전환이 이러한 금융자본의 이해관계를 전제로 하고 있었다고 할지라도, 1970년대 자본축적의 위기가 없었다면 불가능했을 것이다. 즉 대처정부 하에서 노동운동의 실패와 유순한 노동으로의 전환은 미국에서 노동운동에 대한 통제와 관련된

12 하비의 분석에 의하면, 이러한 신자유주의적 전략이 미국에서 국가적 수준으로 관행화된 것은 미국의 양대 정당의 전략의 차이에도 일부 기인한 점도 있다. 즉 공화당은 권력 장악을 위해 공고한 선거기반을 구축하면서, 지배계급 유권자들의 대표자가 되고자 했을 뿐만 아니라 백인 노동계급의 문화적 국민주의(nationalism)에 호소하였고, 특히 신보수주의적 지식인들과 보수주의적 기독교의 지원을 받았다. 반면 민주당은 사회의 여러 집단의 결속이 느슨한 것으로 판단하고 이데올로기적으로도 모호한 태도를 취하면서, 한편으로 기업과 금융의 이해관계를 구하고 다른 한편으로 대중적 기반을 위해 생활의 물질적 기반을 개선하고자 했다. 클린턴은 사실 전자[즉 기업과 금융의 이해관계]를 선호하여 성공했지만 그 다음 민주당은 결국 패배하고, 부시의 공화당이 권력을 장악하게 되었다.

13 즉 하비의 분석에 의하면, 영국에서 국내적으로 구축된 착근된 자유주의와는 달리 세계무대에서 작동하는 금융자본은 케인즈적 정책보다는 자유시장적 또는 통화주의적 정책을 오래 동안 선호해 왔으며, 이로 인해 전자와 갈등관계를 가져왔다. 특히 1970년대 이후 경제침체와 더불어 이러한 금융자본은 복지국가에 대한 반대와 더불어 자신의 이해관계를 표면화시키면서 다양한 연구소의 설립과 정책 개발을 추진하게 되었다.

공통점을 가진다. 그 외, 신자유주의 정책에 반대하는 지자체들(세필드, 런던 광역회의, 리버풀 등)에 대한 재정 지원 삭감, 공공경제의 민영화(특히 공공주택을 세입자들에게 분양함으로써 성공적인 지지를 유도했음), 사회적 서비스의 신자유주의화(그러나 교육, 보건의료, 사회서비스, 대학, 국가관료, 사법부 등의 신자유주의화는 국민들의 지지를 크게 받지 못했음)가 촉진되었다.

이와 같이 신자유주의의 수용과 이를 실현시키기 위한 신자유주의화 과정은 미국과 영국에서 우선적으로 추동되게 되었다. 이 과정에서 자본은 자신들의 이데올로기를 일반화시키는 한편 자신들의 특수한 이해관계를 실현시키기 위해 한편으로 노동계급뿐만 아니라 일부 지방정부나 심지어 일부 자본분파들에게까지 엄격한 감시와 규칙들을 부과했고, 다른 한편으로 중간계급의 이해관계를 가시적, 단기적으로 충족시킬 수 있는 정책들(대표적으로 공공주택의 민영화)들을 통해 이들을 포섭하였다. 레이건과 대처의 이러한 성공은 여러 방법들에서 평가될 수 있겠지만, 하비는 특히 '소수파였던 것을 주류로 만드는 방법'에 있어서 성공과 더불어 이들의 후임자인 클린턴과 블레어가 벗어날 수 없도록 얽어매어 두었다는 점을 강조한다.

미국과 영국에서 신자유주의화의 성공에 대한 하비의 설명은 이들 국가들에서 공통적으로 나타나는 전략들(예로, 노동에 대한 통제)을 지적하는 한편, 다른 한편으로 이러한 전환 조건들에 있어서 양 국가간의 차이를 적절히 지적함으로써 신자유주의화 과정이 상당히 개연적이었다는 점을 강조하고 있다. 이러한 점은 신자유주의화 과정이 결코 보편적 발전과정이 아니라 역사적으로 경로의존적이며, 지역[국가]별로 차별적이라는 사실을 밝히고자 한다는 점에서 의의를 가진다. 그러나 문제는 첫째 만약 신자유주의적 이데올로기의 등장과 신자유주의화 과정이 일관된 역사적 발전과정이라기보다 국가적으로 상이한 경로를 가지는 개연적 전환과정이라면, 왜 선진국의 대부분 국가들에서 이러한 과정이 등장(또는 수용)하게 되었는가, 달리 말해 왜 다른 유형의 국가들은 등장하지 않았는가에 대해 답할 수 있어야 할 것이다. 만약 그렇지 않다면, 국가별로 상이한 지역적 조건과 역사적 경로들을 가지고 있었음에도 불구하고, 신자유주의화 과정이 자본주의 발전과정의 일관된 과정이라는 점을 설명할 수 있어야 할 것이다.

다른 한편, 1970년대 심각한 경제침체 상황에서 영국과 미국에서 공통적으로 국가 또는/및 자본에 의해 노동통제가 성공을 거둘 수 있었다면, 이의 성공 조건은 무엇인가에 대해서 분명히 설명할 수 있어야 한다. 즉 하비의 설명에 의하면, 사실 1970년대 이전까지 상당기간 동안 안정된 자본축적과정을 통해 사회적 부의 급증이 이루어져 왔을 뿐만 아니라 이의 재분배 과정에서 노동 권력이 자본권력에 비해 상대적으로 더 많이 강화되어 왔다. 이러한 상황에서 (비록 경제 침체기라고 할지라도) 자본권력이 어떻게 노동의 힘을 억누르고 자신들의 이해관계를 실현하게 되었는가를 설명할 수 있어야 할 것이다. 물론 하비에 의하면 이의 답변을 위한 요체가 바로 신자유주의가 강조하는 '자유'라는 이데올로기라고 하지만, 실제 '자유'라는 이데올로기는 선진국들보다는 주변부 국가들을 억압하거나 침탈하기 위한 목적으로 이용되었다고 할 수 있다.

신자유주의 국가

이데올로기로서의 신자유주의와 이의 실현을 위한 신자유주의화 과정은 (최소한 가시적으로) 일관된 역사적 발전과정이 아닐 뿐만 아니라 정합된 이론적 체계를 갖추지도 못했다고 할 수 있다. 이러한 점에서 하비에 의하면, 특히 신자유주의적 국가는 불안정하고 모순적인 정치 형태라고 할 수 있다. 신자유주의자들은 국가가 사적소유권, 법에 의한 통치, 자유시장과 자유무역을 위한 제도를 선호하고, 이를 통해 생산성이 증가하고, 모든 사람들의 생활수준이 향상될 것이라고 주장한다. 또한 이들은 시장의 자유를 통해 개인적 자유가 보증될 수 있는 제도적 편제를 구축해야 한다고 주장한다. 역으로 이들에 의하면, 사유재산권의 부재는 경제발전과 인간 복지의 개선에 대해 제도적 장애이며, 따라서 민영화 또는 사유화가 촉진되어야 한다. 또한 자본의 자유로운 이동성이 보장되지 않는다면 세계경제 발전은 불가능하며 따라서 이를 저해하는 국민국가의 보호주의는 철폐되어야 한다. 심지어 신자유주의 이론가들은 민주주의에 대해서는 회의적이다. 왜냐하면, 다수 규칙에 의한 통치는 개인적 권리와 헌법적 자유를 위협한다고 생각하기 때문이다. 따라서 이들은 민주적 의회의 의사결정보다 집행적 질서와 사법적 판결이 선호한다.

하비Harvey, 2005, [90-95]에 의하면, 이러한 신자유주의적 경제(시장) 및 정치(국가) 이론은 여러 가지 문제점을 안고 있다. 첫째, 신자유주의는 기존에 작동하는 독점 권력을 적절히 해석하지 못한다. 즉 개인적으로 자유 경쟁은 중요하지만, 경쟁에 의한 독과점이 초래되거나 또는 자연적 독점(교통로와 같은 사회적 인프라의 경우처럼)이 발생한다면 이를 어떻게 해석해야 할지 답을 제시하지 못한다. 신자유주의는 이러한 독과점의 초래 또는 발생 과정에서 장애요인이 없다면 이러한 독과점을 인정하지만, 실제 이는 개인적 자유에는 분명 위배되는 모순을 안고 있다. 둘째, 신자유주의 이론은 시장에서의 자유가 흔히 시장의 실패를 초래한다는 사실을 무시하고 있다. 이로 인해 신자유주의 이론은 오늘날 시장에서 흔히 나타나는 비용의 외부화(예, 공해문제), 경쟁에서의 실패(예, 하청 증대)와 거래비용 증가, 그리고 (불법 또는 비합법적) 투기의 만연에 대해 적절한 대책을 제시할 수 없다. 셋째, 신자유주의 이론은 자유시장의 작동을 위해 전제되는 정보 접근 능력이 개인이나 집단들 간에 심각한 차이가 있음을 간과하고 있다. 특히 이러한 상황에서 지적 재산권의 배타적 소유와 활용에 대한 신자유주의적 강조는 개인의 자유로운 의사결정을 저해한다[14].

신자유주의 경제·정치 이론에 내포된 이러한 문제점들에도 불구하고

---

14 그 외에도 기술개발에 있어 반생산성(예로 에이즈의 만연과 에이즈 관련 신약 개발과의 관계)와 탈안정화, 독점의 구축, 그리고 '소유적' 개인주의와 집단적 [공동체] 생활을 위한 희망 간의 모순 등이 문제시된다.

(또는 이로 인해), 실제 신자유주의 국가는 이론적 원형으로부터 크게 벗어나 있으며, 심지어 현실 속에서 이론이 역전되기도 한다. 예로, 기업이 더 많은 이윤가능성을 확보할 수 있도록, 국가는 좋은 투자분위기의 창출과 금융체계의 통합성을 위해 시장에 적극적으로 개입하고 있다. 또한 신자유주의 국가는 시간적으로 변화하며[15], 공간적으로 다양한 형태를 보이고 있다. 예로 공산주의 붕괴 후 동유럽 국가들에 도입된 시장경제에서의 신자유주의, 기존의 사회민주주의를 표방했던 국가들에서의 신자유주의, 그리고 동아시아의 발전주의 국가들에서 등장한 신자유주의적 국가는 신자유주의화 과정에서 상당히 상이한 역할과 방안들을 채택하고 있다. 특히 발전주의 국가들은 '좋은 경영분위기'를 위한 인프라의 창출을 위해 개입주의적 정책들을 적극적으로 강구하고 있다. 이와 같이 신자유주의화는 한편으로 새로운 국가 개입 구조를 발전시키고, 다른 한편으로 상위계급은 국가 권력으로부터 해방되고자 한다. 이러한 이중성에 입각하여 세계무역 규칙의 제정과 금융위기의 해결을 위한 신자유주의화 과정이 촉진되고 있다. 또한 개발도상국들의 경제로부터 잉여(공물)의 축출 과정이 신자유주의화를 촉진하여, 부채탕감-위기 해소를 전제로 신자유주의적 제도 개혁이 강제적으로 도입되기

15 하비는 신자유주의의 시간적 전개과정에 따른 국가의 특성 변화에 관하여 체계적으로 논의하지는 않았다. Brenner and Theodore(2002)는 신자유주의 국가 특성의 변화에 관한 논의에서, 서구의 신자유주의는 하이에크와 프리드만의 원형적(proto-) 신자유주의에서 국가 기능이상대적으로 축소되었던 퇴행적(roll-back) 신자유주의로 전환했으며, 그 이후 대처와 레이건 프로젝트의 실패에 대한 반응으로 국가가 다시 전면에 등장하는 개입적(roll-out) 신자유주의로 전환하게 되었다고 주장한다. 이러한 신자유주의화 과정의 특성 변화는 발전주의의 연장선상에서 전개된 우리나라의 신자유주의화 과정에서도 찾아 볼 수 있다 (최병두, 2005 참조).

도 한다.

하비에 의하면, 이러한 신자유주의 국가들에서 가장 큰 문제성은 노동시장에 대한 통제이다. 신자유주의 국가는 자본축적에 제약을 가하는 모든 형태의 사회적 결속에 대해 적대적 통제를 강화하고, 이러한 통제를 배경으로 복지를 위한 모든 책임성을 개인에게 전가하고자 한다. 이로 인해 통치의 속성에 있어서 중요한 구조적 변화가 발생하고 있다. 즉 신자유주의 국가는 민주주의를 거부하고, 대신 모든 의사결정을 자본축적의 역동성과 계급권력의 네트워크 간 통합에 귀속시키고자 한다. 이에 따라 고안된 것이 예로 공사파트너십을 전제로 한 거버넌스체제의 구축이다. 이는 명목상 다양한 이해관계 당사자들의 합의를 통한 민주적 의사결정을 명분으로 하지만 실제 국가의 권력과 자본의 이해관계를 실현시킬 수 있는 방안으로 강구된 것이다. 이러한 점은 국가 고용과 기업 고용 간 회전문revolving door 인사에서 확인될 수 있다. 또한 민주적 법질서를 명분으로 사법부의 판결을 존중하지만, 이에 대한 의존은 명목상 호혜적일지라도 판결을 위한 절차는 매우 비싸기 때문에 실제 필요한 서민들은 배제되는 매우 편향적 방안이다.

신자유주의는 이와 같이 공적 목적(만인의 복지, 자유)과 실제 결과(계급 권력의 회복) 간 상이성과 모순을 드러내게 된다. 특히 미국의 경우 이러한 신자유주의 국가 정책의 불안정에 대한 반응으로 신보수주의 국가로의 전환이 이루어지게 된다. 신자유주의와 신보수주의는 계급 권력의 회복을 선호하고 민주주의에 대한 불신을 공유한다. 그러나 부시 정부 하에서 볼 수 있었던 바와 같이, 신자유주의와는 달리 신보수주의는 개인적 이해관계의 혼돈에 대한 대책으로 질서를 강조하는 한편, 내·외적 위험에 직면하여 자만스러운 도덕성에 대한 관심을 부각시켰다. 이로 인해 신자유주의 하에서 지나친 개인주의가 사회적 무정부성(즉 9.11테러와 같은)을 초래했으며 따라서 강제가 질서를 회복하기 위한 수단이 되어야 한다는 점이 정당성을 얻게 되었고, 그 결과 국내외적으로 군사화militarization와 군산복합체가 발달하는 한편, 일단의 도덕적 가치를 둘러싸고 동의의 분위기 구축을 통해 권력의 합법성과 더불어 사회적 통제를 위한 국민주의nationalism가 함양되었다.

이와 같이 신자유주의가 안고 있는 이론적 및 현실적 문제성과 모순에 대한 지적은 이에 대한 비판적 이해와 대책의 강구에 중요한 단서를 제공한다. 즉 신자유주의 국가에 대한 하비의 설명은 신자유주의 국가가 '좋은 경영 분위기'를 만들기 위한 창출자이며 또한 세계시장에서 자본이 효과적으로 기능하도록 하는 중재자로서 역할을 담당하지만, 결국 시장 강화를 위한 권위주의는 개인적 자유의 이상과 모순된다는 점을 지적한다. 또한 신자유주의 국가는 금융시스템의 실패 또는 이의 운영자들의 무책임과 개인주의를 방치한 상태에서 한편으로 경쟁이라는 덕목을 강조하고, 다른 한편으로 다국적기업과 같은 독과점을 승인함으로써, 결국 시장 자유와 상품화로 인한 사회적 불화를 심화시키게 된다. 그러나 문제는 신자유주의화 과정에서 경제체제와 정치체제 간에 어떤 관련성이 있는가라는 점이다. 즉 신자유주의 경제체제로의 전환을 추동하는 국가는 다양한 전략이나 방안들을 강구할 수 있을 뿐만 아니라 국가체제 자체도 상이할 수 있다(예로, 중심부 선진국가들뿐만 아니라 동유럽의 국가나 발전주의 국가, 심지어 중국에 잔존한 사회주의 국가). 이러한 상황에서 국가 체제나 형태의 전환은 신자유주의화 과정을 변화시키거나 극복할 수 있는가라는 점이다. 예로, 부시의 뒤를 이은 오바마정부가 신보수주의 국가 형태를 벗어난다고 할지라도, 과연 신자유주의화 과정을 불식시킬 수 있는가는 여전히 의문으로 남게 된다.

신자유주의의 세계적 확산

신자유주의화의 지리적 불균등 발전

신자유주의화의 세계지도를 그리기는 매우 어렵다. 왜냐하면, 신자유주의로의 전환은 대부분의 국가들에서 특정 분야나 영역들에서 단지 부분적으로 진행되고 있으며, 또한 개별 국가들의 기존 정치경제체제의 발전 경로를 전제로 지속적으로 변화하는 가변성을 가지기 때문이다. 즉 하비에 의하면, "신자유주의화의 일반적 진행은 지리적 불균등발전의 메커니즘을 통해 점차 촉진되었다. 성공적인 국가나 지역들은 다른 모든 국가나 지역들에게 자신의 선도를 따르도록 압박을 가했다. …… 그러나 경쟁적 우위는 단명적임이 너무나 자주 입증되었고, 세계 자본주의에 극단적인 변덕스러움을 만들어냈다. 그렇지만 신자유주의화의 강력한 충동은 소수의 주요 진앙지들로부터 방출되고 심지어 조직화되었다는 점 또한 사실이다"Harvey, 2005, [114]. 이와 같이, 분명 미국과 영국이 신자유주의화 길을 유도했다고 할지라도, 이 길을 가게 된 모든 국가들이 동일한 수준이나 동일한 방식으로 진행한 것은 아니다.

이로 인해 다양한 국가들의 신자유주의화는 우선 다양한 양상과 특성을 드러내고 있다. 예로, 영국의 경우, 주거부문과 교통 및 상하수도 등은 일찍 민영화된 반면, 보건의료와 공교육은 민영화에 관한 논의에서 제외되었다. 미국의 경우 레이건은 거의 모든 부문들에서 국가의 철수와 시장메커니즘의 부활을 강조한 반면, 냉전체제에 강하게 사로잡혀 방위 산업에 대한 국가 투자를 강조했다 (이러한 점에 대해 하비는 '군사적 케인주의'라고 칭했다). 한때 세계경제를 선도했던 서독과 일본 그리고 동아시아 신흥공업국들의 경제는 1980년대까지는 신자유주의적 개혁 없이도 경제성장을 지속시켰다. 이 국가들은 생산체제 및 기술 혁신을 통해 국제 경쟁력을 강화시키는 한편, 경제성장을 통해 자본가들뿐 아니라 노동자들의 실질임금도 상승했고, 이로 인해 계급권력의 회복을 전제로 한 이데올로기나 정책들을 강구하지도 않았다. 그러나 이 국가들은 1990년대 이후 개별적인 경제침체(독일의 통일 및 일본의 경제침체)를 겪거나 또는 1997~8년 동아시아 경제위기를 겪으면서 신자유주의화 과정을 본격적으로 추동하게 되었다.

이러한 과정에서 1980~90년대 세계적 차원에서 신자유주의화가 촉진되고, 계급권력의 전환(또는 회복)이 이루어질 수 있었던 주요한 수단들로서, 국제 금융시장의 발달과 해외직접투자의 급증, 교통통신수단의 발달에 따른 시공간적 압축과 자본의 지리적 이동성 증대, 그리고 개발도상국들이 신자유주의의 길을 걷도록 요구하는 미국 및 국제기구들(대표적으로 IMF)의 압박, 그리고 새로운 통화주의적 및 신자유주의적 경제이론의 세계적 확산과 이데올로기적 영향(대표적 예로, 워싱턴 컨센서스) 등을 들 수 있다. 이러한 수단들이 작동하는 과정에서 일부 국가에서는 강력한 외적 압력이 작용했지만, 중국의 신자유주의화 과정처럼 내적 요구가 더 강하게 작용할 수도 있다. 따라서 미국의 강압만으로 신자유주의가 채택되었다고 할 수 없다. 이와 같이 신자유주의화 과정은 외적 또는 내적 강제에 의해서 수용되었다고 할 수 없을 뿐만 아니라 때로는 어떤 민주적 수단을 동반하는 '공감'을 전제로 했다. 이러한 공감은 문화적 사회화와 오랜 실천을 통해 구축되었으며, 어떤 보편적 가치를 전제로 했다. 신자유주의는 자유를 이러한 보편적 가치로 제시하면서, 어떠한 상황에서든 이러한 가치의 실현에 호소하면서 신자유주의를 확산시키게 되었다.

특히 신자유주의화의 지구적 확산에서 중요한 계기가 되는 것은 금융위기와 이에 따른 국제기구들의 개입이다. 이의 대표적인 사건으로 상호관련된 두가지 금융위기, 즉 1995년 멕시코를 강타했던 테킬라 위기와 1997년 동아시아 국가들의 위기를 들 수 있다. 멕시코의 경우 이미 1980년대 미국으로부터 심화된 신자유주의화 과정을 촉진하도록 압박을 받았으며, 특히 1995년 이른바 '테킬라 위기' 과정에서 투기 압력을 받았던 페소화가 평가절하되면서, 단기채권에 대한 보상능력을 상실하게 되었다. 이러한 상황에서 미국은 대멕시코 수출산업의 침체, 불법이민의 증가, 그리고 신자유주의화와 NAFTA의 정당성 상실 등을 우려하여 475억달러에 달하는 종합구제정책을 제공했다. 이와 유사하게 1997년 국제금융자본의 투기적 공격에 의해 시발된 동아시아의 금융위기는 엄청난 단기부채를 안고 있었던 한국 경제에 치명적인 충격을 주었고, 한국 정부는 IMF 및 미국으로부터 550억달러의 구제금융을 받는 대가로 금융서비스를 외국 소유에 개방하고 자유로운 기업활동을 허용하도록 강제되었다. 이러한 과정에서 양 국가에서 초국적 자본은 국내 자산을 흡수합병하면서 엄청난 자산이득을 챙겼다.[16]

이러한 개별 국가들의 사례들에서 보면, 지구적으로 불균등한 신자유주의화의 전개과정은 헤게모니적 외부 권력(미국이나 IMF)에 의한 이식뿐만 아니라 산업의 다변화, 기술 혁신, 그리고 국가 간 및 지역 간 경쟁, 광역도시의 거버넌스 모형들의 산물로서 추동되었다고 할 수 있다. 즉 신자유주의화 과정은 국가에 따라 다양한 목적들의 달성, 즉 신자유주의적 사고들의 힘의 결집(영국, 칠레), 금융위기에 대응할 필요(멕시코, 한국), 세계시장에서 경쟁력 강화(프랑스와 중국) 등을 목적으로 했지만, 공통적으로 계급 권력의 회복을 추동했다는 점은 의심의 여지가 없다. 물론 이 과정에서 다양한 국가별 사례들을 보다

---

16 그 외에도 하비는 아르헨티나와 스웨덴의 사례를 제시하면서 각기 다른 경로를 통해 신자유주의화가 수용되는 과정을 설명하고 있다. 특히 스웨덴의 경우는 복지국가가 경제침체의 주요 원인으로 지목되면서, 1990년대 초부터 신자유주의화를 향한 실질적 이행이 추진되었으며, 1993~4년 EU의 가입으로 신자유주의적 프로그램이 본격화되었다.

깊이 있게 이해하기 위하여, 각 국가들의 맥락적 조건들과 제도적 편제들에 대한 연구가 필요하다고 할 수 있다. 또한 각 국가별로 계급력의 내적 균형의 변화도 중요한 요인으로 작용하고 있다는 점에서, 신자유주의화의 내적 역동성과 외적 세력의 복합적 상호작용도 흥미로운 연구주제가 될 수 있으며, 그 외 (한국의 상황처럼) 냉전체제의 해체 이후 변화한 개연적인 지정학적 고찰도 중요하다고 하겠다.

신자유주의화의 지리적 불균등 발전에 관한 하비의 설명은 신자유주의화가 국가별로 매우 다양한 계기에서 추동되고 또한 다양한 양상들로 드러나고 있지만, 이러한 지리적으로 불균등한 신자유주의화의 복잡한 역사 속에서 분명한 사실은 신자유주의는 자유와 자율, 선택과 권리를 강조하는 한편, 그 이면에는 사회적 불평등을 증가시키는 계급권력의 회복 또는 새로운 창출이 이뤄졌다는 점을 이해하도록 한다. 이러한 신자유주의화 과정이 추동되는 현실은 신자유주의 이론과는 일치하지 않으며, 심지어 위기에 처한 국가들에 대한 IMF의 요구는 신자유주의자들 스스로가 비판할 정도로 일관성을 상실한 것이었다. 심지어 앞선 사건들에서 IMF의 요구가 실패했음에도 불구하고 그에 이어 발생한 사건들에 대해서도 동일한 처방을 했다는 점은 예로 동아시아 위기에 대한 음모설까지 등장하도록 했다. 그렇지만 신자유주의화의 지리적 불균등 발전에 관한 이론적 설명은 단순히 이러한 개연적 상황들에 대한 지적보다는 “신자유주의화의 일반적 진행”을 촉진하는 “지리적 불균등발전의 메커니즘”을 밝히는 것이라고 할 수 있다.

그러나 하비는 스스로 이러한 주장을 했음에도 불구하고 국가들이나 지역들 간의 관련적 관계 속에서 신자유주의화의 불균등 발전을 설명하지는 못했다. 예로 그는 금융위기가 신자유주의화를 촉진시킨 주요한 계기였음을 강조하지만, 왜 이러한 금융위기가 발생했는가에 대해서는 체계적인 설명을 하지 않고 있다. 즉 신자유주의화 과정을 보다 근원적으로 이해하기 위해서는, 금융자본의 지리적 이동성과 불균등한 공격이 이루어지는 배경에 대한 논의가 필요하다. 달리 말해, 하비Harvey, 2005, [26] 자신이 지적한 바와 같이 "세계무대에서 신자유주의의 지리적 불균등 발전은 다원적 결정요인들[에 의한] …… 매우 복잡한 과정"이지만, 신자유주의적 전환이 지구적 규모로 불균등하게 전개되도록 한 힘이나 메커니즘에 대한 추가적 연구가 요청된다.

중국식 신자유주의

신자유주의의 세계적 전개과정과 관련된 주요한 주제(또는 의문점)들 가운데 하나는 중국의 경제발전 과정이다. 세계 경제의 공장으로 불리는 중국의 경제발전은 신자유주의화 과정과 관련된 연구가 아니라고 할지라도 전세계적인 주목을 끄는 주제라고 할 수 있다. 1976년 마오쩌둥의 사망 직후 1978년 등샤오핑의 경제개혁 프로그램이 추동되면서, 중국의 개혁·개방정책은 은밀한 '자본주의 추종자'인가, 또는 주변 국가들의 급속한 경제성장 또는 자본주의적 발전을 목격하면서 경제안보와 국가지위 향상을 위한 필사적 노력인가 라는 의문을 자아내었다. 하비에 의하면, 이러한 중국의 개혁·개방은 1980년대 이후 서구에서 진행된 신자유주의적 해법과 우연히 일치한다고 할 수 있지만, 실제 중국에서 이루어진 독특한 신자유주의화 과정으로 이해된다. 즉 중국의 개혁은 권위주의적 중앙집권 통제와 결합된 특정한 유형의 시장경제로 전환되었고, 시장과 경쟁을 통해 혁신과 성장을 점화하고자 했으며 또한 기술이전과 외화확보 목적으로 해외무역과 외국투자 개방을 촉진했다는 점에서 신자유주의적 특성을 가진다고 할 수 있다. 또한 이러한 중국의 개혁은 처음부터 신자유주의적 유의성을 전제로 하지 않았다고 할지라도, 선진 자본주의 국가들의 신자유주의화 과정이 없었다면 중국의 개혁은 불가능했을 것이라고 추정된다[17].

이러한 중국의 신자유주의화 과정에서, 외적 개방과 더불어 내적 개혁운동의 중요성이 강조된다. 내적 개혁에서 가장 중요한 점은 중국식 시장경제의 도입 특히 국유기업과 향진기업들의 민영화 및 해외직접투자의 유치과정이었다. 그러나 중국은 강제된 즉각적 민영화의 '충격요법'을 취하지 않음으로써 경제적 문제점들을 막을 수 있었다는 점에서, 중국식 사회주의 또는 중국식 민영화를 성공적으로 달성할 수 있었다. 물론 권력을 독점하고 있는 중국의 당이 핵심적인 자본주의 계급의 창출을 지지하지 않았을 것이며, 실제 취해진 신자유주의화 경로도

17 특히, 하비에 의하면, 신자유주의적 세계시장의 개방은 과거 브레튼우즈체제에서는 불가능했을 중국의 세계시장 편입을 가능하게 했다. 이러한 점에서 하비는 "1980년대 이후 중국의 세계경제 강대국 부상은 부분적으로 선진자본주의 세계에서 신자유주의적 전환이 의도하지 않았던 결과였다"고 주장한다(Harvey, 2005, [152]).

중국 내에 어떠한 공고한 자본주의적 계급 블록의 형성을 허용하지 않는 방식을 추진되었다. 이를 위해 채택된 방식이 바로 해외직접투자의 유입으로, 이는 "자본가계급 소유가 역외에 머물도록 했으며, …… 국가통제를 다소 용이하게 했다"ibid, {153}. 우선 각 지역에 산재한 국유기업과 향진기업들이 기업주의, 유연적 노동 관행, 그리고 개방시장 경쟁의 중심이 되었고, 해외자본을 통합하면서, 경제 전체는 신자유주의적 구조로 전환하게 되었다. 1980년대 이후 해외직접투자는 특히 경제개방지역들에 우선적으로 투입되었고, 초대형 개발사업들을 통해 급속한 도시화를 추동했다.

이러한 신자유주의적 산업화 및 도시화 과정과 더불어 중국은 외국무역을 급속히 증대시켰다. 즉 중국은 매우 낮은 수준의 내수시장에 의존하기보다는 수출주도적 발전 전략을 성공적으로 이끌었고, 특히 홍콩과의 관계를 적극 활용했다. 이에 따라 다국적 기업들은 비용이 저렴한 중국으로 공장을 이전하게 되었고, 중국은 이를 풍부한 임노동과 결합시켜 생산성을 증대시킴에 따라 '세계의 공장'으로 불리게 되었고, 이로 인해 원료와 에너지의 사용량도 급속히 증대했다. 경제가 점차 성장하면서, 중국의 거대한 내수 시장은 저렴한 노동력과 더불어 외국 자본에 점점 더 매력적이게 되었다. 이러한 경제성장의 결과 중국은 이제 세계적 영향력을 가진 지역 헤게몬으로서 동아시아를 효과적으로 통제하는 중심점이 되었고, 나아가 성공적인 자본축적의 산물인 잉여를 외적으로 활용할 수 있는 능력(미국의 부채에 자금 조달 등)을 가지게 되었다.

하비는 이러한 중국의 경제발전 과정이 어떤 측면에서 신자유주의적 성향에서 이탈되어 있음을 인정한다. 즉 중국에서는 거대한 유휴노동이 존재하며, 건조환경에 대한 고정자본의 과잉축적에 따른 잠재적 위기가 도사리고 있고, 이러한 문제들은 중국 정부가 케인즈주의적 국가로서 행동할 것을 요청하고 있다. 또한 중국 국가는 지속적으로 자본과 환율을 관리하고 있으며, 다른 한편으로 점점더 심화되고 있는 사회적 불평등을 통제해야 하는 상황에 처해 있다. 그러나 중국의 급속한 경제성장에 상응하여 불평등이 심화되고 있으며, 이러한 불평등의 심화는 계급권력의 재구성을 의미하는 (그러나 불확실한) 지표라고 할 수 있다. 즉 부의 축적으로 새로운 부자들과 토착자본이 형성되고 있으며, 특히 부동산 개발을 통한 부의 집중이 이루어지고 있는 한편, 도시 (여성)이주자들의 노동력에 대한 과잉 착취가 이루어지고 있고, 광범위한 부불노동에 대한 노동 저항이 표출되고 있다.

하비는 중국에서 일어난 이러한 일련의 과정들을 고려하여, 중국에서도 독특하지만 (즉 선진국들과 다를 뿐만 아니라 일본이나 한국의 경제성장과정과도 다른) 신자유주의화 과정이 진행되었다고 주장한다. 특히 그는 신자유주의화 과정을 통해, 중국이 계급관계, 사적 소유, 그리고 여타 자본주의 경제의 제도적 편제들의 병행적 전환 없이 시장만으로 경제를 전환시킬 수 없다는 점을 알게 되었다고 주장한다Harvey, 2005, [152]. 즉 이는 중국에서도 사적 소유권의 확대, 민영화와 사유화, 시장경제와 상품화 그리고 사회적 불평등의 확대에서 추정되는 계급관계의 창출이 전개되었음을 의미한다. 이러한 점에서 하비Harvey, 2005, [185]는 "중국은 '중국식' 특성을 갖지만, 틀림없이 신자유주의화와 계급권력을 재구성하는 방향으로 나아가고 있다고 결론"지운다.

그러나 하비 자신의 서술에서도 중국의 경제발전과정은 다른 국가들과는 구분된다는 점이 거듭거듭 강조된다. 예로 하비는 기본적으로 중국의 경제성장이 광범위한 저임금노동력에 있으며, 이로 인해 신자유주의화가 심화되면서 노동의 저항이 점차 심화될 것으로 예측한다. 그러나 하비의 주장에 의하면 신자유주의화 과정은 노동에 의한 확대재생산보다는 '탈취에 의한 축적'에 있다고 주장한다. 물론 중국에서 노동의 확대재생산과 더불어 민영화와 환경자원의 광범위한 탈취가 동시에 이루어지고 있다고 할지라도, 이는 하비 자신의 범주적 구분과는 조응하지 않는다. 또한 하비는 중국이 시장 개방과 도시화 과정에 도출된 엄청난 잉여노동을 흡수하기 위하여 대규모 사회간접시설에 대한 투자가 불가피하다는 점을 지적하면서, '중국식 케인즈주의'라고 지칭하기도 한다. 그리고 중국의 신자유주의화 과정에서는 그가 제시한 4가지 요소들 가운데, 금융화와 위기의 관리 및 조작 과정을 통한 탈취가 광범위하게 이루어지지 않고 있다. 그리고 신자유주의화를 한마디로 계급권력의 프로젝트라고 규정한 하비의 입장에서 보면, 현재 중국에서 추진되고 있는 일련의 변화과정이 과연 계급권력의 회복이나 창출을 위한 프로젝트라고 할 수 있는가에 대한 의문이 제기될 수 있다. 중국에서도 물론 현재와 같은 자본주의 경제의 발전 결과로 자본계급이 창출될 것이지만, 이는 기획된 프로젝트라기보다는 의도하지 않은 결과라고 할 수 있을 것이다. 이러한 점들에서 중국은 자본주의화 과정을 걷고 있지만, 이를 과연 '신자유주의화' 과정이라고 할 수 있는가에 대한 의문이 제기될 수 있다.

이러한 점에서 중국의 경제적 변화과정을 분석한 한 연구Nonini, 2008는 중국의 자유화 과정은 마오적 사회주의, 민족주의, 발전주의의 관행들과 최근의 시장사회주의의 논리를 결합한 혼종적 거버넌스 체제를 유지하고 있으며, 이러한 자유화 과정에서 기초적 자본계급cadre-capitalist class이 등장하는 반면, 농부, 도시노동자, 유동적 도시이민자(도시빈민)들은 토지, 고용, 권리 등을 탈취 당하게 되었다고 주장한다. 그 결과, "현대 중국이 강한 의미에서든 약한 의미에서든 신자유주의적으로 변해가지 않으며, 또한 신자유주의화 과정을 추진하고 있다고 할 수 없고, 대신 과두적 조합주의 국가와 당의 등장을 보여주고 있으며, 이들의 정당성은 박탈된 계급들에 의해 도전을 받고 있지만 여전히 근대화와 노력을 통해 통제를 유지하고 있다"고 주장한다. 중국의 경제성장과 이를 뒷받침한 국가체제가 신자유주의화 과정인가의 여부는 물론 '신자유주의'를 어떻게 정의하는가에 좌우될 것이다. 그러나 어떠한 경우라고 할지라도, 중국의 경제정치적 변화과정이 서구의 선진국이나 동아시아 국가들의 신자유주의화 과정과 어떤 공통점과 차이점을 가지고 있으며, 나아가 세계적 신자유주의화 과정과 어떻게 연계되어 있는가를 명확히 밝혀야 할 것이다.

신자유주의의 시련과 종말

시련을 겪고 있는 신자유주의

하비의 입장에 따르면, 신자유주의화 과정은 문제성과 모순으로 가득 차 있다. 2001년 이후 세계적 불경기를 극복할 힘을 가진 국가는 미국과 중국이지만, 이들은 역설적으로 "신자유주의적 규칙이 지배한다고 가정되는 세계에서 케인스적 국가처럼 행동"하고 있다. 미국은 군사주의와 소비주의의 거대한 적자재정에 의존하고 있으며, 중국은 대규모 인프라 및 고정자본의 투자를 위해 부채 재정을 꾸리고 있다. 이러한 문제성으로 인해 하비는 당시 연방준비은행장 볼커의 입장에 동의하여 "앞으로 5년 내에 심각한 금융위기의 가능성이 높다"고 지적한다. 그리고 "이는 지난 30년간 [신자유주의화 과정에서] 자본가계급의 상층부에 누적된 특혜와 권력의 상당부분을 되돌려야 함을 의미할 것"이라고 주장한다 Harvey, 2005, [187]. 이러한 주장이 제기된 후 채 5년이 되질 않아 2007년 후반 미국은 이른바 '모기지 사태'로 심각한 금융위기에 봉착하게 되었고, 이를 세계적으로 파급시키고 있다. 현재의 금융위기가 과연 "자본가계급의 상층부에 누적된 특혜와 권력의 상당부분을 되돌려" 줄 것인지의 여부는 아래에서 다시 다루기로 하고, 우선 여기서 지적될 수 있는 점은 신자유주의화의 결과와 이로 인한 신자유주의화가 봉착한 시련을 살펴볼 필요가 있다.

사실 신자유주의화는 세계경제의 성장 또는 자본축적의 고양이라는 점에서 보면 아주 보잘 것 없다. 세계 전체의 경제성장률은 1960년대

3.5%에서 1970년대 2.4%, 1980년대 1.4%, 1990년대 1.1% 그리고 2000년대 이후 1% 미만이었고, 이는 신자유주의가 세계적인 경제성장에는 실패했음을 보여준다. 그럼에도 불구하고, 세계화를 통한 '신자유주의화'가 유일한 대안이라는 주장이 어떻게 그렇게 성공적으로 많은 사람들을 설득할 수 있었는가? 이에 대한 두가지 이유로 하비는 지리적 불균등발전의 변동으로 인해 어떤 영토의 손실로 다른 영토는 (최소한 일시적으로) 엄청난 이득을 얻었다는 점, 그리고 실제 과정에서 신자유주의화는 상위계급들의 입장에서 엄청난 성공을 가져왔다는 점을 지적한다Harvey, 2005, [191]. 그리고 이 과정에서 심화된 국가 간 계층 간 불균등은 개별 국가들의 경쟁력 제고의 실패 또는 하위계급의 모험 및 혁신 정신 부족의 탓으로 해석되었다.

이러한 신자유주의화 과정의 결과로 초래된 문제들은 물론 불균등의 심화만이 아니라 다른 여러 가지 심각한 문제들을 포함한다. 우선 지적될 수 있는 점은 모든 것의 상품화이다. 시장 메커니즘의 작동은 기본적으로 사적 소유권에 기초한 상품화를 전제로 한다. 그러나 신자유주의화는 "성·문화·역사·유산의 상품화, 구경거리나 요양 치유를 위한 자연의 상품화·독창성·심미성·특이성으로부터 독점지대의 추출(예로 작품이나 예술), 이들 모두는 실제 상품으로 결코 생산되지 아니한 물건들에 가격을 설정"하고 상품처럼 거래되고 있다. 이러한 가공적 상품화, 나아가 의제적 자본화 과정은 자본주의가 기능하기 위한 필수적 조건이라고 할지라도, 이는 궁극적으로 자본주의에 엄청난 손실을 입히게 된다. 특히 신자유주의화는 노동력의 억압과 착취를 위해 '일회적으로 처분가능한 노동자들'의 모습을 세계무대의 원형으로 등장시켰지만, 결국 이러한 과정은 사회적 불안정을 초래하여, 이로부터 자신을 보호하고자 하는 저항과 상이한 사회적 네트워크를 재구축하고자 하는 운동을 점차 고양시키고 있다.

또한 신자유주의화는 환경이용에 있어 단기적 이익을 극대화시키고자 하는 논리에 따라 궁극적으로 심각한 재앙적 결과(예로 기후온난화, 생물종의 소멸)를 초래할 것으로 우려된다. 신자유주의 국가들 가운데 일부는 비록 이러한 환경적 재앙에 대해 관심을 가졌다고 할지라도, 이는 다른 부문의 이해관계를 고려한 것에 불과하거나 또는 과학적 증거에 의문을 표하는 정도였다. 이러한 환경적 재앙은 선진국들뿐만 아니라 중국과 같은 급속한 공업화와 내구성 소비재(예로 자동차)의 보급 확대가 촉진되고 있는 국가들에 의해 심화되고 있다. 또한 경제위기에 따른 긴축재정과 실업의 발생은 일부 개발도상국들에서 소농으로 전락한 사람들에 의한 토지 개간의 확대를 위한 삼림 벌목을 촉진시켰다.

다른 한편, 신자유주의화는 그 자체 내에 광범위한 저항문화를 촉발하고 있다. 특히 개인적 권리와 자유에 관한 이슈가 정치적 경제적 계급권력에 반대하여 제기될 수 있다. 신자유주의는 만인의 자유와 복지를 개선한다는 수사를 취하지만, 실제 이에 반하는 행동들이 자행되고 있기 때문이다. 하비에 의하면, 이러한 '저항문화'가 많은 영향력을 얻고 있는 이유는 탈취에 의한 축적에 대한 반대와 관련된다. 즉 신자유주의화 과정을 특징지우는 '탈취에 의한 축적'은 "여기서는 민영화, 저기서는 환경퇴락, 또 다른 곳에서는 부채에 의한 금융위기"등 개별 국가나 지역들에 특정적인 문제들을 파상적으로 유발하기 때문에, 보편적 원칙에 대한 호소를 통하지 않고서는 이들 모두에 반대하기 어렵다. 특히 탈취는 권리의 상실을 동반하기 때문에, 저항 정치는 인권, 존엄성, 지속가능성, 환경권 등과 같은 보편적 수사의 동원을 요한다. 물론 권리의 보편주의에 대한 이러한 호소는 신자유주의에 대한 반대와 더불어 신자유주의적 사고 자체를 고취시킨다는 점에서 '양날을 가진 검'에 비유된다Harvey, 2005, [215]. 따라서 결국 '동등한 권리들 간에는 힘이 결정한다'는 주장이 제기된다.

신자유주의화의 결과에 대한 하비의 이러한 지적들은 대체로 인정될 수 있다. 그러나 사실 그가 지적한 사항들은 신자유주의화 과정이 아니라 일반적 자본주의 발전과정의 결과물로서 흔히 인정되고 있는 점들이다. 예로 하비가 인용한 바와 같이 가공적(또는 허구적) 상품화 과정은 이미 1956년 출간된 〈거대한 전환〉에서 폴라니가 19세기 자기조절적 시장의 확산과 이에 대한 사회적 반응에 관한 분석에서 제시한 개념이다. 뿐만 아니라 지속가능한 생태운동이나 환경권에 대한 주장, 그리고 인권이나 여타 권리에 대한 보편적 주장 역시 신자유주의화 과정에 관한 분석이나 탈취에 의한 축적의 개념과 관련지우지 않더라도 강조될 수 있는 이슈들이다. 물론 이러한 점들이 신자유주의화로 인해 심화된 문제라는 점은 부정할 수 없지만, 특히 신자유주의화 과정에서 이러한 문제들이 어떻게 왜곡되거나 심지어 자본축적의 지속에 기여하게 되는가에 대한 본격적 연구가 필요하다.

예로, 신자유주의화 과정은 자본축적의 결과물로 비판 받아온 생태문제들이 이제는 자본축적을 위한 새로운 기회로 활용되고 있다는 점이 강조될 수 있다. 이러한 상황은 신자유주의 국가가 이른바 녹색자본주의 또는 녹색성장이라는 용어를 앞세워 대규모 환경 개발을 촉진하거나 대체에너지의 개발을 강조하고 있다는 점에서 확인된다. 이러한 점에서 신자유주의적 자본주의에서 자연이 자본축적과정에 포섭되는 과정, 즉 자연의 자본화 또는 '자연의 신자유주의화' 과정을 체계적으로 설명할 수 있는 이론적 틀이 절실히 필요하다고 할 수 있다Castree, 2008; 최병두, 2009 참조.

자유의 전망과 대안들

이와 같이 여러 가지 심각한 문제점들을 안고 있는 신자유주의화 과정에서, 우리는 어떤 전망을 할 수 있는가? 하비에 의하면, 우선 "우리 시대에 여러 가지 상이한 자유의 개념들 중에서 어떤 것이 적절한지를 따져보는 심각한 논쟁"이 필요하다. 왜냐하면, "자유에 관한 마르크스의 기준뿐만 아니라 …… 아담 스미스가 제시한 기준에 의하면 신자유주의는 분명 어처구니없는 실패로 간주될 것"이기 때문이다Harvey, 2005, [222-223]. 특히 신자유주의화는 시장체제에서 배제된 사람들에게 빈곤, 기아, 질병을 가져다 줄 뿐이고, 이러한 절망적 상황은 개인적 무능과 무기력한 태도에 기인하는 것으로 간주하게 된다. 이러한 맥락에서 신자유주의화가 부여한 시장 윤리와 관행을 거부하는 다양한 반대문화가 등장할 수 있다. 생태적 프로젝트를 추구하는 환경운동, 자본주의적 시장 논리에 편입을 거부하는 아나키스트 운동, 그리고 신자유주의적 자본주의 한가운데서 자신들의 '지역화폐'를 사용하기 위한 운동뿐만 아니라 빈시장적 반신자유주의적 성향을 가진 종교운동들이 등장한다. "신자유주의가 지배계급 권력의 회복을 위한 성공적 프로젝트라는 가면을 쓴 실패한 유토피아 수사라는 점이 인식되면 될수록, 호혜적인 정치적 요구를 외치며, 경제적 정의, 공정한 교역, 보다 큰 경제적 안보를 추구하는 대중 운동들의 등장을 위한 기반이 더 많이 만들어질 것이다"Harvey, 2005, [245].

물론 하비에 의하면, 이러한 사회운동들이 신자유주의의 종말을 고하는 것은 아니다. "신자유주의화의 경제적, 정치적 내적 모순들은 금융위기를 통한 경우를 제외하고는 억제되기 어렵다. 지금까지 모순들은 국지적으로 손상을 입히지만 세계적으로는 관리할 수 있다는 점이 입증되었다"Harvey, 2005, [227]. 그러나 실제 금융위기가 도래할 강력한 조짐에 대해, 엘리트 계급 권력의 회복이나 창조를 위한 수사만으로 이를 막을 수 없다. 사실 미국에서는 보다 심각한 금융위기가 도래할 확실한 조짐을 보이고 있다. 즉 하비에 의하면, 금융위기의 전형적 징조로서, 통제불능의 국내 재정적자, 경상수지 위기, 통화의 급속한 평가절하, 자산의 불안정한 평가, 인플레이션의 증가, 임금하락과 실업증대, 자본 유출 등이 지적될 수 있으며, (2005년 당시) 하비의 평가에 의하면 미국은 이미 이러한 지표들에서 대부분 우려할 수준이었다(그리고 실제 미국에서 이러한 상황은 그 이후 더욱 악화되어 실제 금융위기를 초래했다).

이러한 위기 상황에서 미국은 아르헨티나 또는 다른 개발도상국들처럼 국가 부도사태에 빠지지는 않겠지만, 심각한 사태를 초래할 것으로 우려되었다. 하비는 이에 관하여 두가지 시나리오를 제시한다. 첫째는 초인플레이션의 단기적 폭발로 미결제의 국제부채와 소비자부채를 탕감하는 방법이다. 엄청난 달러화를 찍어내어 평가절하된 달러로 일본이나 중국과 같은 나라들의 부채를 갚는 한편, 초인플레이션을 유발하여 미국 국내 저축, 연금, 그 외 많은 것들을 파괴적으로 감가시키는 것이다. 이 방식은 세계의 다른 국가들에서 잘 받아들여지지 않을 것이며, 미국 달러는 세계적 준비통화로서의 신뢰성과 지배적 금융권력을 상실하게 될 것이다. 두 번째 방식은 1990년대 일본처럼 장기 경기침체(디플레이션)을 수용하는 것이다. 미국의 장기 디플레이션은 세계 경제(특히 중국 경제)에 심각한 영향을 미칠 것이고, 국내에서도 수용되기 어려울 것이다. 장기 디플레이션은 우선적으로 국가의 공적 프로그램(사회보장제와 보건의료), 연금수급권, 자산가치(특히 부동산과 저축)의 감소를 초래할 것이며, 이에 대한 대중적 동의를 얻기란 어려울 것이다.[18]

이러한 상황에서, 사회운동은 기존의 반대운동에 참여하거나 또는

---

18 하비(Harvey, 2005, [235-6])에 의하면, 더욱 잘못된 상황에서 더욱 강력한 신보수주의적 권위주의의 결속이 하나의 방안으로 등장할 수 있다. 특히 이는 국민주의에 호소하면서, 초인플레이션이나 장기 디플레이션에 따른 경제적, 난국을 다른 국가의 탓으로 돌리 수 있을 것이다. 이렇게 될 경우, 군사적 수단으로 자기 자신을 방어하고자 하는 대재앙적 전략(즉 전쟁)이 유발될 수 있다.

기존 조건들에 관한 비판적 분석을 통해 새로운 대안을 도출하는 것이다. 하비에 의하면, 신자유주의화는 일련의 반대운동들을 만들어 놓았으며, 이 운동들은 기존의 노동자기반 운동과는 근본적으로 다른 것으로 이해된다. 물론 노동운동도 일부 국가들(특히 1980년대 한국이나 남아프리카공화국, 그리고 최근의 인도네시아나 중국 등)에서 매우 중요하지만, 미국 등에서 전개되고 있는 신자유주의화, 특히 탈취에 의한 축적에 저항하는 투쟁은 기존의 노동운동과는 다른 노선을 형성하고 있다. 즉 하비에 의하면, "임노동의 착취와 사회적 임금을 규정하는 조건들이 핵심 이슈가 되는 '확대재생산'을 …… 둘러싼 운동"과 다른 한편으로 "탈취에 의한 축적에 저항하는 운동"간에는 구분된다. 후자의 경우는 고전적 형태의 시원적 축적(예로 토지로부터 소농인구의 배제)에 대한 저항에서부터 금융자본의 현대적 형태가 만들어낸 '음모적' 디플레이션에 대한 저항 등까지 다양한 형태로 이루어진다.

미국에서 금융위기의 가능성과 그에 대한 현실적 대책들에 관한 하비의 추론은 실제 미국에서 금융위기가 발생하여 미국 내에서 뿐만 아니라 전세계적으로 심각한 충격을 주고 있다는 점에서 우리들에게 많은 시사점을 제시한다. 그러나 '탈취에 의한 축적'을 둘러싼 사회적 저항과 운동은 여전히 많은 의문점을 남기고 있다. 우선 하비는 '탈취에 의한 축적'에 의해 유발된 상이한 운동들이 유기적으로 연계될 수 있는 방안을 찾는 것이 중요한 과제라고 주장한다. 특히 그에 의하면, "이 과제는 매우 변덕스럽고 불균등한 지리적 발전의 특징들을 찾아내고 자본축적 과정의 역동성을 추적함으로써 이뤄질 수 있다"고 주장된다. 그러나 실제 하비는 이러한 상이한 운동들을 연계시키기 위한 자본축적 과정과 이의 불균등 발전을 공통된 배경으로 설정하기 보다는, 이러한 운동들의 특정성과 파편성을 연계시켜주는 것으로 간주되는 보편적 자유와 권리의 추구를 대안으로 제시한다.

물론 보편적 권리와 자유에 대한 담론적 합의와 이를 추구하는 실천적 운동은 아무리 강조해도 부족할 것이다. 그러나 또한 이를 위한 문화적 저항(또는 문화전쟁)들은 정치의 핵심으로 이해되어야 한다는 점이 인정될 수 있다. 왜냐하면 하비Harvey, 2005, [246]가 지적한 바와 같이, 신자유주의자들이 스스로 도덕적 주장을 내세우는 것은 개인주의화되고 있는 신자유주의 시대의 사회적 해체에 대한 두려움을 입증할 뿐만 아니라 실제 소외와 아노미, 배제와 주변화, 환경 퇴락 등에 대한 반대가 이미 신자유주의적 도덕성에 대해 의문을 제기하고 있음에 대한 반응이라고 할 수 있기 때문이다. 그러나 개발도상국의 지위를 막 벗어난 한국에서뿐만 아니라 금융체제가 과잉 팽창한 미국과 같은 국가에서도 사회운동은 계급운동의 위상 또는 성격을 가져야 할 것이다. 왜냐하면, 하비 자신이 주장하는 것처럼, 신자유주의는 자본가들에 의한 계급권력의 복원 프로젝트이며, 따라서 이에 대한 저항운동은 당연히 계급운동(좁은 의미의 노동운동이 아니라)의 성격을 가져야 하기 때문이다. 이러한 점들은 현재 미국에서 서브프라임 모기지 사태로 발발된 금융위기에 대한 하비의 견해에서도 찾아 볼 수 있다.

하비가 2005년 볼커의 주장에 동의하여 5년 내에 금융위기가 발생할 것이라고 제시한 예측은 실제 현실화되었으며, 이로 인해 진원지인 미국뿐만 아니라 전세계가 금융위기의 소용돌이 속에 빠져있다. 이 위기에 관해 하비는 “이 위기가 신자유주의의 종말을 알리는 것인가?”라는 의문을 제기하고, 이에 대한 답으로 “신자유주의가 무엇을 의미하는가에 좌우된다”고 답변한다Harvey, 2009a. 신자유주의에 관한 그의 정의는 앞서 주장한 바와 동일하지만, 현재 미국에서 진행 중인 금융위기의 발생과정에 대한 그의 설명은 보다 흥미롭다는 점이 지적될 수 있다. 즉 그의 설명에 의하면, 지난 30여년간 신자유주의화 과정에서 노동력은 권력을 상실했고 이로 인해 저임금을 받을 수밖에 없었지만, 이로 인해 자본은 시장에서 심각한 문제에 봉착하게 되었다. 이 문제는 두 가지 측면을 가진다. 첫째, 노동자의 소득과 지출 간에 간극이 생겼고, 이는 신용카드산업의 성장과 가계 부채의 증대로 메워졌다. 둘째, 부자는 더욱 부유해졌으며, 이를 생산 활동에 투자하기 보다는 주식시장이나 부동산 시장에서 자산에 투자하게 되었다. 이에 따라 소득은 증가하지 않음에도 자산가치가 급증했지만, 결국 자산가치의 붕괴가 불가피하게 초래되었다.

하비에 의하면 현재 자본가들은 엄청난 잉여를 소유하고 있으며, 이의 일부를 재자본화하여 확대를 위해 재투자를 해야 함에도 불구하고, 실제 제대로 이루어지지 않고 있다. 그 동안 이러한 잉여자본을 흡수할 수 있었던 주요한 장은 도시화로, 세계적으로 "거의 모든 도시들은 자본주의적 잉여자본을 흡수하기 위하여 대규모 건축 프로젝트를 촉진" 했다는 점이 지적된다Harvey, 2009a[19]. 그러나 이러한 잉여자본의 흡수에도 불구하고, 잉여자본을 흡수하기 위해서는 연평균 3% 정도의 자본축적이 이루어져야 하지만, 실제 세계적 차원에서 이러한 경제성장은 불가능하거나 또 다른 재앙들(예로 환경위기, 노동력의 위기)을 초래한다. 금융화의 촉진은 이러한 잉여자본의 흡수를 위한 필수적 방안이라고 할 수 있지만, 이는 주기적 감가 없이는 불가능하다. 즉 노동자들의 저임금에 따른 구매력 부족과 이로 인한 신용의 붕괴로 금융위기가 촉발되었으며, 이로 인한 자산 소실이 현재 발생하고 있다.

이러한 위기 상황에서 자본가들은 미국 정부와 국민들에게 7천억달러를 내놓기를 요구하면서, 마치 "자본가계급이 위기에 처하면, 당신들도 위기에서 빠져 나올 수 없다: 자본가계급이 과거보다도 훨씬 더 강화될 때만 이 위기에서 빠져 나올 수 있다"고 억지를 부리는 것으로 해석된다 Harvey, 2009a. 또한 국가 권력은 모든 희생을 감수하고 금융기관들을 보호하고자 할 것이며, 이러한 과정에서 자본주의 발전의 새로운 모형이 구축될 것이다[20]. 즉 "금융위기는 불합리한 것을 합리화시키는 방법이다

---

19 이러한 점에서 하비(Harvey, 2009b)는 "1970년대 이후 세계적으로 397건의 금융위기가 있었으며, 이러한 금융위기들 가운데 많은 것들이 도시화에 기반을 두고 있었다. 미국에서 이 위기의 기원은 서브프라임 모기지 위기에 의해 초래되었다. 그러나 이는 서브프라임 모기지의 위기가 아니라 도시 위기이다"라고 주장한다. 그의 설명에 의하면, 중상위층들에게 새로운 건물들을 판매하기 위한 공간 개발로 인해, 가난한 사람들은 교외로 추방된 반면, 도심의 부동산 가격이 인위적으로 상승됨으로 인해 문제가 발생했다. 즉 모기지위기와 도시 재생 또는 재활성화(gentrification) 간에 밀접한 관계가 있다고 주장된다(Harvey, 2009c).

- 예로 1997~8년 아시아에서의 거대한 충돌은 자본주의 발전의 새로운 모형을 초래했다. 혼란은 재편, 즉 새로운 형태의 계급 권력을 유도한다"Harvey, 2009a. 사실 노동계급의 신용 붕괴는 시장 위기의 해법으로 금융화가 더 이상 적절하지 않음을 보여주고 있지만, 현재의 분위기는 노동자가 아니라 자본가계급을 위하여 문제를 해결할 수 있는 새로운 금융 설계를 기대하고 있다[21]. 물론 국가가 필수적으로 이러한 과정을 인정하는 것은 아니다. 최근 금융위기의 극복을 위한 오바마의 정책은 뉴딜 유형의 해법으로 회귀하여 막대한 공적 사업이나 이른바 녹색테크놀로지에의 투자를 전제로 하고 있지만, 하비는 이것을 수행할 수 있는 오바마의 능력에 대해 회의적이다.

대신 하비는 "우리가 이번 위기를 다른 방법으로 빠져나올 것인가는 계급력class force의 균형에 좌우된다. 이는 전체 국민이 '충분한 것은 충분한 것'이고 이 시스템을 바꾸자 라고 말하는 정도에 달려 있다"고 주장한다[22]. 하비가 제안하는 대안은 우선 "도시에 대한 우리의 권리를 행사할 필요가 있다"는 점이다. 즉 '도시에 대한 권리'the right to the

---

20 하비(Harvey, 2009a)에 의하면, 이러한 원칙은 이미 1970년대 뉴욕시의 위기나 1982년 멕시코의 은행파산에 대한 구제에서 설정되었고, 그 이후 유사한 많은 사건들에 적용되었으며, 이번 미국의 금융위기에서도 과거에 비해 훨씬 규모가 크지만 같은 맥락에서 이해된다고 주장한다.

21 이러한 점에서 특히 하비(Harvey, 2009c)는 지난 4월 초 개최되었던 G20 금융회의를 과거와 '동일한 체제를 재창출'하기 위한 시도라고 비판하고 있다.

22 물론 하비는 국가금융구조의 개편을 부정하지는 않으며, 심지어 IMF의 존속을 인정한다:. 즉 그에 의하면, "새로운 국가 금융구조가 요청된다. 나는 BIS(Bank of International Settlement)와 같은 기존 기관들과 심지어 IMF는 폐지되어야 한다고 생각하지는 않는다. 나는 우리가 이들을 필요할 것이지만 이들은 혁신적으로 전환해야만 한다고 생각한다. 큰 의문은 누가 이들을 통제할 것이며, 그 구조는 어떠할 것인가라는 점이다"(Harvey, 2009a).

city라는 개념으로 하비Harvey, 2008는 은행의 가치보다도 인간의 가치가 더 중요하다는 점을 강조하는 한편, 자본주의적 잉여의 흡수 문제에 대한 통제권을 가져야 한다는 점을 주장한다. 하비의 견해로는 사회운동은 잉여생산물에 대한 더 적절한 통제를 위하여 노동운동과 도시사회운동이 연대해야 하며, 이를 통해 잉여의 생산, 이용 및 분배에 대한 훨씬 더 큰 사회적 정치적 통제를 쟁취해야 한다.

이러한 사회운동의 주체와 관련하여, 하비가 지적한 점은 첫째 노동운동은 항상 중요하지만, 국가-금융 연계 구조가 근본적 이슈인 상황에서 노동자가 투쟁의 선봉이라는 관례적 입장은 적절하지 않다. 둘째 하비는 국가권력의 장악이 정치적 전환에 아무런 역할을 하지 않는다고 생각(좌파적 사고)하는 것은 큰 잘못이라고 지적하는 한편, NGO들과 시민사회조직이 세계를 바꿀 것이라는 믿음(아나키스트적 사고)에 대해서도 매우 회의적이다.[23] 셋째, 대신 하비는 미국의 경우 금융자본의 소득에 의존해온 관리계급들이나 금융서비스의 중단과 심지어 모기지의 상실을 겪고 있는 중간층들 그리고 보편적 자유와 권리를 위한 문화생산자들 등이 중요한 역할을 할 것으로 기대하고 있다. 사회운동의 주요 이슈로서 하비는 '도시에 대한 권리'를 강조하면서, 자문, 참여, 예산절차에 대한 개입 등의 권리를 주장한다. 구체적 사례로, '지방정부로 하여금 반철거법을 통과시키도록 하는 것'을 제시하거나, 노동과 지역사회 운동이

23 이에 덧붙혀 하비는 "학자들은 사회운동과의 관계에서 우리 자신이 어떤 사명적 역할을 하는 것으로 보아서는 결코 안 된다. 우리가 해야 할 일은 대화 속에 뛰어들어, 우리가 문제의 본질을 어떻게 이해해야 하는가를 논의하는 것이다"이라고 서술하고 있다.

연대하여 사회적 경제를 활성화시키며, 기술개발도 이러한 방향으로 진행되도록 추동해야 한다고 제시한다(예로, 태양열 생산체계의 개발을 위한 지역지원체계). 나아가 하비는 미국에서 구제금융으로 요구되는 7천억달러 가운데 5천억달러로 국가재건은행을 창설하여, 이 은행이 모기지 상실로 충격을 받은 이웃들을 구제할 수 있는 지역성을 가지고 운영되도록 해야 한다고 제안한다.

현재 위기 상황에 대한 하비의 견해는 결코 낙관적이지 않을 뿐만 아니라 그렇다고 매우 비관적인 것도 아니다. 한편으로 하비의 견해에서, 금융위기의 발생 배경과 이에 대해 현재 진행되고 있는 자본과 국가의 전략에 대한 비판적 고찰은 경험적 이론적으로 깊이 있는 통찰력을 제공하며, 위기 극복을 위한 사회운동의 주요 과제로서 '도시에 대한 권리' 또는 '도시화의 재편'을 제안하는 것은 매우 유의하다고 하겠다[24]. 그러나 사회운동의 주체와 관련하여 지나치게 포괄적인 범위를 설정하는 것은 과연 적절한가에 대한 의문을 제기하도록 한다. 왜냐하면, 신자유주의화 과정에서 양극화는 점점 심화되고 있지만, 하비가 열거한 주체들은 비록 신자유주의화 과정의 직접적 피해자라고 할지라도 대체로 중간층에 속하기 때문이다.

24 "나는 도시화의 재편을 상상하고자 한다. 지구온난화에 관해 무엇을 하기 위해, 우리는 미국 도시들이 운영되는 방식을 전적으로 재편할 필요가 있다. 생활과 노동의 새로운 방식과 더불어 도시화의 완전히 새로운 유형[이 요구된다]."(Harvey, 2009a).

맺음말

신자유주의에 대한 하비의 견해는 지난 40년 가까이 진행되어 온 신자유주의의 기원과 발전과정 그리고 최근 직면해 있는 위기 상황에 대한 이해를 위하여 매우 깊이 있는 통찰력을 제공한다. 물론 그가 거듭거듭 지적하고 있는 것처럼 신자유주의화 과정은 시간적으로 가변적인 역동성을 전제로 할 뿐만 아니라 지구적 차원에서 지리적 불균등 발전의 특성을 내재하고 있다. 따라서 현재적 상황에서 우리나라에서 전개되고 있는 신자유주의화 과정에 대한 경험적 분석은 그 개연성과 특이성을 전제로 현재 우리나라가 처해 있는 시공간적 조건들과 이에 따른 전개과정에 초점을 두어야 할 것이다. 특히 그의 대안 제시는 기본적으로 미국적 상황을 전제로 하고 있음에 대해 유의하고, 현재 우리나라의 신자유주의화 과정에 대한 대응하기 위한 과제가 설정될 필요가 있다.

이러한 점을 전제로 하비의 주장을 요약하면 다음과 같다. 첫째, 신자유주의는 자유시장의 이데올로기이지만, 또한 경제 엘리트의 권력을 회복하기 위한 계급 프로젝트로 해석된다. 이러한 신자유주의의 정치경제적 특성은 가치의 창출보다는 재분배에 있다는 점에서 '탈취에 의한 축적'으로 개념화된다. 둘째, 신자유주의화 과정은 각기 상이한 배경에서 미국과 영국에서 시작되었으며, 신자유주의적 국가의 직·간접적 개입을 필요로 했다. 이러한 신자유주의화는 지리적으로 불균등하게 세계 각 국가들에 파급되었으며, 최근 중국의 경제발전 역시 신자유주의화의 독특한 유형으로 간주된다. 셋째 신자유주의화는 세계경제의 성장에 거의 기여하지 못하고, 상품화, 저항문화, 환경문제들을 유발하고 있으며, 이로 인해 탈취에 의한 축적에 반대하는 다양한 유형의 사회운동에 봉착해 있다. 넷째 최근 미국에서 발생하여 전세계에 파급된 금융위기는 잉여자본으로 인해 초래된 자산가치의 붕괴로, 이를 해결하기 위한 구제금융 등의 해법은 문제를 심화시킬 뿐이며, 대신 '도시에 대한 권리'를 요구하는 사람들이 직접 참여하고 이들에게 도움을 줄 수 있는 대안이 모색되어야 한다.

그러나 이러한 하비의 주장들은 여전히 상당한 의문점들을 남기고 있다. 특히 그의 논의에서 이론적으로 중요한 쟁점들로 다음과 같은 몇 가지 사항들이 지적될 수 있다. 첫째 '탈취에 의한 축적'의 개념적 정치성 또는 이론적 정합성의 문제다. 즉 이 개념에 포함된 다양한 양상들이 어떻게 세분될 수 있으며, 어떤 공통점을 가지는가를 개념적으로 정교하게 설명할 수 있어야 하며, 또한 '노동의 확대재생산'에 의한 축적과 이론적으로 정합될 수 있는가의 의문이 해소되어야 한다[25]. 둘째, 신자유주의화의 지리적 불균등발전은 여전히 보다 정교하게 설명

25 예로 하비는 '탈취에 의한 축적'과 관련하여 자연으로부터 자원의 탈취에서부터 금융화를 통한 화폐가치의 탈취에 이르기까지 다양한 양상들을 열거한다. 이들을 몇 가지 유형으로 세분하고 그 메커니즘의 상이성과 공통성을 고찰할 필요가 있을 것이다. 또한 하비는 탈취에 의한 축적이 사회적 부(잉여)의 창출에는 (경험적으로 뿐만 아니라 이론적으로) 기여를 하지 않는 것으로 간주하지만, 노예노동과 같은 노동력의 탈취는 분명 전통적 의미로서 잉여가치의 창출에 기여한다고 할 수 있다. 또한 하비는 노동력의 탈취를 노동에 의한 생산과는 달리 재분배 과정과 관련된 것으로 이해하지만, 본래 누구의 몫이어야 하는가에 대해서는 논의하지 않고 있다 (만약 탈취에 의한 축적이 노동의 확대재생산과 범주적으로 구분된다면, 탈취에 분배되는 몫이 본래 노동의 몫이라고 할 수 있는가에 대한 의문이 제기될 수 있다).

되어야 할 과제로 남아 있다. 즉 하비에 의하면서 신자유주의화의 지리적 불균등발전이 개별 국가들의 내생적(그리고 개연적) 요인들에 의해 결정되는 것처럼 설명하지만, 이는 그가 주장하는 관련적 (또는 변증법적) 공간관계를 반영하지 못한 것이다.[26] 셋째, 사회(변혁)운동의 주체와 전략에 관한 하비의 주장은 여전히 공감되기 어려운 점들을 남기고 있다. 그가 주장하는 바와 같이 만약 신자유주의화가 계급권력의 복원을 위한 프로젝트라면 이에 대한 반대운동 역시 계급(좁은 의미의 노동계급이 아니라 보다 포괄적 의미의 계급)운동이어야 할 것이지만, 탈취에 의한 축적을 지나치게 강조함으로 인해 신자유주의화에 대한 저항운동의 성격을 모호하게 하고 있다.

이러한 이론적 문제들에도 불구하고 신자유주의에 대한 하비의 경험적 통찰력과 이론적 주장들은 현재 진행되고 있는 지구적 변화 과정과 이를 규정하는 이데올로기적 및 정치경제적 배경을 이해하는데 매우 유의한 기여를 하고 있다. 그는 대학에서 40여 년 동안 마르크스의 〈자본론〉을 강의하고 있으며, 자타가 공인하는 당대의 위대한 마르크스주의자이다. 그럼에도 불구하고 그는 신자유주의의 현재 상황에 대한 마르크스주의자의 성급한 견해와 이렇게 사고하도록 한 마르크스를 다음과 같이 비판하고 있다.

---

26 하비는 <지구적 자본주의의 공간들: 지리적 불균등발전 이론을 향하여>(Harvey, 2006)에서 이 점을 보다 세밀하게 다루고 있으며, 특히 개별 국가(또는 지역)의 내생적 요소들보다는 공간적 관계들에 관심을 더 많이 기울이고 있지만, 체계화된 '지리적 불균등발전의 이론'을 개발한 것처럼 보이지는 않는다.

“일부 마르크스주의자들이 ‘그렇다. 이제 위기이다. 자본주의의 모순은 이제 어떻게 해서든 해결될 것이다’라고 생각하는 것이 나에게는 문제이다. 지금은 승리의 순간이 아니며, 문제화의 순간이다. 무엇보다도 마르크스가 이러한 문제들을 설정한 방식에 있어 문제가 있다고 생각한다. 마르크스주의자들은 국가-금융 복합체나 도시화를 그렇게 잘 이해하지 못한다. 그들은 다른 것들을 이해하는 데는 뛰어나다. 그러나 이제 우리는 우리의 이론적 자세와 정치적 가능성들에 대해 다시 생각해보아야 한다”Harvey, 2009.

김홍중

육화(肉化)된 신자유주의의 윤리적 해체

2

육화肉化된 신자유주의의 윤리적 해체

배틀로얄

서기 1997년, 동아시아에 대동아공화국이라는 전체주의 국가가 탄생한다. 이 국가는 '총통'에 의해서 통치되는 '국가사회주의' 이념 위에 설립되어 '전수방위군'이라는 군대를 갖고 있으며, 경제적으로 미국에 필적하는 강대국이다. 매년 이 나라에서는 전국의 중학교 3학년들을 대상으로 국방에 필요한 전투 시뮬레이션이 실시된다. 게임을 위해 특별히 마련된 공간(섬)에 던져진 학생들은 자신들에게 주어지는 고유한 무기를 가지고 서로를 죽여야 한다. 한 번 게임에 연루되면, 유일한 탈출의 방법은 동료를 모두 죽이고 홀로 살아남는 것 밖에는 없다. 아무도 믿을 수 없고, 믿어서도 안 된다. 또한 아무리 친한 친구라도 게임 속에서는 적일 수밖에는 없다. 최후의 생존자는 국가의 영웅으로 추앙되지만 나머지는 모두 이름 없는 섬에서 살해된 채 사라져야 한다. 다카키 코슌高見廣春의 소설 『배틀로얄Battle Royale』의 내용이다. 이 소설은 일본 문단에 수많은 논란을 불러일으키면서 출판되어 1999년에 소설 판매 4위를 기록하였다. 다음 해에는 영화로 만들어져 역시 큰 반향을 불러일으켰는데, 4 주 만에 140 만 명의 관객을 동원하는 기염을 토하더니, 2000년 일본 아카데미 시상식에서 최우수 작품상, 감독상, 각본상 등 총 9개 부문을 휩쓴다. 순수하고 아름다운 사춘기의 아이들을 주인공으로 비정한 '서바이벌 게임'을 펼치도록 하는 이 잔혹한 이야기에 왜 사람들은 매혹되었을까? 동료를 죽이기 위해서 무장하고, 매복하고, 기습하고, 음모를 꾸미는 이 악몽 같은 이야기는 어떻게 해서 왜 수많은 대중의 관심을 불러 일으켰을까? 그것은 아마도, '배틀로얄'이 터무니없이 과장된 이야기나 황당무계한 미래의 어떤 개연성 없는 상황이 아니라, 신자유주의 시대의 인간들이 서로에 대하여 품을 수 밖에 없는 공포와 불신과 폭력의 관계를 섬뜩하리만큼 정확하게 포착하고 있기 때문일 것이다.

이런 상황은 홉스가 『리바이어던Leviathan』에서 묘사하는 자연상태를 연상시킨다. 홉스의 자연상태는 '문명' 이전의 상태가 아니라 '사회' 이전의 상태를 표상한다. 자연상태는 저 멀리 선사 시대의 '과거'를 의미하는 것이 아니라, 정치적 공동체나 사회적 규범이 와해되었을 때 나타나는 '만인의 만인에 대한 전쟁' 상태이다. 자연 상태가 도래했을 때 인간 공동체는 모래로 지은 성처럼 쉽게 허물어지고, 응집력을 상실한 미약한 개인-원자들이 그야말로 '야수적' 생존을 위해서 적으로 변화된 타자들을 물리적 · 상징적으로 부정해야 하는 정글과 같은 상태를 우리는 체험한다. 이것이 '배틀로얄'이다. 신자유주의는 이런 의미에서 사실상 세계의 곳곳에서 배틀로얄의 전쟁상태를 창출하고 있다. 국가의 정치적 권능이 최소화되고 시장의 맹목적인 동력이 섭리의 수준으로 격상되었을 때, 국가의 임무는 최소한의 야경夜警 즉 경찰과 치안police의 임무로 축소되고, 복지나 약자에 대한 안전망은 해체된다. 승자독식의 시장 논리는 '사회적'이고 '공적'인 삶의 민주적 존립 기반을 와해시키면서, 상품화될 수 없는 기본적 가치들을 이윤의 논리에 복속시킨다. 의료, 교육, 환경의 황폐화가 발생한다. 공적 배려 속에서 최소한의 품위를 유지하던, 배제된 존재들은 급격하고 야만적인 양극화의 희생자가 된다. 생존은 이제 더 나은 삶 혹은 행복을 위한 수단이 아니다. 그것은 그 자체로 하나의 목적으로 승격된다. 직장에서, 학교에서 그리고 국제사회에서의 무모하고 출구 없는 극한의 경쟁 속에서 살아남기 위한 끝없는 전쟁상태가 바로 우리의 현실이라면, '배틀로얄'은 그런 리얼리티를 어떤 의미에서는 가장 절실하게 표현하고 있는 하나의 알레고리라 할 수 있다.

육화된 신자유주의

이런 맥락에서 『배틀로열』의 작가가 대동화공화국이 설립되는 사건을 1997년으로 설정했다는 사실은 매우 흥미롭다. 한국 사회에 국한시켜 말하자면 1997년은, IMF 외환위기를 기점으로 90년대 중반 이후부터 점진적으로 추진되어온 신자유주의적 세계화가 한층 강화된 방식으로 그리고 거의 유일한 대안으로서 전면적으로 실행되기 시작한 바로 그 해이다. 주지하듯이, 세계적인 차원에서 신자유주의는 1970년대 후반과 80년대 초반에 영국의 대처 총리와 미국의 레이건 대통령에 의해서 본격적으로 추진되기 시작하였고, 구 공산권의 붕괴 이후 세계 경제가 자본주의적으로 통합되는 80년대 후반 이후 국제적인 대안으로 파급된다. 신자유주의가 표방하는 대표적인 입장은, 자원 배분자로서의 역할을 시장에 배타적으로 부여하는 정책적 기조, 수요가 아닌 공급을 중시하는 경제supply-side economics 운용의 방식, 공적인 삶과 공공재마저 상품화하는 극단적 상품 논리 등이라 할 수 있다Tomey, 2004: 64-72. 한국의 경우 IMF 위기 이후에 급진화된 신자유주의적 개혁 드라이브 역시 정부의 사회 · 경제적 개입에 대한 반대, 사유화, 규제완화, 누진과세 철폐, 노조 무력화의 옹호와 같은 정책들로 구현된 바 있다. 그리고 그 부정적인 여파로서 노동시장의 유연화, 대량실업과 대량해고, 비정규 고용의 증가, 소득불평등의 심화와 양극화, 신빈곤 계층의 등장, 공동체적 규범의 해체, 이혼율의 증가와 출산율의 저하 등과 같은 사회 · 경제적 변화들이 발생하게 되었다는 것은 주지의 사실이다.

이런 변화들은 물질적, 제도적인 수준에서 먼저 진행된다. 신자유주의는 무엇보다도 거시적 사회구조, 사회정책, 사회공학의 운용 '시스템'이자 그런 운용의 방식을 이론적으로 정당화하는 일련의 지식으로 구성된 일종의 '이념'이기 때문이다. 그러나 이처럼 추상적인 수준에서 작동하는 제도로서의 신자유주의는 언제나 그 체제 하에서 노동하고, 사회적 관계를 맺으며, 욕망을 실현시키고, 꿈을 꾸는 사회적 행위자들의 삶을 심층적으로 변화시키는 일종의 '문화' 혹은 '에토스'이기도 하다. 요컨대 신자유주의는 단순한 제도 혹은 이데올로기가 아니다. 그것은, 타인들을 적으로 삼고 이들을 무력화시키고 공적자원을 독식하면서 독존獨存하는 행위를 중요한 가치로 파악하게 하는 신자유주의적 심성, 관념, 감각을 몸에 익힌 특수한 인간 유형을 만들어내는 구조적 체제이다. 그리하여, 신자유주의적 제도가 실행되고 확산되는 과정에서 사회 구성원들의 가치관, 행위의 양식 · 전략은 변화하며, 더 나아가서 옳고 그름을 판별하는 집합적 규범의 체제와 아름다운 것과 추한 것, 멋있는 것과 추한 것을 구별하는 미학적 판단의 체제까지가 변화되는 것이다. 이런 점에서 우리는 두 개의 신자유주의를 구분할 수 있다. 그 하나는 '제도로서의 신자유주의'이며 다른 하나는 '육화된 신자유주의'이다. 제도로서의 신자유주의는 '국가정책의 거시-경제적 독트린macro-economic doctrine of state policy'을 가리키며, 육화된 신자유주의는 '사회적 에토스social ethos'로서의 신자유주의라 할 수 있다Song, 2003: 11; Brown, 2003; Lemke, 2002; 서동진, 2005[1]. 제도로서의 신자유주의는 시스템과 이념의 영역이며 육화된 신자유주의는 문화와 심성의 영역에 깃든다. 전자는 추상적이지만, 후자는 구체적이고 물질적이다. 이처럼 제도로서의 신자유주의와 육화된 신자유주의의 이중 체제로서 신자유주의는 다음과 같은 방식으

1 이상의 논의는 박소진(2008: 93-4)을 참조함.

로 도식화될 수 있다.

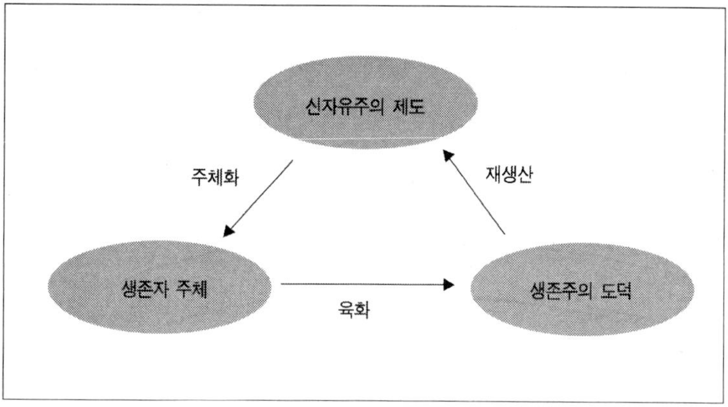

제도, 주체, 도덕으로 구성된 신자유주의의 체제

이 도식에서 볼 수 있듯이, 제도로서의 신자유주의는 신자유주의적 인간을 생산(이상화)하며, 이렇게 형성된(이상화된) 신자유주의적 주체인 생존자는 신자유주의적 도덕을 내면화(육화)한다[2]. 또한 주체의 행위와 습관의 운영 법칙으로 기능하는 신자유주의적 도덕은 일종의 이데올로기처럼 신자유주의적 삶의 정당성을 주장하면서 제도화된 신자유주의를 재생산하는 효과를 발휘한다. 이런 관점에서 보면, 신자유주의

2 이런 점에서 신자유주의는 '주체화의 장치(dispositif de l'assujetissement)'로 기능한다. 1977년의 한 인터뷰에서 푸코가 제시하는 정의에 의하면, 장치란 담론적 · 비담론적 요소들로 구성된 이질적 네트워크로서, 그 요소들 간의 다양한 접합을 통해서 구성되며, 특정한 역사적 상황에서 부여되는 급박한 임무를 수행하는 과정에서 생되는 것이며, 권력-지식과 긴밀하게 연관되어 있는 하나의 구조이다(Foucault, 1977: 299-300).

에 대한 학문적 분석 · 비판에 있어서 우리는 전략적으로 두 가지의 상이한 전선을 설정해야 할 필요가 있다. 주체들의 심성과 의식과 육체를 특정 방향으로 움직이게 하는 비가시적 힘으로 기능하는 육화된 신자유주의의 분석은, 제도화된 신자유주의가 그 기본적 정책, 이념, 독트린, 프로그램 등을 통해서 구조적인 수준에서 발휘하는 효과들에 대한 분석과는 다른 방식으로 이루어질 수밖에는 없다. 더 나아가서 육화된 신자유주의의 비판적 해체는 제도의 혁파보다 더 심층적인 수준의 변화, 즉 개별 주체의 자기통치 차원에서 이루어질 수 있는 어떤 실천을 불가피하게 요구한다. 왜냐하면, 육화된 신자유주의는 우리의 '밖'에 있는 추상적 객체가 아니라 우리의 '마음'과 우리의 '살'에 체현되어 행동과 가치와 판단을 방향 짓는 욕망과 희망, 감각과 취향 그 자체이기 때문이다. 이런 점에서 '육화된 신자유주의'의 극복은 신자유주의의 이상화된 인간 모델과 그의 도덕에 대한 정확한 이해와 양자를 해체할 수 있는 '윤리적 인간'의 가능성에 대한 탐색을 순차적으로 요구한다.

생존자는 누구인가?

신자유주의적 주체의 이념형인 '생존자'는 신자유주의적 삶의 환경 속에서 살아남기 위해서 최선의 노력을 경주하는 현실적 행위자들인 '생존추구자survival-seeker'와 그들이 행위의 준거로 삼는 이상화된 모델인 '생존자-모델survivor-model'의 결합이다. 생존추구자가 자기관리, 자기계발, 자기통제의 능력을 극대화함으로써 항상적 경쟁상황을 독자적으로 돌파하고자 기도하는 존재라면, 생존자-모델은 신자유주의적 문화 속에서 다양한 방식으로 생산되어 생존추구자들의 행위를 정향하고, 지도하고, 계도하는 하나의 표상이다. 생존이라는 현실적 과제 앞에서 불안과 공포에 빠진 존재인 생존추구자들에게 생존자-모델이 하나의 판타지로서, 희망으로서, 가능성으로서 수용되고, 모방되고, 추종되는 과정에서 '생존자'의 주체성은 형성된다. 요컨대 '생존자'는 '생존자-모델'을 실현하기 위해 다양한 자아-테크닉을 수행하고 있는 '생존추구자'로 규정될 수 있다. 이런 점에서 신자유주의적 생존자는 단순한 '승리자'나 '성공자'가 아니다. 행위의 결과로 규정되는 후자와는 달리 '생존자'는 매우 엄격한 자기의 테크닉 즉 자기통치 프로그램의 주체로서, 생존에 요구되는 자기역량의 끝없는 강화를 위해 나아가고 있는, 그리하여 그 성공이 결코 보장되지 않은 항상적 불안의 주체이다.

이런 생존자에게 가장 중요하고 가치 있고 소중한 것, 그의 모든 행위를 규범적으로 지도하는 텔로스가 바로 '살아남는 것'이다. 목숨을 가진 유기체로서 본능적인 자기보존의 욕구를 갖고 있는 인간에게 생존은 언제나 삶의 절대 과제였음은 말할 나위가 없다. 한 술의 밥을 목구멍에 떠 넣고 산다는 것, 그것은 그 자체로 성스러운 것이다. 생존의 이런 무게감은 민중의 물질적 삶에서 더 극단적으로 부각된다. 이때 생존은 '권리' 즉 생존권이다. 그것은 삶이 어떤 위협 속에 던져져 공적 관심과 부조의 대상으로 구성되는 상황을 내포하고 있다. 그러나 신자유주의적 생존자가 추구하는 생존은 인간의 유기체적 실존을 구성하는 생존도 아니며 권리로서의 생존도 아니다. 신자유주의적 생존은 하나의 은유이다. 은유로서 전용된 생존은 이제 죽음의 대립항이 아니라 '도태淘汰'의 대립항으로 전환된다. 도태는 경쟁상태를 전제하는 개념인데, 신자유주의적 경쟁상태를 대리표상하는 용어가 바로 전반화된 '구조조정'이다. 신자유주의적 생존은 그리하여 목숨을 부지한다는 의미가 아니라 경제적, 사회적, 생물학적 '구조조정'에서 도태되지 않고 소수의 선택된 범주에 귀속된다는 것을 의미한다. 그것은 다음과 같은 세 가지 상이한 형태를 빌린다.

신자유주의적 생존자가 추구하는 첫 번째의 생존은 구조조정, 불황, 실업, 무한경쟁의 시장에서 살아남은 '경제적 생존'이다. 전형적인 신자유주의의 사회적 환경에 놓인 행위자들은 소위 "무용성의 유령specter of uselessness"이라 불리는 퇴출의 공포와 싸워야 한다Sennett, 2006: 103. 두 번째의 과제는, 공공성에 기초한 규범들의 퇴조로 특징지어지는 신자유주의적 사회 공간을 지배하는 과시적 인정투쟁의 공간에서 살아남는 '사회적 생존'이다장은주, 2008: 22-30. 그 공격적 형태가 바로 성공지상주의, 입신출세주의 혹은 "몰렴沒廉 혹은 무치無恥"의 스노비즘이다김홍중, 2007a: 89이다. 특히, 인정의 사회적 메커니즘이 매우 협소하고 단조로운 한국 사회의 경우, 사회적 생존은 삶의 존엄성과 시민적 덕성civic virtue을 훼손시키면서 인정을 위한 속물적 투쟁을 유도하는 경향이 매우 강하다. 마지막으로, 생존자는 질병과 죽음을 넘어서 건강하게 오래

사는 '생물학적 생존자'의 형식을 취한다. 건강하고 장수하는 삶은 모두가 꿈꾸는 것이지만, 신자유주의적 생존주의는 건강과 생명의 상품화를 통해서 이를 신성화함으로써 '웰-빙의 이데올로기' 혹은 베나사야그Miguel Benasayag의 표현을 빌려 말하자면 "무조건적 건강la santé à tout prix"에 대한 과도한 집착을 조장한다김홍중, 2007a: 89-91; Benasayag, 2008.

생존주의가 지배하는 신자유주의적 문화 속에서 이런 세 유형의 생존을 성취한 존재(부유, 인정, 건강)로서 환상적으로 부각되는 표상이 바로 '생존자-모델'이다. 생존자-모델은 탁월한 직무 수행 능력과 열정, 사교성, 신체적 · 정신적 건강을 모두 갖춘 채 사회적, 경제적, 문화적 삶에서 일정한 성취와 성공을 획득한 존재로 그려진다. 그는 신자유주의적 시스템이 우상화하는 영웅이다. 이런 생존자-모델을 문화적으로 대량생산하는 것이 바로 20세기 후반에 세계적으로 큰 인기를 얻고 있는 TV 리얼리티 프로그램들이라 할 수 있다문강형준, 2007: 380-7; 최철웅, 2008: 378. 사실 많은 리얼리티 프로그램이 참여자들 간의 치열한 경쟁과 그 경쟁을 뚫고 최후의 승자로 살아남는 영웅의 모습을 드라마화化하는데, 그 대표적인 실례가 미국 CBS 방송의 「생존자Survivor」라 할 수 있다. 이 프로그램은 주로 고립무원의 절해고도나 야생의 밀림과 같이 자연적인 공간에 다수의 참가자들을 이동시켜, 다양한 과제를 부여하여 이를 해결하는 과정에서 능력이 없는 자들을 투표를 통해 '도태'시켜, 육체적 · 정신적 · 사회적으로 가장 강한 자, 즉 생존자를 한 명 남긴다는 발상으로 세계적으로 큰 인기를 누리고 있다. 이 게임에서 최후의 생존자가 되기 위해서는 육체적으로 충분히 강인하여 자연적 고통을 감내할 수 있는 능력을 갖고 있고 정신적으로도 성숙해서 작은 고난들을 극복하고 넘어설 수 있어야 하며 사회적인 수준에서 말하자면 고도의 리더십과 합리적인 조정능력을 갖고 있어야 한다. 즉 생존자는 완벽에 가까운 존재로서 그 보다 열등한 다른 존재들을 경쟁에서 따돌리고 살아남은 강한 존재로서 사회적인 인정과 존경을 획득한다. 유능하고 깔끔하며 국제적이고 자기관리에 성공하는 존재, 부와 인정과 건강을 동시에 소유한 존재, 육체적 · 정신적으로 타인들보다 더 우월한 존재로 표상되는 이 생존자의 이미지는 매력과 매혹으로 이루어진 미학적 아우라를 부여받고 있다[3].

생존자-모델을 자아 이상으로 설정하고 그를 모방, 추종하는 생존추구자들은 생존주의의 패권 하에서 자신에게 주어진 자원들을 최대한 효율적으로 활용하여 생존이라는 절대의 가치를 실현하고자 노력하게 된다. 그는 성실하고, 실천적이며, 강한 의지와 정신력으로 스스로를 방종과 안일과 게으름에 빠지지 않도록 통제하는 자기규율적 존재로 스스로를

3 가령, 2006년의 제 13회 쇼는 뉴질랜드의 쿡 아일랜드에서 열렸는데, 5만 대 1의 경쟁을 뚫고 선발된 남녀 20 명 중에서 한 달이 넘는 가혹한 선발과정에서 최종 우승한 사람이 바로 한국계 '권율'이라는 청년이었다. 그는, 스탠포드 대학에서 컴퓨터 공학을 전공하고 이후에 예일대 로스쿨을 졸업한 전문적 지식인인 동시에, 180 cm의 키에 73 kg의 이상적인 육체를 소유하고 있는 '몸짱'이다. 탁월한 육체적 능력으로 그는 자연의 험난함을 극복했고, 비범한 지적 능력과 지도력을 발휘하여 그는 다른 경쟁자들과의 투쟁에서도 승리했다. 미국에서 홀대받는 동양계로서, 권율의 이런 승리는 단순히 '무인도에서의 생존'이 아니라 미국이라는 거대한 시련의 자연에서 생존한 '한인' 혹은 '소수자'로서의 정체성을 부각시킨다. 그는 미국과 한국에서 모두 폭발적인 인기와 관심의 초점이 되고 있다.

조련하며, 자신의 욕망과 육체와 감정과 단점을 완벽하게 통치할 수 있는 능력을 소유한 '기업가적 자아enterprising self'의 특성을 갖는다 Gordon, 1991: 43-4. 그는 스스로를 끊임없이 계발하고 관리하여 자신의 인적자본human capital을 확장시킴으로써 생존에 더 적합한 주체로 스스로를 변모시키기 위해 분투한다. 수많은 자기계발 담론, 자조self-help 문학, 성공학, 리더십 담론 등의 호황은 이와 같은 신자유주의적 생존추구자들이 요구하는 지식과 노-하우, 자기의 테크닉 그리고 규범적 준칙들을 그런 담론이 제공하고 있기 때문이다서동진, 2005: 231 이하; Rimke, 2000: 61-5; Hazleden, 2003: 413-5; 전상진, 2008: 113-9. 그는 자신과의 관계에서 엄격한 강박적 자기통제를 실천하고자 하며, 이와 동시에 타인들과의 관계에서 경쟁적 상황이 전제된 극단적 배제의 논리를 실천하고자 한다. 이처럼 생존추구자가 생존자-모델을 추수追隨하는 과정에서 신자유주의적 생존자의 주체성이 생산되며 이와 동시에 신자유주의적 문화의 헤게모니가 확립되는 것이다.

성찰성의 도구화

생존추구자에게 생존자-모델은 일종의 대타자大他者로 기능한다. 그것은 하나의 법이자 도덕이다. 생존은 이런 상황에서 정언명령의 형식을 띤다. 생존의 대오에서 낙오한 자들은 단순히 무능한 것이 아니라 도덕적으로 열등한 것이며 미학적으로 아름답지 않은 존재로 여겨진다. 따라서 생존자는 '강하기 때문에 생존한 자'가 아니다. 그는 이와 같이 선과 진리와 아름다움으로 절대화된 생존을 위해서 끊임없이 자기를 관리하는 자, 자기에 투자하는 자, 자기와의 긴밀하고 부단한 '성찰적 관계'를 맺고 있는 고도로 자기조회적, 자기통제적, 자기관리적인 주체이다. 신자유주의적 생존자의 주체성을 분석하기 위해서 우리가 성찰성의 문제를 검토할 수밖에 없는 이유가 여기에 있다. 기든스Anthony Giddens의 정의에 의하면 성찰성reflexivity은 자신의 신체, 정념, 욕망에 대한 지속적인 '모니터링'을 수행할 수 있는 인식과 실천의 능력을 가리킨다Giddens, 1984: 46. 근대사회의 구조적 변동의 관점에서 보자면, 성찰성은 탈脫-전통사회로 접어들면서 규범적 정향을 상실한 개인들이 독자적으로 존재론적 정박점을 찾아나가는 과정에서 자신과 맺을 수밖에 없는 독특한 관계를 표상하는 것으로서, 근대적 주체성의 중요한 구성요소를 이룬다 Giddens, 1992: 126-9. 성찰성은 근대인의 기본적인 '자기의 테크닉'에 속하는 것이라는 점에서, 그 자체로 긍정적이거나 부정적인 가치를 갖지 않는다. 그것은 중립적이고 기술적인, 의식의 운용 방법이다. 따라서 만일 우리가 성찰성의 개념을 도구로 생존자의 주체성을 심층적으로 파악하기 위해서는 그 개념을 특수한 기준에 맞추어 분화시켜, 생존자의 성찰성이 (가령 윤리적 주체가 소유하고 있는 성찰성과 달리) 어떤 종류의 성찰성인지를 정확하게 포착해야 한다. 이런 맥락에서 우리는 다음과 같은 두 가지 유형을 성찰성을 구별한다. 그 하나는 성찰의 행위가 다른 특수한 목적을 달성하기 위한 수단이 아니라, 그 자체가 목적으로 기능하는 경우로서 우리는 이를 '자기-목적적 성찰성autotelic reflexivity'이라 부르고자 한다. 다른 하나는 이와 달리 성찰의 행위가 특정 목정을 달성하기 위한 효과적인 수단으로서 기능하는 경우로서 이를 '도구적 성찰성instrumental reflexivity'이라 부른다.

자기-목적적 성찰성의 대표적 실례를 우리는 불교의 수행법 중의 하나인 관법觀法, vipaśyanā에서 발견할 수 있다. 관법은, 일상적인 행위를 수행하는 자기를 놓치지 않고 바라보는 또 다른 나, 즉 성찰적 자아를 끊임없이 일깨움으로써, 일상적 자기의 무상을 깨치고 그리하여 그것이 결국 자성自性 없는 허상임을 보고 집착을 끊게 하는 수행법이다. 이를 위해서 스스로를 바라보는 시선 즉 관觀은 끊어져서도 안 되고 중단되어서도 안 된다. 그냥 끝없이 자기를 바라보아야 한다. 이 무한성찰은 다른 목적이 있는 것이 아니라, 그 자체가 하나의 목적으로 승격된다. 그것은 행복을 위한 것도, 지식을 위한 것도, 심지어는 깨달음을 위한 것도 아니다. 깨달음을 욕망하는 자신, 행복을 갈구하는 자신, 지식을 추구하는 자신 역시 또 한 번 성찰의 대상이 되어야 하기 때문이다. 관법이 요구하는 성찰 속에서는 어떤 주어진 목적도 부정되고 지양된다. 스스로를 바라보는 행위를 반복하고, 반복하고 또 반복하는 이 완고한 성찰 행위는 우리가 뒤에서 가라타니의 데카르트론論에서 살피겠지만, 근대적 현상학의 중요한 원리와 그 맥을 같이 한다. 또한 이는 예술가가 예술적 창조의 의미와 가능성을 그냥 끊임없이 성찰하는 존재로 나타나는 근대 아방가르드의 자기-지시적self-referent 예술의 근본 원리와도

형성되기 때문이다. 신자유주의의 '생존자'는 이와 같은 윤리적 모멘트들을 최대한 억압한다. 윤리적 계기는 자칫 그의 '도구적 성찰성'을 교란시킬 수 있기 때문이다. 그는 최대한 공동체의 법(생존주의)에 충실한 존재로 남아 있어야 한다. 바로 여기에 '생존자' 모델이 갖고 있는 한계와 문제점들이 존재한다. 우리를 이를 다음과 같은 세 가지 관점에서 비판적으로 조망할 수 있다.

첫째, '생존자'는 자신이 절대시하는 '생존'이 매우 협소한 이데올로기적 전제를 갖고 있는 가치라는 사실을 성찰적으로 응시하지 못한다. 주지하듯이, 신자유주의적 '생존주의'가 강요하는 '생존'은 타인들과의 가차 없는 경쟁에서 승리하는 삶이라는 공격적인 함의를 내포하고 있으며, 이웃과의 적대적 관계를 이미 전제하고 있다. 생존주의의 관점에서 보면 타자란 공존의 파트너가 아니라 극복의 대상일 뿐이며, 타자의 시선은 성찰의 원천이 아니라 부정의 대상이다. 타자에 대한 이런 협소한 태도와 판단은 결국 생존자를 매우 강력한, 자기독백적이고 자기확신적이며 자기도취적인 주체 즉 타자와의 의미 있는 공존을 사유 혹은 실천할 수 없는 존재로 불구화시킨다.

두 번째 지적할 수 있는 문제는 생존자가 추구하는 궁극적 삶의 형식으로서의 생존이 '좋은 삶good life'이 아니라 '삶 그 자체sheer life'라는 사실이다Arendt, 1958: 12-3. 전통적인 정치철학의 입장에서 보면, 좋은 삶은 불가피하게 주체의 정치적 행위와 공적 관심사에 대한 개입을 요구한다. 그리스인들이 비오스bios라 부른 삶의 형식이 그것이다. 비오스는 폴리스에서 이루어지는 다양한 공공의 문제들에 참여하는 정치적 삶을 영위하는 인간에게 고유한 삶의 형태이다. 이에 대비되는 것이 소위 조에zoë라 불리는 삶의 또 다른 형식이다. 조에는 '살아 있다는 사실'을 가리키는 것으로서 가치 있는 삶이나 공적 사무에 헌신하는 삶과 무관한 생명 그 자체로서의 삶을 의미한다. 생존자의 절박한 생존에의 욕망은 '어떻게 사느냐'라는 삶의 내용에 대한 성찰을 도외시한 채 '살아남는다는 사실'에 모든 관심을 집중할 것을 강요한다. 이런 점에서 생존주의는 사실 '품위있는 삶decent life'의 기본 개념을 허물면서 등장하는 소위 스노비즘이나 동물화된 삶을 확산시키는 결과를 가져온다Margalit, 1996; 김홍중, 2007a: 92-5.

마지막으로 생존자는 자유나 행복과 같은 보편적 가치를 추구하지 않는 매우 불길한 인간 주체의 모델이라는 점을 지적할 수 있다. 그의 모든 행위는 '생존'의 필연성에 강박되어 있다. 그가 삶을 진정으로 향유하지 못하는 이유가 거기에 있다. 신자유주의적 문화의 공간에 미만해 있는 수많은 향유의 스펙터클들은 사실은 '즐겨라!'라는 자본의 외설적 명령에 불과한 것이다Myers, 2003: 109. 그는 정리해고와 명예퇴직의 불안 속에서 노동하며, 더 많은 노동을 위해서 강박적으로 휴식한다. 그의 습관적 자기성찰(관리, 계발, 휴양) 역시 강박의 결과이다. 기든스가 이미 근대 자본주의의 대표적 심리상태로 파악한 이 강박증은 신자유주의적 생존자의 심리구조에 이르러 그 정점을 이룬다Giddens, 1994: 105-118. 강박적 삶은 행복의 열망을 질식시키고, 자유의 근거를 탈취한다. 과도한 경쟁, 불안, 성취에의 욕구, 생존에의 강박은 결과적으로 삶의 기본적인 가치들을 파괴한다. 신자유주의적 삶이 그 어느 누구에게도 행복을 보장하지 못하는 까닭이 거기에 있다.

요컨대, 신자유주의는 흔히 생각하듯이 부도덕의 체제가 아니다. 또한 신자유주의적 주체는 성찰성이 마비된 존재가 아니다. 그 반대로 신자유주의는 너무나 도덕적인 체제이며, 그 주체는 극도로 성찰적인 주체이다. 문제는 바로 여기에 있다. 윤리적 모멘트와 분리된 맹목에 가까운 도덕적 자기통제의 주체 그리고 '자기-목적적' 성찰의 가능성을 억압하면서 성찰적 능력을 최대한 도구화하는 신자유주의적 주체는 강박적이고 타율적이며 궁극적으로는 불행한 인간의 초상肖像이다. 신자유주의적 생존자는 타자와의 공존, 좋은 삶, 행복을 체험하거나 사유하지 못한다. 그는 실패의 불가피성, 성찰의 무한성, 실존의 궁극적 무의미성, 윤리의 불안하고 혼돈스런 각성의 계기들, 그런 체험들을 추구하고 표상하는 문학과 예술의 언어, 타자의 불가해한 몸짓과 위협과 어둠을 억압한다. 살아남기 위해서 불가피하게 그는 인간적 삶 고유의 '무無에의 권리' 다른 말로 표현하면 '부정성에의 권리'를 부인한다. 그는 너무나 도덕적이고 너무나 비윤리적이다. 바로 이런 점에서 육화된 신자유주의에 대한 이론적 비판과 실천적 극복이 반드시 대결해야 하는 것이 '윤리'의 문제인 것이다. 윤리적 삶이란 무엇이며, 윤리적 주체는 누구인가? 우리는 이런 질문들에 대한 해답을 가라타니 고진의 사유를 검토함으로써 모색할 것이다.

성찰의 장소와 타자

가라타니의 주체 개념은 데카르트적인 코지토Cogito에 대한 새로운 해석으로부터 형성되었다. 일반적으로 데카르트 철학은, 중세적 세계관이 흔들리면서 새롭게 등장한 과학적 세계관 앞에 노출된 근대인들의 존재론적 불안을 '사유하는 자아'라는 고정점에 결박함으로써 극복할 수 있도록 해준 소위 '주체철학'의 시발점으로 이해된다. 코페르니쿠스의 지동설 이후 가령 '태양이 지구를 도는' 가장 자명한 감각적 진실마저도 불확실한 것으로 의심되어야 하는 인식론적 혼돈의 시대의 복판에서 데카르트는, 가능한 모든 것을 의심하는 '방법적 회의'의 방식을 통해서 더 이상 의심할 수 없는 명석 판명한 진리의 기초를 '생각하는 나'에서 발견한다Descartes, 1637: 29-30. 데카르트의 주체는 이런 점에서 자신의 독백적 이성 이외의 어떤 타자의 목소리에도 신뢰를 주지 못하는 불안한 근대인의 모습 또한 내포하고 있다. 많은 논자들이 데카르트의 코지토에서 고독하고 합리적이고 독백적인 근대적 주체의 초상을 발견한 것은 바로 이 때문이다.

그런데 가라타니는 데카르트의 코지토에서 이와 같은 독아론적獨我論的이고 자폐적인 인식기계를 발견하는 대신 끝없는 자기반성과 자기개방을 통해 타자에게 열린 주체성의 단초를 찾아낸다. 그의 이런 시각은 데카르트적 의심이 일어나는 '장소'에 던져진 새로운 조명으로부터 가능해진 것이다. 즉 가라타니는 데카르트적 의심의 '상황'에 초점을 맞추고, 어떤 상황에서 데카르트적 주체가 의심의 방법을 활용하여 진리를 정초하고자 하였는가를 묻는다. 그것이 바로 '망명'이다. 데카르트는 잘 알려진 것처럼 프랑스에서 추방되어 평생 네덜란드에서 일종의 망명생활(1628년 이후)을 하였다. 고향을 벗어나 다른 고장을 여행하거나 그 고장에서 오래 생활할 때 우리는 자연스럽게 타자의 시선으로 사물이나 현상을 바라보게 되는 체험을 한다. 우리는 일종의 '인류학자'가 되어 우리가 속해 있는 공동체의 관습과 시각을 일정 정도 유예하고 사물을 본다. 이 유예가 바로 의심이다. 가라타니가 재발견한 데카르트는 네덜란드라는 당대 최고의 자본주의적 도시이자 세계의 교통로에 망명하면서 이처럼 타자의 시선으로 세계를 바라보는 그 '관점' 혹은 가라타니의 표현을 빌려 말하자면 '정신의 장소'를 발견한 자이다柄谷行人, 1989a: 71 이하; 柄谷行人, 1990: 210-5.

망명자는 공동체와 공동체 사이에서 방황하는 자이다. 그는 거기에서 프랑스적인 관습을 의심하며 또한 네덜란드적인 관습도 의심한다. 모든 것이 꿈일지도 모른다는 그의 전형적인 의심은 그 어떤 공동체의 진리도 참된 진리가 아닌 상대적 진리일 수 있다는 의심에 다름 아니다. 코지토는 공동체와 공동체의 사이를 방랑·유랑하면서 최종적 진실을 유예하고 끝없이 자신과 세계를 성찰의 대상으로 삼는다柄谷行人, 1986: 14-5. 이 방랑과 유랑과 사유의 장소를 가라타니는 '공空=간間'이라 부른다. '공=간'은 담론과 담론의 사이이며, 진리와 진리의 사이이며, 공동체와 공동체의 사이이며, 그런 곳에 속한 '자기'와 '자기'의 사이이다. '공=간'은 담론, 진리, 공동체, 자기의 권능이 소실되어, 사물과 현상에 대한 진실의 정당성이 순간적으로 기능정지된 곳이다. 그리하여 이 '공=간'에서 주체는 스스로가 누구인가를 끝없이 물을 수밖에 없다. 가라타니는 이렇게 쓴다. "바로 이것이 데카르트의 '나'이다. 나는 누구도 아니다. 바로 이 때문에 '나는 존재하고 있는가'라는 물음이 나오는 것이다. '의심하기 때문에 나는 존재한다'는 데카르트의 말은 이러한 문맥에서 이해되어야 한다. 사람들은 각자의 '습관(시스템)'을 통해 사물을 지각하고 사고한다. 따라서 또한 '내가 존재하고 있는가' 등의 물음은 - '습관'적인 회의론을 제외하나면 - 누구도 물을 필요가 없다. 데카르트가 찾아낸 '나'는 이러한 시스템 속에서의 '사유'와는 다르다 …… 데카르트의 '나'가 존재하는 까닭은 그가 자라났던 프랑스 또는 유럽이라는 공동체 속에서의 '사유' 그 자체를 의심하기 때문이다. 바로 그런 한에서 '정신'이 존재한다. 의식 혹은 자기의식은 '정신'이 아니다. '정신'이란 의식 혹은 자기의식의 외부에 존재한다"柄谷行人, 1889a: 78-9.

'공=간'에 위치한다는 사실은 어떤 점에서 독백적인 '자기'를 넘어서는 윤리적 주체의 가능성을 내포하고 있는가? 가라타니가 우선 지적하는 것은 그 주체의 '성찰적 능력'이다. '공=간'에 위치한 망명자는 반성되기 이전의 '나'의 의식(자기의식)을 다시 성찰하는 '정신'으로 스스로를 정립한다. 코지코는 이런 점에서 의식을 의심하는 의식이라 할 수 있는 '초월론적transzendental' 정신이라 할 수 있다. 초월론적 정신으로서 데카르트의 코지토는 성찰적 자아의 근대적 원형을 이루며, 후일 후설의 현상학적 주체를 예고하고 있다柄谷行人, 1989a: 82. 그러나 우리는 여기에 또 다른 특이성을 하나 더 첨가해야 한다. 왜냐하면, 성찰 능력이 그 자체로 주체의 윤리적 성격을 무조건적으로 보장하지 않기 때문이다. 앞서 지적했듯이, 성찰은 그 자체로 '중립적'이고 '기술적'인 자아의 테크닉에 불과하다. 성찰이 윤리적이 되기 위해서 그것은 자기목적적 행위로 전환되어, 성찰 이외의 다른 목적에 봉사해서도 안 되며 성찰의 종점이 선험적으로 설정되어 있어도 안 된다. 그런 한에서 자기-목적적 성찰의 주체는 사실 스스로에 대한 가장 치열하고 처절한 의심자, 관조자, 비판자가 될 수 있다. 바로 이런 성찰의 윤리적 성격을 가라타니는 데카르트적 코지토가 '타자의 존재'에 의해서 구성되어 있다는 점에서 찾고 있다.

가라타니가 재구성한 데카르트의 코지토는 무엇보다도 타자성에 열려 있는 불안정한 존재이다. 그것은 앞서 말했듯이 그의 존재론적 상황에서 자연스럽게 도출되는 것이다. 망명자이며, 유랑자이며, 공동체로부터 추방된 존재로서 그는 스스로의 사유, 신념, 취향을 낯선 것으로 바라볼 수밖에 없는 '타자와의 대면' 속에 놓여 있는 것이다. 가라타니는 이런 상황을 칸트로부터 차용한 시차視差, Parallax의 개념으로 풀어내고 있다. 정확히 말하자면, 시차 개념을 통해서 가라타니는 '도덕적 내성內省'과 '윤리적 성찰'을 성공적으로 구분하고 있다. "반성은 항상 거울에 자신을 비춘다는 비유로 말해진다. 거울은 '타인의 시점'으로 자신의 얼굴을 보는 것이다. 그러므로 여기서 거울과 사진을 비교해보자. 사진이 발명되었던 당시, 자신의 얼굴을 본 사람은 테이프 리코더에서 처음으로 자신의 목소리를 들은 사람과 마찬가지로 불쾌감을 금할 수 없었다고 한다. 아무리 '타인의 시점'에 섰다고 해도 거울에 의한 반성에는 공범성이 있다. 우리는 자기 좋을 대로만 자기 얼굴을 본다. 게다가 거울은 좌우가 반대이다. 한편 초상화는 분명히 타인이 그렸지만, 만약 그것 때문에 불쾌감을 느꼈다면 이는 화가의 주관(악의)에 의한 것이라고 간주할 수 있다. 그러므로 타인이 어떻게 그리든 나에게는 영향을 미치지 않는다. 그런데도 사진에는 그것들과는 이질적인 '객관성'이 있다. 사진을 누가 찍었든 간에 초상화의 경우와 달리 그 주관성을 말할 수 없기 때문이다. 기묘한 일이지만 우리는 자신의 얼굴(물자체)을 볼 수 없다. 거울에 비친 상(현상)밖에 볼 수 없다. 그러나 자신의 얼굴을 아는 것은 사진을 통해서이다. 물론 사진도 상像에 지나지 않는다. 그리고 사람들은 곧바로 사진에 익숙해진다. 즉 사진에 찍힌 것을 자신의 얼굴이라고 생각하게 되는 것이다. 그러나 중요한 것은 사람들이 처음으로 사진을 보고 그렇게 느낀 '강한 시차'이다"柄谷行人, 2001: 91-2.

거울 모델에 기초한 도덕적 내성은 독아론적獨我論的 주체를 유도한다. 거울에 비친 모습이 '나'라면, 결국 그 영상을 보는 자 역시 '나'이기 때문이다. 양자 사이의 간극이 존재하는 것은 틀림없지만, 그것이 타자성의 수준으로 확장되어 있지는 않다. 그러나 사진의 체험은 이와 다른, 자기로 환원시킬 수 없는 존재를 상정하고 있다. 사진에 찍힌 자는 '나'이지만, 그 사진을 찍는 자는 결국 '타자'이다. 사진에 찍힌 우리 자신의 얼굴이 참을 수 없이 생경하게 느껴지는 까닭은, 바로 그 순간 우리는 '타자'의 눈으로 자신의 얼굴을 바라보기 때문이다. 이런 경우라면, 사진을 찍는 자의 수많은 가능한 입장만큼이나 시차의 가능성은 존재하며, 성찰은 원천적으로 타자의 지평에 열려 있다. 이런 점에서 시차의 모델을 통해서 조명되는 데카르트의 주체는 '자기-목적적 성찰성'을 스스로에게 구현하고 있는 매우 윤리적인 주체이다. 그는 공동체들의 도덕에 대한 끝없는 반성을 추구하는 과정에서 윤리의 극단을 체험한다. 그에게 주어지는 것은 '자기'라는 것의 불확실성(자기에 대한 의심)과 세계의 타자성(공동체에 대한 의심)이다. 코지토는 확고한 실체로서의 자아가 아니라, 망명자의 흔들리는 시선, 시차를 끝없이 생산하는 시선이며, 그 시선이 머무는 공간으로서의 경계였던 것이다.

세계란 무엇인가?

데카르트의 코지토에 대한 새로운 해석을 통해서 가라타니는 타자성을 중심으로 구성되는 새로운 주체철학을 형성해나간다. 그것은 확고한 자기확신이나 규범에 대한 맹목적 추종을 통해서 공동체의 질서를 재생산하는 '도덕적' 존재가 아니라 공동체와 공동체의 사이를 끝없이 망명하면서 스스로를 성찰하는 '윤리적' 존재였다. 윤리에 대한 가라타니의 강조는 2000년의 저서 『윤리 21』에 집약되어 있는데 이 저서에서 그는 데카르트의 코지토를 칸트의 '공공성'에 대한 논의로 확장시키고 있다. 가라타니가 원용하는 칸트의 저작은 1784년의 「계몽이란 무엇인가에 대한 답변」이다. 이 저작에서 칸트는 계몽을 "마땅히 스스로 책임져야 할 미성년 상태로부터 벗어나는 것"으로 규정하면서 계몽의 핵심을 "이성을 공적으로 사용할 자유"로 파악하고 있다Kant, 1784a: 13-5. 칸트가 말하는 '이성의 공적 사용'이란 구체적으로 무엇인가? 그는 다음과 같이 이를 풀어 설명한다. "내가 말하는 이성의 공적인 사용이란 어떤 사람이 한 사람의 학자로서 독자 대중 앞에서 이성을 사용하는 경우이다. 반면에 이성의 사적인 사용은 그에게 맡겨진 어떤 시민적 지위나 공직에서 이성을 사용하는 경우이다. 공동체의 이해가 걸려 있는 많은 일들은 어떤 기계적 장치를 필요로 하는데, 공동체의 구성원들은 이 장치에 의해 단지 수동적으로 정부의 명령대로 그 일을 수행할 수밖에 없다. 그 결과 정부는 그들에게 공공의 목적을 지시하고, 혹은 적어도 그들로 하여금 이런 공공의 목적을 파괴하지 못하게 할 수 있다. 그러나 그 기계 장치의 한 부분이 자신을 전체 공동체의 한 구성원으로서, 혹은 세계시민사회의 한 구성원으로서 간주하는 한에서, 그리고 저작을 통해 대중에게 이야기하는 학자의 자격으로서는 그는 확실히 논의할 수 있다"Kant, 1784a: 16.

가라타니가 지적하고 있듯이, 위의 인용문에서 칸트는 일반적으로 사용되는 '사적', '공적'이라는 용어의 의미를 매우 독특하게 비틀고 있다. 가령 왜 그는 소위 '공공적'인 직무라 할 수 있는 시민적 지위나 공직을 바탕으로 이성을 사용하는 것을 이성의 '사적사용'이라 말하고 있는가? 이에 대한 해답은 그러나 비교적 간명하다. 칸트는, 그것이 어떤 단위의 공동체라 할지라도, 특정 공동체의 이익이나 권익에 복무하는 이성의 사용을 '사적'인 사용이라 부른다. 설사 그것이 '국가'를 위한 것이라 할지라도, 나의 '국가'는 내가 속해 있는 하나의 커다란 '공동체'일 뿐이다. 나의 국가에 대한 충성이 인류 전체에 대한 범죄로 곧바로 이어지는 가령 파시즘을 체험한 일본의 지식인인 가라타니에게 칸트의 위와 같은 용법은 폐부를 찌르는 바가 있었을 것이다. 그렇다면 이성의 공적 사용이란 어떤 경우를 가리키는가? 그것은 그 공동체의 입장을 떠난 '코스모폴리탄'의 입장, 데카르트에 대한 가라타니의 논의에서 사용된 용어를 활용하면, '망명자의 입장' 혹은 '공=간'에서 이성을 사용하는 경우였다柄谷行人, 2000: 84-5. 주지하듯이 18세기 서유럽의 계몽주의의 전통은 언제나 특정 정치공동체를 넘어서는 세계시민적 입장을 지지해왔다. 그것은 시민과 인간의 대립으로 나타나기도 했으며, 시민종교와 세계종교의 대립으로 나타나기도 했다. 중요한 것은, 공화국의 시민이라는 정체성과 그 외부에 존재하는 세계시민이라는 정체성은 상호 충돌한다는 사실이다. 이는 애국주의patriotism와 세계시민주의의 충돌이기도 하고, 도덕적 주체와 윤리적 주체의 충돌이기도 하고, 현실과 가능성의 충돌이기도 하고, 구성적 이념과 규제적 이념의 충돌이기도 하다. 그리하여 특정 현안과 관련하여 이성을 '사적으로' 사용하느냐 '공적으로' 사용하느냐는, 두 가지의 가능한 '입장'의 차이일 수 있다. 칸트의 입장은 이런 대립항 중에서 후자를 강조하는 것이다. 즉, 칸트가 보기에, 계몽된 인간은 공동체(부족, 학교, 직장, 지역 등)를 위해 사유하는 자가 아니며 그중의 가장 크고 현실적인 공동체인 국가를 위해 사유하는 자 역시 아니다. 미래의 프로젝트로서 계몽이 생산할 인간은, 세계시민으로서 자기가 속한 정치체의 이해관계를 넘어서 코스모폴리탄의 정체성을 갖고 바로 그 입장에서 바라보는 세계 전체를 대상으로 이성을 사용하는 존재이다.

이런 점에서 칸트의 사유는 데카르트적 코지토와 우회적으로 만나게 된다. 데카르트의 코지토 역시 국가와 국가의 사이에 망명하는 주체로서, 특정 공동체에 소속되지 않은 채 이성을 '공적으로' 사용하는(의심하는) 존재였다. 자신의 이해관계와 공동체의 입장이 요구하는 선험적 판단에 종속되지 않은 경우에서만, 이성은 국민이나 시민이 아닌 '인간'의 입장에서 판단과 추리를 행할 수 있는 것이다. 이런 세계시민적 관점을 소유한 존재들이 '공통감각'을 형성시키면서 구성하는 사회, 그것이 바로 '세계'이다. 이런 맥락에서 가라타니가 말하는 '세계'는 천문학적인 의미의 지구earth나 경제적 의미의 세계시장globe 혹은 하이데거가 말하는 현상학적 의미의 가능성의 총체로서의 '벨트Welt'와 무관하다. 그가 말하는 세계는 공동체들의 외부에 존재하는 타자들의 '공=간'이다[5].

---

5 가라타니가 세계의 개념을 확고하게 정립하는 것은 '세계종교'에 대한 그의 논의에서부터이다. 그가 말하는 '세계종교'는 '공동체의 종교'와 대립하는, '세계'라는 관념을 제시한 종교이다 공동체의 종교는 "인간이 집단이나 공동체로 살아가기 위해 강제되는 다양한 구조, 시스템"을 의미한다. 공동체는 자신의 외부와 구분되는 내부를 설정하고, 카오스를 외부로 밀어내고 자신의 공간을 코스모스로 정비한다. 이런 점에서 공동체의 종교란 그런 공동체의 존립을 가능하게 하는 도덕률을 의미한다(柄谷行人, 1989b: 241). 이와 대비되는 세계종교는 공동체의 도덕이 통하지 않는 장소, 즉 공동체들의 외부를 가리킨다. 이 외부는 '타자'들의 공간인 동시에 코스모스로서 표상된 공동체의 내부와는 달리 '무한'으로 표상되는 '신'의 공간이다. 즉 세계는 그 외부를 갖지 않는다.

이런 점에서 세계는, 데카르트가 말하는 성찰자들의 가상적인 공동체이며, 칸트가 말하는 상상력의 발휘 속에서 인간이 획득할 수 있는 세계관찰자Weltbetrachter들의 공동체와 다르지 않다Arendt, 1982: 96. 윤리의 사회적 신체로서 제시되는 이 세계는 다음가 같은 세 가지의 특징을 갖고 있다.

첫째, 이자異者, stranger에서 타자로. 세계 속에서 타인은 이자가 아니라 타자로 나타난다. 이자는 이미 공동체의 동일성에 포섭된 타인을 의미한다. 공동체는 이자를 속죄양으로 만들어 배제함으로써 자신을 유지, 재생산한다柄谷行人, 1989b: 242, 281. 그러나 타자는 공동체와 공동체의 사이에서 만나게 되는, '우리'나 '그들'에 포섭되지 않은 미지의 존재이다. 타자와 맺는 대표적인 두 가지 관계의 형식이 '가르치다-배우다'와 '팔다-사다'이다. 가르치는 자와 배우는 자 그리고 사는 자와 파는 자 사이에는 소위 '목숨을 건 도약salto mortale'이 전제되어 있다. 그것은 양자 사이에 힘과 언어의 비대칭성이 전제되어 있기 때문이다. 결국 타자란, 나와 다른 욕망을 갖고 있는 자이며(사는 자), 나와 다른 언어를 갖고 있는 자(배우는 자)이다. 의미의 관계와 욕망의 관계에서 이처럼 근본적으로 연결되어 있는 나와 타자는 그리하여 갈등적이고 대화적인, 다른 말로 하면 변증법적 공존의 관계로 묶여 있다.

둘째, 소통에서 교통으로. 가라타니는 이자와 타자를 구분했듯이, 소통과 교통을 구분한다. 소통은 같은 언어게임(비트겐슈타인)을 갖고 있는 존재들 사이의 커뮤니케이션이다. 그것은 공동체내적인 것이며,

'가르치고 배우는' 대화적 언어(바흐친)가 아니라 '말하고 듣는' 독백적 언어의 효과이다. 이처럼 서로 같은 규칙을 공유하는 공동체의 내부에서 이루어지는 것이 아니라 그 외부의 타자를 상대로 상호의 타자성이 전제된 상태로 전개되는 커뮤니케이션을 가라타니는 '교통Verkehr'이라 부른다. 교통은 관점에서 보면, 이상적 담화상황과 같은 사회철학의 커뮤니케이션 모델은 허구이다. 왜냐하면, 그런 담화상황은 결국 상이한 언어의 이질적 공존이 아니라 동일 언어의 패권으로 귀결되기 때문이다. 이와는 달리, 세계는 소통공간이 아니라 교통공간을 지향하며, 그것은 공약불가능한 이질적 언어들의 갈등적 충돌을 그 구성요소로서 내포하고 있다柄谷行人, 1999: 29-43; 柄谷行人, 1989b: 260; 柄谷行人, 1990: 191-200.

셋째, 공동체에서 사회로. 가라타니는 공동체 내부의 인간적 교통과 다른 교통의 가능성을 '사회'라 부른다. 공동체가 동일한 규칙에 의해서 소통하는 관계들의 공간이라면 사회는 상이한 규칙들이 충돌하면서 새로운 규칙이 비약적으로 생성되는 교통의 공간이다. 공동체와 공동체의 사이에서 사회가 형성된다는 이런 발상을 가라타니는 맑스의 교환에 대한 논의로부터 빌려 오고 있다. 맑스는 상품 교환이 "공동체의 경계선, 즉 공동체가 다른 공동체 또는 다른 공동체의 성원과 접촉하는 지점"에서 시작된다고 명시하고 있다Marx, 1867: 101. 상품이 교환되는 이런 모멘트가 '사회성'의 근간을 이루고 있다는 사실을 가라타니는 다음과 같이 역설하고 있다. "공동체 외부 또는 공동체와 공동체 사이에서는 공동체 내부와는 달리 레비-스트로스가 말하는 규칙 체계가 성립하지 않는다(좀 더

엄밀히 말하면 공동체 내부에서는 '교환'이 존재하지 않는다. 그것은 공동체 외부에서 이루어지는 '사회적' 교환을 공동체로 내면화하는 이론적 설명에 지나지 않는다). 거기에는 끊임없는 규칙의 변경이 있으며 '규칙의 변경을 금지하는 규칙(비트겐슈타인)'은 있을 수 없다. 우리는 그러한 장소를 '사회'라고 부르고 거기에서 성립하는 규칙 체계 고유의 특성을 '사회적'이라 부르기로 했다. 그것이 단일체계적이 아니라 다수체계적이라는 것은 말할 필요도 없다"柄谷行人, 1986: 103-4. 가라타니가 말하는 '사회'란 고정된 관계들의 제도화된 체계로서의 '소사이어티'가 아니라 오히려 그런 사회의 암묵적 질서들의 타자성 속에서 구성되는 교통의 관계를 의미한다柄谷行人, 1986: 20-1. 이런 점에서 가라타니의 사회 즉 세계는 국가의 내부에서, 국가의 경계선에서 그리고 국가 간의 관계에서도 성립될 수 있다.

어소시에이션association

이상의 논의를 통해서 가라타니의 윤리적 주체(망명자) 모델이 어떤 사회적 구성의 가능성에 노출되어 있는지가 명확하게 드러났다. 한편으로 타자의 입장에서 스스로를 바라보는 무한한 시차적 성찰을 통해서 기왕의 선험적 공동체적 도덕들을 넘어서는 윤리적 주체가 있다. 다른 한편에는 이런 윤리적 주체들이 보편적 인간의 입장에서 판단하고 실천하는 과정에서 형성되는 '세계'의 가능성이 있다. 이때 세계는 말하자면 윤리의 사회적 신체social body라 할 수 있다. 그것은 윤리적 주체들의 연대 가능성 혹은 집합적 행동의 가능성이다. 문제는 이제 좀 더 구체적으로 윤리적 체험을 통해서 공동체와 공동체 사이의 '공=간'을 점하면서 사유할 수 있는 주체들이 어떻게 현재의 시스템을 넘어서는 대안적 가능성을 만들 수 있는가 라는 질문에 대한 해답의 모색이라 할 수 있다. 이는 돌려 말하자면, 윤리적 주체와 세계의 실천적 매개인 동시에, 세계라는 개념에 살을 부여하는 작업이다. 가라타니의 철학적 사변은 이 지점에서 매우 대담한 정치경제학적 상상력과 결합하며 거대담론적인 청사진을 생산한다. 그는 칸트적 세계공화국의 21세기적인 버전으로서 소위 '어소시에이션'이라 불리는 '지구적 공동체global community'를 구상하고 있으며, 이를 실현시키기 위한 자신의 사상을 어소시에이션이즘이라 부른다.

어소시에이션은 근대를 구획하는 '자본=국민=국가'라는 삼위일체의 외부 공간에서 만들어지는 새로운 공동체의 형식이다. 가라타니가 참조하는 것은 촘스키이다. 그는 1970년에 행해진 한 강연에서 산업적 선진국에서 가능한 네 가지의 국가형태의 이념으로서 고전적 자유주의classical liberalism, 국가자본주의state capitalism, 국가사회주의state socialism, 자유지상주의적 사회주의libertarian socialism를 들고 있다Chomsky, 1970: 9. 고전적 자유주의는 신자유주의와 연결되고, 국가자본주의는 사회민주주의와, 국가사회주의는 공산주의와 연결된다. 물론, 촘스키가 가장 바람직한 미래 사회의 형태로 생각한 것은 아나키즘과 평의회코뮤니즘을 포함하는 자유지상주의적 사회주의로서 이는 명백히 맑스와 프루동의 유산에 기원을 두고 있다柄谷行人, 2006: 17-8. 가라타니 역시 마지막 범주에 주목하는데, 그는 이를 어소시에이션이라 부른다. 어소시에이션은 내부적으로는 과거의 공동체들이 갖고 있던 구속력이 없으며 외부적으로 상호간에 서로 배타적이지 않은 일종의 "사회적 국가"이다박영균, 2008: 163. 또한 어소시에이션이즘은 "상품교환 원리가 존재하는 도시적 공간에서 국가나 공동체의 구속을 거부함과 동시에 공동체에 내포되어 있던 호수성互酬性을 고차원적으로 회복하려는 운동"이라 할 수 있다柄谷行人, 2006: 183. 이를 실현하기 위해서 가라타니는 세 가지의 구체적 방안을 대안으로서 제시하고 있다. 첫째, 1982년에 린턴이 고안한 지역교환거래제도Local Exchange Trading System와 같은 대안적 통화시스템. 둘째, 생산-소비협동조합柄谷行人, 2001: 58-60. 셋째, 국제적 수준에서 실현되어야하는 칸트적 세계공화국의 이념이다. 가라타니는 칸트의「세계시민적 관점에서 본 보편사의 이념」을 인용하면서 국민국가를 초월하는 세계공화국의 이념을 향해 가는 것이, 비록 현실화의 가능성이 매우 희박함에도 불구하고, 미래의 가능한 대안적 삶의 형식이라는 점을 강변하고 있다柄谷行人, 2006: 223-5; Kant, 1784b: 40.

가라타니는 실제로 2000년 이후에 신연합주의운동NAM, New Associationist Movement을 주도하고 있으며, 이 과정에서 문학과의 결별을 선언하기도 하였다『근대문학의 종언』. 그러나 중요한 것은 가라타니가 이런 제도적 구상의 전개에 반드시 요구되는 것으로서 윤리의 의제를 견지하고 있다는 사실이다柄谷行人, 2001: 58. 또한 그가 신자유주의의 '제도적' 대안으로서 제시하는 어소시에이션이 결국 칸트적 세계공화국의 이념으로 귀착된다는 사실로부터, 세계시민이 되기 위해서 필수적으로 요구되었던 '윤리'의 문제가 다시 부각될 수밖에는 없다. 칸트에게 윤리와 정치가 불가분의 일체를 구성하고 있었던 것처럼, 가라타니에게 경제와 윤리와 정치는 실천적인 일체를 이룬다김상준, 2007: 68-72. 요컨대 '윤리적 주체'는 언제나 가라타니 사유의 중핵에 위치하고 있는 '가능성의 중심'이다. 이런 입장에서 우리는 가라타니의 윤리적 주체에 대한 성찰을 신자유주의적 주체를 넘어서는 새로운 주체에 대한 구체적 전망의 맥락에서 한 번 더 심화시켜야 할 요구에 직면하고 있다.

비판적 함의

주지하듯이 20세기 후반에 '윤리'의 문제가 부각되는 것은 구조주의의 한계에 대한 반성으로부터이다. 구조주의적 시각에서 '사건'은 주체의 의도-행위-책임의 차원과는 무관한 구조의 효과로 설명된다. 주체는 주체가 차지하고 있는 구조 내의 위치일 뿐이다. 그런데 이런 관점은 인륜적 범죄자에 대한 여하한 단죄나 심판의 시도를 무력화시킨다柄谷行人, 2001: 204. 이런 점에서 20세기 후반 서구 사유의 윤리적 전환의 배후에는 '주체'에 대한 새로운 인식과 평가의 흐름이 존재하고 있다. 그리고 이 때 주체는 언제나 '보편적 특이성singularité universelle'을 구현하고 있는 '나' 즉 개별적 주체이다. 윤리에 대한 담론이 강조하는 것은 '나'의 성찰, '나'의 판단, '나'의 결정이 갖고 있는 자율적 권능과 자유에의 의지이다. 이런 점에서 가장 극단적인 '윤리적 인간'의 표상은 라캉이 1959~1906년 세미나에서 분석하였고 그 이후에 다양한 사상가들에 의해서 언급된 안티고네Antigone이다Lacan, 1986: 285 이하. 소포클레스의 비극 『안티고네』에서 오이디푸스의 딸 안티고네는 자신의 오빠인 폴리니케스의 시신을 매장하지 못하도록 금지하는 국왕 크레온의 법을 고집스럽게 거역한다. 안티고네의 이 불가사의한 고집스러움은 그녀의 여동생, 이스메네의 태도와 대조를 이룬다. 이스메네는 상냥하고 합리적인 성격의 소유자로서 크레온의 법 즉 공동체의 절대적 규범 앞에 굴복한다. 그러나 안티고네는 크레온에 의해 지하의 깊은 석굴에 생매장을 당한다. 윤리의 담론은 안티고네의 이 결연한 고집 속에서 공동체의 선善을 상징하는 크레온의 법과 끝까지 저항하면서 자신의 욕망을 추구하는 윤리적 주체를 발견한다Žižek, 1989: 204-6; Zupančič, 2001: 97-8; 김용규, 2004: 103-5.

안티고네의 결단과 윤리적 행위의 핵심에는 공동체의 도덕과의 집요하고 단호한 투쟁이 있다. 국민-국가의 시대를 목적에 두고, 국가와 국가 사이의 공간에서 사유하고자 하는 데카르트적 망명자와 칸트의 세계시민은 이런 점에서 '계몽된 안티고네'로 읽힌다. 그러나 윤리의 가장 순수한 형식 속에서 스스로 생매장을 감행하는 안티고네와 달리, 이들(특히 칸트)에게는 윤리적 주체들의 연대라는 '사회적' 가능성의 단초가 존재한다. 가라타니의 어소시에이션은 이 단초에 좀 더 명확한 실체를 부여하고 있는 21세기적 윤리의 새로운 버전이다. 그것이 실현가능한 것이건 혹은 한계와 단점을 갖고 있는 것이건, 가라타니의 기획은 윤리적 주체들의 사회적 연대의 가능성으로서 미래에 열려 있으며, 신자유주의의 패권이 위기에 봉착한 현금의 상황에서 시도될 수 있는 다양한 대안의 모색으로서 적극적인 평가의 대상이 될 수 있다고 본다.

사실 윤리의 담론에 내재되어 있던 하나의 한계는, 윤리적 주체와 세계시민사회 사이에 너무나 광활한 간극이 놓여 있다는 사실이었다. 그 사이에 현실적인 힘을 발휘하는 수많은 공동체들이 첩첩으로 존재한다. 스토아학파가 인간 존재를 둘러싸고 있다고 생각한 일련의 동심원들이 바로 그것이다. 세계시민이 된다는 것(동시에 윤리적 주체가 된다는 것)은 현실적으로 존재하는 이 강력한 장애물들을 계속적으로 돌파하는 매우 어려운 과정을 내포하고 있으며, 온정적 관계를 가능하게 하는 공동체들로부터 추방된다는 괴로운 체험을 배제하지 않는다. 고독 혹은 존재론적 불안감은 세계시민적 주체성의 그림자이다Nussbaum, 1996: 39-40. 윤리의 패러다임이 현실적 대안의 수준에서 논의될 수 있기 위해서, 윤리적 주체의 성찰공간과 그런 주체들의 연맹으로서의 세계시민사회 사이의 이 광활한 간극이 개방적인 동시에 유연한 조직화를 통해서 매개되어야 하는 까닭이 거기에 있다. 그렇지 않을 경우, 세계공화국은 자칫 공허한 '추상적 보편주의'로 전락할 가능성이 있으며, 윤리적 주체는 집합성을 상실한 '내면적 급진성'에 함몰될 가능성이 있다. 가라타니에게 어소시에이션은 이런 매개의 기능을 수행하는 일련의 운동으로 구성된 기획이라 할 수 있다. 가라타니는 윤리의 의제를 개별주체의 실존적 결단의 차원으로부터 집합적 운동의 차원으로 전환시키고 있으며, 추상적인 세계시민성을 구현할 수 있는 구체적 테마들(전쟁, 환경파괴, 경제적 격차)을 윤리적 문제설정과 접목시키고 있다(柄谷行人, 2006: 224). 이런 점에서 가라타니의 시도는 그 기획의 성공과 실패를 논하기에 앞서서 윤리적 주체의 명확한 실천모델의 하나를 제시한 것으로 평가받을 수 있으며, 신자유주의적 주체 형식을 넘어서는 새로운 주체성의 탐색에 여러 가지 영감을 제공하고 있다.

박지웅

신체훼손의 역사로 본 오늘날의 자본주의와 그 대안

: 들뢰즈와 가타리의 국가장치의 신체훼손을 중심으로

3

신체훼손의 역사로 본 오늘날의 자본주의와 그 대안

들뢰즈와 가타리의 국가장치의 신체훼손을 중심으로

머리말

세기말 근대와 탈근대가 중첩되면서 현대는 의미의 다양체였지만 정작 이러한 의미의 소통을 틀어막는 거대한 단일의 시스템이 부상하는 시기였다. 물론 단일의 시스템은 글로벌 자본주의이다. 신자유주의는 글로벌자본주의의 편집증적인 독재적 기표paranoid despotic signifier이다. 신자유주의는 글로벌스탠더드를 남발하며 국민국가들 간의 소통뿐만 아니라 국가내의 시민들 간의 소통도 가로막았다. 소통의 거대한 장벽 속에 신자유주의는 자신의 얼굴을 일방적으로 전송하는 기만적인 상징체계일 뿐이다. 실제로 신자유주의는 글로벌자본주의를 위해서라면 모든 것을 정당화하였다.[1] 이것은 기만이다. 신자유주의의 조류를 타고

1 이와 같이 목적이 수단을 정당화하는 현실에서 자유를 위한 자유의 억압이 정당화된다. 가령 대처와 피노체트의 신자유주의적 기획은 국가의 공권력이라는 폭력을 동원하는 폭압적 기획이지만 이러한 현실에서 그들은 신자유주의의 기수가 되었다.

글로벌자본주의는 전세계를 점령하였다. 남은 곳이라고는 쿠바, 북한, 이란 등의 불량국가와 알카에다, 하마스, 헤즈볼라, 탈레반 등의 테러기지와 해적과 도적들이 득실거리는 아프리카 불모지 등이다. 그야말로 한줌도 안되는 쓰레기들만 남은 것처럼 보인다.

글로벌시장과 초국적 기업의 국민국가의 침투는 각국의 자생적인 산업기반을 황폐화시켰다. 금융의 글로벌화는 전지구적 신용체계를 확립하면서 모든 국민국가를 부채공동체라는 지구공동체에 복속시켜버렸다. 세계적 규모의 외환위기와 금융위기라는 격랑 속에 국제금융자본은 국민국가의 경제적 주권을 철저하게 유린하였다. 국민국가 경계의 궤멸은 경제, 정치, 문화 등 모든 영역에서 심지어 전쟁에서도 그 양상을 보여준다. 21C 전쟁은 국민국가 대 국민국가의 전쟁의 모습을 찾아볼 수가 없다. 두 번의 걸프전과 세계 도처의 내전은 전지구를 대표하는 다국적군과 이에 저항하는 오합지졸 간의 전쟁의 양상을 보여준다. 이런 한줌의 쓰레기와 오합지졸의 반대편에 강력한 기표 미국이 있다.

미국을 따르라는 구호는 소통없이 국민국가를 통과하여 우리들의 일상에까지 그대로 하달된다. 우리들의 일상에서도 소통이 없는 것은 마찬가지이다. 우리들의 일상도 국민국가가 유린당한 것처럼 처참하게 일그러지고 황폐화되어져 갔다. 그러나 오늘날 자본주의 일상은 글로벌 자본주의의 요란한 이슈 속에 파묻혀 오히려 둔감하게 느껴진다. 마치 요란한 굉음 속에 우리 곁에서 나는 소리를 듣지 못하는 것처럼. 이글에서 글로벌 자본주의의 요란한 이슈를 다루려고 하지 않는다. 오히려 전혀 요란하지 않는 우리들의 일상을 다룰 것이다. 그러나 오늘날 우리 사회에서 전혀 감지하지 못하는 끔찍한 신체훼손이 있음을 폭로하는 것이 이글의 1차적 목적이다.

근대자본주의 사회는 훈육사회였다. 그러나 오늘날 사회는 더 이상 훈육사회가 아니다. 오늘날의 우리사회는 들뢰즈와 가타리가 말한 통제사회에 가까울 것이다. 훈육을 통한 일방적인 명령체계가 아니라 의사소통의 네트워크를 통해 자율적으로 스스로 통제하는 민주적 의사결정체계로서 통제사회의 일면을 볼 수 있다. 그러나 우리는 통제사회가 인간을 거대기계의 부속물로 전락시키는 끔찍한 이면을 갖고 있음을 간과하고 있다. 즉 훈육이 필요없다는 것은 훈육의 부재가 아니라 훈육의 극한상태를 의미할 뿐이다.[2] 따라서 통제사회의 자율성과 민주성은 사실상 허위이다. 이글에서 훈육없는 통제가 무엇인지 자본주의 일상에서 발견하여 볼 것이다. 그 결과 훈육없는 통제의 목적이 끔찍하게도 좀비라는 신체훼손의 완성임을 밝혀낼 것이다. 이점을 이해하지 않고서는 오늘날의 자본주의에 대해 그 어떠한 저항도 변혁도 시도할 수 없을 것이다. 즉 우리들의 일상에 무슨 일이 벌어졌는지 아무리 둘러봐도 보이지 않는다. 요란한 굉음 때문에 우리 곁에서 나는 소리를 듣지 못하는 것이 아니라 사실은 우리의 신체가 소리를 들을 수 없다는 것이다. 우리들의 신체에 무슨 짓을 자행했는지 찾아냄으로써 우리의 일상에서

2 훈육이 필요없는 상태는 훈육의 극한이다. 훈육이 모더니티의 특징이라면 훈육이 필요없는 상태는 모더니티의 극한상태이다. 이런 맥락에서 현대를 모더니티와 별개의 것이 아니라 모더니티의 극한으로 볼 수 있다.

벌어진 일들을 이해하고 신체훼손을 거부할 수 있을 것이다. 우리의 논의는 우리의 신체가 언제부터 훼손되어져 갔는지 살펴보는 것으로부터 시작하자.

국가: 일상 속에 자행되는 신체훼손의 기원

우리는 국가 속에서 살고 있으며 국가는 우리를 지배하고 있다. 국가는 우리를 어떻게 지배할까? 들뢰즈와 가타리의 답은 너무나 간결하여 우리들을 어리둥절하게 만든다. 그 답은 국가가 국가에 정착하고 있는 정착민들을 불구로 만들어 지배를 한다는 것이다. 우리는 국가에 의해 신체의 구속을 수없이 경험했다. 하지만 국가가 우리의 팔다리를 잘라내며 우리를 불구로 만들지는 않았다. 따라서 그들의 답변에 당혹감을 떨쳐낼 수 없겠지만 이점을 이렇게 이해하여 보자. 불구와 건장한 신체 중 지배하기 쉬운 쪽은 누구일까? 당연히 불구일 것이다. 만일 불구가 지배의 부담이 된다면(불구를 먹여 살려야 하는 부담) 불구로 만들지 않을 것이다. 그러나 지배의 부담이 되지 않는다면 불구는 국가의 일상의 결과이다. 국가가 없는 원시사회에서 불구는 어디까지나 전쟁의 결과였지 일상이 아니었다. 더구나 공동체내에서 상호간의 신체훼손은 원시공동체의 부담이 된다. 포로의 신체훼손은 어디까지나 버리거나 먹기 위한 수순일 뿐이다. 따라서 일상적인 신체훼손은 원시사회에 있을 수 없는 일이지만 국가가 등장하면서 신체훼손은 일상이 되어버린다.

이제 이점을 국가의 등장을 통해 이해하여 보도록 하자.

멈포드Mumford, 1967에 의하면[3] 국가는 원시사회를 분쇄하는 거대기계 megamachine의 출현으로 일거에 등장하였다. 들뢰즈와 가타리에게서 거대기계는 다름 아닌 포획기구이다. 국가장치와 다를 바 없는 포획기구의 본질은 스톡의 장악을 통해 인간의 활동이라는 플로를 포획하는 것이다. 농민을 포획하기 위해서 농민의 신체를 포획할 필요가 없다. 토지를 장악함으로써 농민을 포획할 수 있다. 이와 같이 토지·자본·화폐라는 스톡을 포획함으로써 인간활동을 포획하는 것이다. 여기에서 국가가 자행하는 신체훼손의 특징을 발견할 수 있다.

신체가 훼손된 채로 태어나는 불구도 불구이기는 마찬가지이다. 이 경우 누가 신체훼손을 하였는지 불분명하다. 가시적인 신체훼손만이 신체훼손이 아니다. 누군가에게 태어나면서부터 무엇을 할 수 없도록 신체를 억압하는 것도 신체훼손인 셈이다. 토지를 가질 수 없는 농민은 사실상 불구이다. 왜냐하면 농민이 토지를 가질 수 없는 신체를 가졌기 때문이다. 들뢰즈와 가타리의 용법으로 표현한다면 농민은 맨몸으로 태어나고 전제군주는 토지를 갖고 태어난다.[4] 즉 농민은 신분이라는 불구를 안고 태어나는 것이다. 이 경우 누가 신체훼손을 하였는지 분명하

---

3 거대기계는 멈포드의 개념이다. 그에 의하면 전제군주는 권력을 창출하는 거대기계를 일거에 설계·조립·작동시켰다. 전제군주의 거대기계는 노동기계, 군사기계 및 관료기계로 구성되어 있다. 특이한 점은 이 기계가 인간들로 구성되어 있다는 사실이다. 즉 전제군주를 정점으로 하는 거대기계의 조직과 규율은 각 기계에 배치된 농민, 군사, 관료를 기계부품으로 전락시킨다.

4 '노동자는 맨몸으로 자본가는 옷을 입은 채 독립소유자로 태어난다'(Deleuze & Guattari, 1980, p.447 이하 *TP로 표시*)는 들뢰즈와 가타리의 용례에 따라 이와 같이 표현할 수 있다.

게 알 수 있다. 그것은 국가장치이다.

토지처럼 스톡의 장악이 용이하지 않을 경우 그러한 스톡을 갖고 활동하는 인간들은 농민보다 더 열악한 신분으로 통제받는다.[5] 귀족은 스톡의 관리자로 농민은 노예로 전제군주만이 주인이 될 수 있었다. 이러한 신분제도를 통해 전제군주국가는 모든 스톡과 권력이 전제군주로 향하는 단일의 코드로 통합된 초코드화overcoding를 이룩했다.[6] 그러나 신분제도는 가혹한 신체훼손방식이다. 그것은 태어날 때부터 불구가 되는 것이다. 매일 수많은 불구가 태어나고 그들은 삶을 영위하면서 불구임을 수없이 확인한다. 국가는 일상적으로 신체훼손을 자행하는 것이다. 국가의 역사가 지속되는 한 이 원칙은 바뀌지 않았을 뿐만 아니라 오히려 강도가 더 높아져 갔다.

압제적 포획과 화려한 신체형

신분제도라는 신체훼손은 부당하기 짝이 없다. 따라서 신분제도는 거센 저항에 직면한다. 이러한 저항을 불식시킬 수단이 필요하다. 그것은

5 가령 상인이 갖고 있는 스톡 즉 화폐와 재화는 유동적이고 그것들의 유통을 통해 그들에게 세금을 징수할 수 있으므로 그들의 스톡 자체를 장악한다는 것은 불가능하다. 결국 상인이라는 인간을 포획할 수밖에 없다. 따라서 국가는 사농공상이라는 위계하에서 상인을 가장 천한 신분으로 만들어 통제한다.

6 전제군주국가의 초코드화는 동양의 전제군주국가의 경우에만 해당된다. 서양은 다른 패턴을 보여주며 동서양과 병존하였다. 들뢰즈와 가타리는 아시아 전제국가를 중심에 두고 유럽의 고대 노예제 국가와 중세봉건제 국가를 변방에 배치시켜 이해하였다.(*TP*, p.428) 이러한 상이한 구도에도 불구하고 신분제도가 인민을 통제하는 기본적인 제도였다는 점은 공통적이다.

바로 화려한 신체형이다. 저항은 가시적인 신체훼손 내지 죽음을 통해 좌절된다. 신분을 통해 인간활동을 포획하는 포획기구는 압제적일 수밖에 없다. 그러나 가시적인 신체훼손의 양산은 오히려 전제국가의 부담이 된다. 그 이유는 전제국가는 훼손된 신체에서 수탈해야할 것이 없기 때문이다. 그럼에도 불구하고 신체형을 해야만 하는 이유는 신체형의 목적은 인민들에 대한 위협수단이었기 때문이다. 따라서 신체형은 공개적으로 이뤄진다. 신체형은 화려하기 그지없고 그야말로 구경거리였다 Foucault, 1975, 2장. 신체형의 목적은 처벌받는 자를 교정하는 것이 아니라 신체형을 지켜보는 사람들을 위협하는 것이다. 영화 〈향수〉를 보면 신체형의 목적이 어디에 있는지 잘 알려준다.

이것은 록 페스티발이 아니다. 그렇다고 사실상 처형장도 아니다.

이것은 영화 〈향수〉에 나오는 장면으로 흡사 록 페스티발을 보는 것 같다. 그러나 이곳은 처형장이다. 처형장에 구경나온 사람들은 흉악범을 경멸하고 그 처벌을 두려워하기는커녕 그를 환호하고 욕정에 불타오르며 광란의 정사를 벌인다. 그들을 더 이상 위협할 수 없게 되자 오히려 흉악범을 무죄로 방면하고 만다. 그렇다고 해서 연쇄살인사건을 미해결사건으로 두지 않는다. 처벌의 목적이 그들을 위협하는 것이므로 범죄에 대한 응징만은 필요했다. 영화에서는 애꿎은 사람에게 범죄의 누명을 뒤집어씌워 교수형에 처한다. 이와 같이 처벌의 대상이 진짜 살인범이 아니어도 되는 것을 볼 때 처벌의 목적이 처벌 받는 자에게 있는 것이 아니라 그 처벌을 지켜보는 자들에게 있음을 알 수 있다.

이와 같이 전제군주국가의 초코드화는 거센 저항을 초래하며 탈코드화decoding의 흐름을 분출시켰지만 탈코드화의 흐름을 재코드화recording 할 수 없었다. 전제군주국가는 탈코드화의 흐름을 내부로 수용하지 못하고 외부로 밀어내기에 급급했다.[7] 중심과 변방이 동시에 존재했던 것처럼 동양의 초코드화는 서양의 탈코드화 흐름과 공존했다. 변방의 탈코드화의 흐름의 분출은 중심의 초코드화의 강화에서 비롯되었다. 자본주의는 이와 같은 탈코드화의 흐름을 타고 발생했다. 이러한 탈코드화 흐름은 근대국가라는 배치 속에서 비로소 탈영토화한다. 사유재산제

7 이점은 전제군주국가형태였던 동양이 근대국가를 출현시키지 못하고 서양에 의해 자본주의와 근대국가가 동양에 이식되는 이유가 된다. 들뢰즈와 가타리는 국가를 변화시키는 혁명의 성격이 동서양에 따라 각기 다름을 다음과 같이 지적한다. '국가의 형태가 변화하는 것인 한 서양의 관념이다. 국가의 파괴, 폐지에 관한 것인 한 동양의 관념이다.'(*TP*, p.385)

도, 신분구속으로부터 탈피, 근대적 통화관리제도 없이 자본주의의 존속이 불가능하고 이것들이 근대국가의 존재와 무관하게 생성될 수 없다. 마침내 신분이라는 코드로부터 탈코드화하여 법적으로 평등한 개인이 등장한다. 따라서 스톡의 소유자는 전제군주에서 지주(토지), 자본가(노동자) 및 정부 및 은행가(화폐)로 스톡의 소유자가 바뀐다. 그러나 스톡의 소유자만 바뀐 것이 아니라 거대기계의 작동원리도 바뀌게 된다. 그것은 압제적 포획에서 마법적 포획으로 이행이다.

마법적 포획 하에서의 일상적인 신체훼손

자본주의의 위력은 자본주의가 국가장치와 접속하면서 이러한 탈영토화 흐름을 끊임없이 재코드화하는 능력에서 비롯된다. 자본주의는 전제국가의 초코드화를 유연한 공리계로 대체한다. 유연한 공리계란 합리적인 공리를 추가하고 불합리한 공리를 제거할 수 있는 시스템을 의미한다. 반면에 전자본주의 사회에서는(가령 봉건제 사회 혹은 전제군주국가) 합리적인 방안이 있음에도 불구하고 그 방안을 실행에 옮길 수 없는 체제 내적 제약이 있다는 사실이다. 이러한 제약의 어떤 것도 있어서는 안 된다는 것이 자본주의 사회만의 고유한 특징이다.[8] 따라서 마법적 포획 하에서는 포획된다는 사실 조차 까마득하게 잊고 만다.

8 맑스는 생산관계의 차이에서 자본주의적 사회구성체와 자본주의에 선행하는 사회구성체를 구별한다. 들뢰즈와 가타리는 이와 같은 특징으로도 충분히 구별할 수 있다고 본다.

압제적 포획에서 마법적 포획으로 이행하면서 신분예속과 같은 불합리한 코드도 사라진다. 또한 신분제도를 유지하기 위한 화려한 신체형도 사라진다. 따라서 신체훼손으로부터 벗어난 것처럼 보인다. 그러나 그렇지 않다. 국가기구가 존재하는 한, 정착민을 날 때부터 불구로 규정하는 사회적 코드는 엄연히 존재한다. 국가의 인간은 사산된 채로 태어난다는 사실에는 변함없다.[9] 단지 불구를 규정하는 코드체계가 합리적이고 유연하게 바뀌었을 뿐이다. 이제 이점을 이해하여 보도록 하자.

자본주의 공리계에서 공리의 추가와 제거는 일종의 프로그래밍이다. 프로그래밍은 수많은 코드들을 체계화한다. 중요한 사실은 프로그램의 목적달성을 위한 명령, 지시가 코드로 표현되어 있다는 점이다. 따라서 코드를 특정의 목정달성을 위한 명령, 지시의 체계로 이해할 필요가 있다. 이런 점에서 언어 역시 하나의 코드이다. 즉 언어는 단순히 정보를 표현하는 것이 아니라 명령, 지시를 위한 수단이다. 들뢰즈와 가타리에게서 코드는 원뜻 그대로의 법, 언어, 관습 등을 포괄하는 바로 제도를 의미한다. 이와 같이 코드는 명령어이다.

들뢰즈와 가타리는 '명령어는 사형선고'라고 주장한다.[10] 그들의 이러한 주장은 앞으로 죽음 즉 좀비에 대한 논의가 진행되면서 이해되어

---

9 이점에 관해 들뢰즈와 가타리는 다음과 같이 언급한다. "국가장치는 최상층이든 최하층이든 선천적인 불구, 이미 수족이 절단된 자, 사산아, 선천적 박약아, 외눈박이, 외팔이를 필요로 한다."(*TP*, p.426)

10 들뢰즈와 가타리는 다음과 같이 표현한다. "명령어는 사형선고이다.… 명령어를 받았을 때 너는 이미 죽었다.… 사실 죽음은 도처에 있다."(*TP*, p.107)

야 할 것 같다. 여기에서는 다만 이렇게 이해하여 보도록 하자. 합리적인 코드에 의해 설정된 국가의 표준은 사회가 요구하는 정상인의 표준을 제시하는 것 같아 보인다. 그러나 그것은 우리 모두를 죄인으로 만들고 끊임없는 결함의 족쇄를 채워 스스로 불구임을 일깨워준다. 실제로 우리의 신체는 수많은 표준에 의해 난도질당하고 병신이 되고 말았다.

우리는 도처에서 불구의 신음을 들을 수 있다. 필자가 보기에 우리나라의 대학생은 저마다 개성이 있고 건강한 청년들이다. 그러나 우리 사회는 그들의 멀쩡한 신체를 끔찍하게 훼손시킨다. 그들은 토익성적이 부족한 불구, 정보화시대에 지식이 부족한 불구, 기업의 요구에 부응하지 못하는 무능력자 등 저마다 불구자로 낙인찍혀 신음한다. 불구의 장애를 딛고 그들은 취업전선에 나선다. 즉 대학생 스스로도 불구가 되어 인간이 되고자 악을 쓴다. 불구가 어디 대학생뿐일까? 노동자, 여성, 자녀,…. 불구는 자본주의 사회에서 살고 있는 우리들의 자화상이다. 우리가 어떻게 해서 불구가 되었는지 살펴 볼 때가 되었다. 그것은 훈육이며 그 결과 좀비라는 처참한 괴물이 등장한다.

훈육이 가한 신체훼손의 참상: 좀비

근대국가는 압제적 포획과 다른 방식의 노동기계를 가동하지 않으면 안 되었다. 마법적 포획 하에서 노동기계의 가동은 더 이상 경제외적 강제에 의해 의존하지 않으므로[11] 외관상으로나마 노동기계가 스스로 작동되는 마법을 보여준다. 마법은 어디까지나 마법이다. 왜냐하면 이 기계는 자본가와 노동자 간의 임노동관계에 의해서만 작동되는 것이 아니기 때문이다. 노동자뿐만 아니라 어린이, 청소년, 여성, 모든 계층을 훈육해야만 가동될 수 있다. 훈육은 근대국가라는 국가장치의 몫이다. 계몽주의와 프로테스탄티즘의 훈육의 미화는 근대국가의 노동신화일 뿐이다. 우리는 이러한 신화를 현실로 혼동하고 너무나 자연스럽게 받아들여 왔다. 아이러니하게도 노동자만이 아니라 그 옛날부터 있어왔을 것으로 여겼던 죄수[12], 학생, 정신병자 심지어 어린이[13]마저 근대에 탄생하였다. 근대와 함께 훈육의 대상들뿐만 아니라 그들을 훈육시킬 공간도 탄생된다. 공장, 감옥, 병원이 탄생되고 이전과는 전혀 다른 도시, 학교, 가정이 창조되었다. 낯선 공간 속에서 그들은 또한 훈육에 맞춰진 새로운 개념의 낯선 시간과 대면하여야만 했다. 이런 시공간뿐만 아니라 여성, 섹스, 문화 등 모든 것이 새롭게 창조되고 낯설었던 것이다. 이 모든 낯설었던 것이 오늘날 자연스러운 것의 기원이었다.[14]

훈육을 통해 실현하고자 한 것은 무엇일까? 자본주의 시스템이라는

---

11 거대기계의 한 부분을 이루는 군사기계와 관료기계는 징집과 세금으로 여전히 경제외적 강제에 의존한다.

12 근대국가 이전에 범법자는 신체형의 대상이었다. 그러나 근대국가가 들어서면서 범법자는 훈육의 대상이 된다. 훈육의 대상으로서 죄수가 비로소 근대사회에서 탄생하게 된 것이다. 이에 따라 신체형이 사라지면서 구경거리도 소멸된다.(Foucault, 1975, pp.33-4)

13 자본주의 이전의 사회에서 어린이라는 관념은 아예 없었으며 어린이는 그저 작은 어른이었을 뿐이다. 그들은 복장에서나 놀이에서나 어른과 다를 바 없었다. 심지어 어른들과 함께 음담패설을 하고 도박판을 벌이기도 하였다. 17C에 들어와서 어린이의 순수함이 강조되면서 학교와 가정에서 엄격한 훈육이 시작되었다.(오선민, 2007)

14 훈육의 기원에 대한 풍부한 예는 이진경(2007a; 2007b)을 참조할 수 있다.

거대기계를 작동시키는 인간. 아니다. 훈육은 근대의학의 외과수술처럼 그들의 신체를 절단하고 마침내 그들의 신체를 거대기계의 부속물로 전락시키는 것이다. 즉 훈육은 자본주의시스템에 의존하지 않고서는 생존할 수 없는 불구를 만들어 내는 것이다. 들뢰즈와 가타리는 노동신화에 나오는 이러한 불구를 좀비로 명명하였다. 좀비는 노동자만이 아니라 국가의 인간을 포괄한다.[15] 훈육의 공간에는 좀비들의 잘려나간 사지가 곳곳에 널려 있다.[16] 이제 그 잔혹극의 진수를 보기로 하자.

어차피 사지가 잘려나가는 신체의 절단은 역겨운 일이다. 이런 신체의 절단이 훈육의 고통이다. 신체의 절단이라는 역겨움을 참다가는 미쳐버릴 노릇이고 그렇다고 해서 저항하다가는 죽임을 당하기 십상이다. 좀비의 고육지책이 자신의 신체를 난도질하는 시스템을 오히려 신과 같이 숭배하는 것이다.[17] 시스템으로부터 버림받는 것이 곧 죽음이라는 것을 받아들이는 좀비의 숭배는 다름 아닌 자기파멸이며 자기부정이다. 좀비의 자기부정은 중독에 이르는 길이다. 여기에는 자본주의 욕망의 노예로 만드는 화폐(임금)라는 약물이 필요하다. 그러나 약물은 중독의 필요조건일 뿐이다. 물론 약물이외에 자신의 욕망을 충족시켜줄 수단을

15 들뢰즈와 가타리는 이점을 다음과 같이 분명하게 언급한다. "불구는 국가장치와 노동의 조직화에 전제하는 필요조건이다."(따라서 노동자뿐만이 아니라 국가의 인간 자체도 외눈박이든 외팔이든 선천적 불구이다)

16 들뢰즈와 가타리는 이점을 에른스트 윙거의 작품구절을 인용하며 다음과 같이 표현한다. "참혹하게 진열해놓은 절단된 사지를 보고 나는 충격을 받았다"(*TP*, p.425)

17 이것은 스톡홀름신드롬이다. 스톡홀름신드롬은 스톡홀름의 한 은행에서 은행강도와 인질과의 관계에서 발견되어 명명되어졌다. 가령 독재자에게 저항할 수도 없는 상황에 굴복의 역겨움을 이겨내기 위해 독재자를 숭배하는 자기합리화현상을 예로 들 수 있다.

모두 빼앗아 버려야 한다. 그것만으로는 불충분하다. 중독에 빠지기 위해서 약물이 아니라 약물외부의 세계와 차단되어야 한다. 중독은 감금이다. 좀비가 감금된 공간 너머로 볼 수 없도록 신체를 절단해버리는 것이 바로 훈육이다. 자본주의 훈육의 결과 좀비는 자본주의가 연출하는 상징체계 속에 갇혀 버린다. 고도의 일관성과 짜임새를 갖추어 자본주의 상징체계는 너무나 완벽하여 자본주의 시스템을 합리성의 낙원처럼 보이게 만들면서 자기부정이라는 어이없는 좀비의 자기합리화를 완성시키고 만다. 즉 자본주의 상징체계가 만들어낸 문화와 가치관이 좀비의 자기부정을 합리화하는 셈이다. 결국 좀비는 자본주의 시스템이 창조해낸 가상공간만 보게 된다.

가상공간은 어디까지나 기만이다. 그러나 좀비는 중독심화와 함께 부르주아와 똑같이 신체가 상실되면서 기만을 기만으로 느낄 수 없다. 따라서 좀비는 자본주의 합리성으로만 설명될 수 있는 것만이 사회 속에서 소통하는 삶의 모든 것이 된다. 너무나 쉽고 간단한 또한 정당한 일이라 할지라도 그것이 비자본주의적이라면 좀비는 셀리그만의 실험개처럼 그것을 할 수 없는 무기력에 빠진다.(역으로 아무리 어렵고 복잡하고 또한 부당한 일이라도 그것이 자본주의적이라면 좀비는 그것을 해야만 한다.)

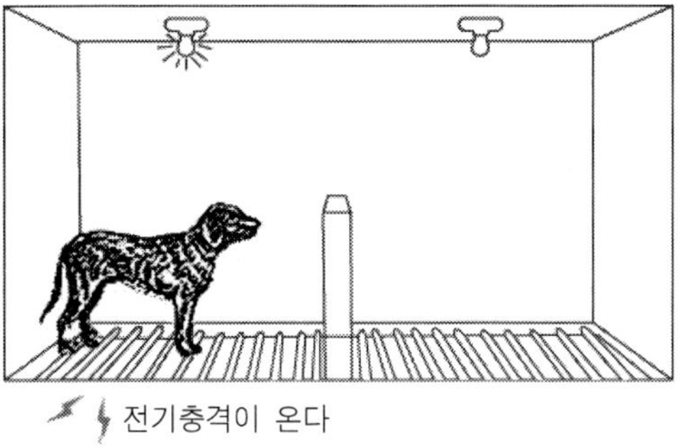

마틴 셀리그만의 실험

천장에 전등이 켜지면 이내 바닥에 전기가 통하면서 전기충격이 온다. 개는 전등이 켜지자마자 중간의 담을 폴짝 넘어 전기충격을 피할 수 있다. 그러나 개를 묶고(감금의 의미로 해석할 수 있다) 반복해서 전기충격을 가해본다. 그리고 개를 풀어주고 전등을 켜면 이 개는 담을 폴짝 넘는 쉬운 일을 할 엄두도 못 내고 그림에서처럼 그냥 전기충격을 감내한다.

이 실험의 개처럼 무기력에 빠진 좀비가 오늘날 우리 사회의 정착민의 자화상이다. 무기력한 좀비에게 훈육이란 정해진 답변에 답변을 할 뿐이다. 사실 물음이란 없다.[18] 이것은 마치 고문과 같아 정해진 답변을 하지 않는 경우 훈육의 채찍이 내리친다. 우리는 자본주의 훈육시스템과 어떠한 소통도 할 수 없다. 오늘날의 우리사회의 정착민은 자본주의

---

18 이와 비슷한 맥락에서 들뢰즈와 가타리의 언급을 이해해 볼 수 있다. "사실 물음이란 없다. 언제나 대답에 대한 같은 대답이 있을 뿐이다. 이미 물음(반대심문, 경연대회, 국민투표 등)에 포함된 대답에 맞추어 다른 대답으로부터 나오는 물음에 응답해야 한다."

훈육시스템이 키우는 대로 하는 다마고치와 같다. Žižek, 2004, p.118 이와 같이 훈육의 참상은 잔혹하다. 그러나 잔혹극은 여기서 끝나지 않고 극단을 치닫는다. 그러나 왜곡된 현실을 바로보지 않고서는 잔혹성을 결코 느낄 수 없다. 그러기 위해서는 독약과도 같은 통제사회의 유혹을 살펴 볼 필요가 있다.

통제사회의 유혹: 합리적인 너무나 합리적인 시스템

마법적 포획이 완벽해질수록 신체는 부정되고 노동자는 자본주의 시스템의 부속물이 되어간다. 마침내 오늘날의 좀비는 아래의 개처럼 더 이상의 훈육이 필요없는 단계에 이른 것 같다. 이것은 훈육의 궁극적인 의도이다.

이 개는 무엇을 잃어버렸을까?

늑대의 야성. 천만에. 이 개는 야성이 발붙일 신체를 이미 상실했다. 즉 늑대의 신체를 상실했고 길들여야할 야성도 없다. 이 개는 더 이상의 훈육이 필요없다. 훈육을 통해 습득할 행위규율이 개의 신체 안에 내재화되어 버렸다.

개의 신체 안에 행위규율이 내재화되는 것처럼 피훈육자의 신체내부에 행위규율이 내재화되어버린다. 이른바 시스템에 의한 통제사회[19]가

가능하게 되었다. 훈육사회에서는 인간은 훈육공간에 배치되어있는 자신의 위치에 따라 자신의 정체성이 결정된다. 집에서는 아버지, 공장에서는 노동자, 병원에서는 정신병자 등등. 훈육공간이 바뀌면서 자신의 정체성도 바뀐다. 자본가, 간수, 부모, 교사, 의사 등의 정체성은 동일한 훈육공간의 노동자, 죄수, 자녀, 학생, 정신병자 등의 그것과 판이하게 다르다. 전자와 후자는 각각 훈육하는 주체와 훈육되는 주체로서 훈육을 통해 지배/피지배의 관계를 형성한다.

이러한 관계는 컨베이어 벨트가 깔려있는 포디즘 하에서도 여전히 유지되고 있었다. 그러나 오늘날은 사정이 다르다. 과연 훈육공간에서 훈육을 받아야만 이러한 관계를 이해할 수 있을까? 공장 밖에서 노동자가 되어 보는 것은 얼마든지 가능하다. 또한 공장 밖에서 자본가가 되어보는 것도 모두 가능하다. 노동자가 사용자의 입장에서 사용자가 노동자의 입장에서 노사협상을 벌이는 꿈같은 현실이 펼쳐진다. 어디 공장만 그러랴. 학교 밖에서 교사와 학생이 감옥 밖에서 간수와 죄수가 가정 밖에서 부모와 자녀가 되어 볼 수 있다. 그야말로 우리는 잡종이다. 이를 두고 하트와 네그리는 잡종적 주체라고 명명했다. Hardt & Negri, 2000, p.429 잡종적 주체들이 일제히 외친다. We are the one!

오늘날 잡종적 주체들의 신체는 하나로 연결되어 있다. 컴퓨터라는 기계가 신체 깊숙이 접속되어 네트워크를 이루며 신체와 신체를 연결하

---

19 통제사회는 들뢰즈와 가타리에 의해서만 언급된 것이(Deleuze, 1990, pp.195-205) 아니다. 최초의 언급은 푸코이며 비릴리오(Virilio, 1977)에 의해 통제의 양상이 소개되어졌고 하트와 네그리(Hardt & Negri, 2000)에 의해 통제사회의 개념이 보다 분명하게 규정되었다.

는 것이다. 이 잡종은 행정부, 국제기구, 언론매체 등 기관이란 기관은 속속들이 돌아다니며 감시하지만 실은 스스로를 감시 · 통제하는 것이다. 이 잡종들의 세계를 네그리는 통제사회라고 불렀다. 통제사회는 군체를 이루어 살고 있는 태충류, 관해파리(아래그림), 산호 등과 초개체를 이루어 살고 있는 개미, 벌 등과 너무나 흡사하게 닮아 있다.

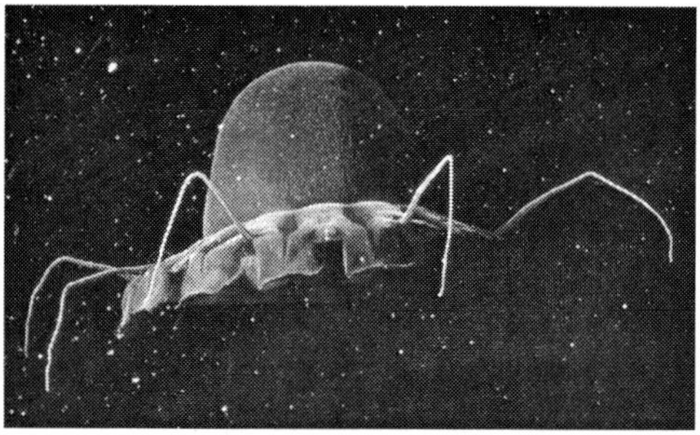

이것은 생물의 신체가 아니다.

단지 수많은 개체(이 경우 zooid)들이 모여 소화기관, 배설기관, 생식기관 등에 배치되어 마치 하나의 동물과 같은 군체를 이룬다.

통제사회는 지극히 합리적이다. 합리적이라면 그가 누구인들 잡종적 주체들은 이해하지 못할 것이 없다. 그가 청와대의 대통령인들. 잡종적 주체는 합리성에 인도되어 어떤 기관에 배치되더라도 통제사회라는 거대기계에 부속물로 붙어 있는 한 지극히 만족한다. 개체는 자신의 소속기관이 배설기관인지 생식기관인지 따질 필요 없이 그저 군체를 이루는 일원이면 되는 것처럼 잡종적 주체도 마찬가지이다. 하기야 청와대 밖에 대통령, 재벌그룹 밖에 그룹총수 등이 잡종적 주체 그 자신인데 무엇이 부러우랴. 통제사회 안에 잡종적 주체들은 모두 똑같다. 훈육하였던 자들은 더 이상 군림하지도 지배적인 지위도 누리지 못한다. 자본가라고 예외는 아니다. 잡종적 주체들은 오로지 통제사회라는 거대기계를 작동하는 자본의 논리에만 순종할 뿐이다. 자본의 논리에 지배되고 자본주의 공리계에 조종되는 한, 부르주아이든 프롤레타리아이든 하나의 노예계급만 있을 뿐이다. 신 앞에 신의 노예만 존재하는 것처럼 완벽한 마법적 포획 하에서 국가장치는 마치 신과 같다.[20] 실제로 자본의 논리는 신의 논리와 유사하다. 자본가는 사제로 변신하고 사제와 신도간에 어떤 차별도 없다. 무슨 구분이 있으랴. 포획당하는 자는 포획자와 일체감을 가진다. 통제사회의 합리성에 매료된 신자유주의는 자본의 논리에 귀의하도록 전세계에 선교활동을 펼쳤다. 그러나 통제사회의 합리성의 이면에서 벌어진 신체훼손의 참극을 이해하여 본다면 그들의 선교활동이 얼마나 기만적이었다는 걸 알 수 있을 것이다.

---

20 들뢰즈와 가타리는 국가를 흰 벽/검은 구멍 시스템으로 간주하여 자본주의 역시 거대기계의 형상은 전제군주의 모습을 취할 수밖에 없음을 지적한다.(*TP*, p.444) 이 부분을 면밀히 살펴보면 비록 전제군주의 모습을 취한다하더라도 실질적 내용은 신에 가깝다. 흰 벽/검은 구멍 시스템을 기호계로 나타낸 그림에서 중심은 신 혹은 전제군주의 안면성으로 표시하였다.(*TP*, p.135) 자본주의의 시스템은 내용상 전제군주 보다는 신에 가깝다.

얼굴의 상실과 고양이 없는 웃음의 기만

훈육이 필요 없다는 것은 신체가 망가질 대로 망가졌다는 것을 의미한다. 이것을 어떻게 확인할 수 있을까? 통제사회의 잡종적 주체는 군체들에 부속되어 있는 불임성 카스트이다. 즉 신체를 완전히 부정당해버린 좀비이다. 즉 통제사회는 신체없는 기관[21]Organs without Bodies: OwB이다. 이 무시무시한 시스템을 가동시키는 코드체계는 자본의 논리라는 단일의 코드에 복속된다. 이러한 초코드화는 전제군주국가의 초코드화와 너무나 닮아 있다.[22] 현대의 사회, 경제, 문화 등 모든 영역에서 진행된다. 자본주의와 관련되는 한, 다양성은 비록 탈근대의 현상이라 할지라도 허위일 수밖에 없다. 얼굴을 예로 들어보자. 얼굴을 통해 획득한 정체성은 다양한 인종과 계층만큼이나 다양할 것 같다. 그러나 얼굴에는 척도화된 얼굴이 그려내는 기호만 있을 뿐 신체를 찾아볼 수 없다. 따라서 얼굴을 본다는 것은 (이상한 나라의 앨리스에 나오는) 고양이없는 웃음을 보는 것과 같다.

21 들뢰즈와 가타리가 생성에 초점을 두고 신체에 극한을 두고 기관없는 신체라는 개념을 만들었다면 지젝은 존재에 초점을 두고 기관에 극한을 두고 신체없는 기관이라는 개념을 만들었다.

22 원시사회의 부활이라는 측면에서 자본주의 국가는 전제군주국가의 초코드화를 분쇄할 수 있었다. 그러나 마법적 포획이 완벽해질수록 자본주의 국가장치는 복수의 권력중심을 자본의 논리라는 단일의 권력중심으로 복속시키는 초코드화를 시도한다. 이러한 특징 때문에 들뢰즈와 가타리(*TP*, 1980, p.460)는 서슴지 않고 근대국가를 제국으로 규정하고 한발 더 나아가서 가장 절대적인 제국으로 표현한다. "근대국가는 가장 절대적인 제국이라는 새로운 거대기계를 부활시킨다. 새로운 거대기계의 출현은 그 기계의 내재적 형태가 새롭거나 적절한 시기를 따질 필요없이 사회적 예속화와 똑같은 기계적 노예화에 의해 기능하는 공리계의 실현이다." .

고양이 없는 웃음과 얼굴 안 보이는 예수

모든 여성의 얼굴에서 미스코리아의 얼굴을 볼 수 있다. 단지 미스코리아의 얼굴이 결여되어 있거나 충족되어 있는 정도만으로 여성의 얼굴을 특징짓는다. 똑같은 얼굴에 닮은꼴의 차이만 있을 뿐이다. 정작 각각의 얼굴의 고유한 특징과 개성은 사라지고 만다. 고양이는 없다. 여성의 얼굴에서 보이는 것은 미스코리아의 얼굴이라는 고양이 없는 웃음뿐이다. 여기에서 고양이 없는 웃음이 지배하는 얼굴의 정치학[23]을 발견한다. 여자들만 얼굴을 잃어버리는 것이 아니다. 남자들도 얼굴을 잃어버린다. 도처에 아버지가 있다. 친부, 교사, 사장, 연대장, 하나님 아버지 등등. 하나 같이 잘난 아버지의 얼굴을 볼 수 있다. 단지 닮은꼴의 차이만 있을 뿐이다. 과연 우리는 달리의 연작 그림처럼 얼굴 없이 예수를 볼 수 있을까? 예수의 얼굴을 아무도 볼 수 없다. 예수를 보는 사람은 예수의 얼굴이 보이지 않고 예수가 보는 어부는 예수를 보지 않고 예수의 얼굴을 못 보는 것은 관람자도 마찬가지이다.

23 중심을 이루는 신체의 얼굴은 모든 얼굴을 자신의 동형으로 지배하고 다른 쪽은 제 얼굴을 잃어버린다. 이러한 지배와 상실은 하나를 이루며 이뤄지는 것이 얼굴의 정치학이다.(*TP*, p.116)

자본의 부름을 기다리는 좀비는 자본의 논리가 보여주는 대로 보며 시스템의 부속품인 한 얼굴을 잃어버린다. 부르주아의 얼굴이 지배하는 얼굴의 정치학이 여전히 성립된다.[24] 정작 고양이는 보지 못하고 자본주의가 가공한 상징에 불과한 고양이 없는 웃음만 본다. 고양이 없는 웃음에 지배를 당하면서도 정작 그것이 허위임을 깨닫지 못한다. 이러한 기만으로 인해 좀비가 아무리 자신을 둘러보아도 좀비임을 알아차리지 못한다.[25] 자본주의 물신성의 세계는 영화 〈매트릭스〉의 가상공간과 다를 바 없다.[26] 이제 좀비의 운명을 밝혀보도록 하자.

훈육없는 통제의 신체파멸: 금단과 순교

자본주의는 좀비를 기만할 뿐만 아니라 자본주의가 만들어낸 시스템과 상징체계에 부적합한 좀비를 가차없이 제거한다. 자본주의는 항상 탈코드화하는 흐름을 타려고 한다. 오늘날 근대의 영토를 탈영토화하려

24 이점은 「공산당선언」에서 명시적으로 지적된다. "부르조아는 모든 국가에게 자신이 문명이라고 부르는 것을 그들의 한가운데에 도입하도록, 즉 부르조아 자신이 되도록 강요했다. 한마디로 부르조아는 자기 자신의 이미지에 따라 세계를 창조한다."(Marx & Engels, 1848, p.116)

25 지젝은 기만당하는 좀비의 불가피성을 다음과 같이 피력한다. "진짜 수수께끼는 사물이 실제로 무엇인가가 아니라 내게 실제로 어떻게 보이느냐라는 것이다.… 우리 모두는 좀비임을 자각하지 못하고 스스로를 자각하는 자로서 지각하도록 자기기만을 당하는 좀비이다."(Žižek, 2004, p.136)

26 이것은 영화 매트릭스의 설정배경과 유사하다. 그 중 모피어스가 네오에게 말한 대사를 소개해 보자. "매트릭스는 시스템이야, 네오. 그 시스템은 우리의 적이지. 자네가 시스템 내부에 있을 때 주위를 둘러보면 뭐가 보이나? 기업인, 교사, 변호사, 목수들…. 우리가 구하려고 애쓰는 사람들이지. 그러나 우리가 그 사람들을 구하기 전까지는 그들은 여전히 시스템의 일부야." 매트릭스가 꿈의 세계인 것처럼 상품물신성의 세계도 허위이고 그 목적은 똑 같이 인간을 지배하는 것이다.(Danahay & Rieder, 2003, p.256)

는 흐름(정보화, 자동화, 탈노동화, 탈산업사회, 세계화, 금융주도축적체제, 지식기반경제 등)이 매섭게 몰아칠 때마다 노동자들이 가장 먼저 자본주의 시스템으로부터 떨어져 나간다. 왜냐하면 노동자들의 영토가 불행하게도 근대적이기 때문이다.

시스템으로부터 버림받은 노동자는 죽음이라는 공포와 불안에 시달린다. 이러한 공포와 불안은 자본주의 상징체계가 조장한 속임수이지만 노동자는 이러한 기만을 극복하지 못한다. 노동자는 시스템에 접속하여야만 살 수 있는 자기통제를 상실한 기계 즉 신체를 상실한 좀비이다. 마약중독자가 마약에 의해 자기통제를 상실한 것처럼 좀비는 마법적 포획에 의해 자기통제를 상실했다. 좀비는 삶의 문제와 진정으로 대면할 수 없다. 좀비는 합리성의 외양(물신성 세계의 가상공간)에 중독(감금)되어 자신의 신체가 썩어가는 것을 전혀 느끼지 못했다. 시스템으로부터 버림받은 노동자는 실업상태에서 공포와 불안을 넘어 지독한 금단증상에 시달리게 된다. 금단증상은 죽음보다 더 무서운 것이다. 좀비는 신의 버림보다는 순교의 길로 간다. 좀비는 마약과 같은 마법적 포획에 중독되어 있는 한, 그는 순교를 두려워하지 않는다.

마법적 포획은 좀비들에게 순교라는 끔찍한 사명을 강요한다. 자본주의를 위한 순교가 무엇일까? 지젝은 다음과 같이 분명하게 답을 제시한다. 그것은 폭탄테러범처럼 죽는 것이 아니다. 그것은 죽음 이상의 것을 요구한다. 그것은 견디는 것이다. Žižek, 2004, p.174 영화 〈Fight Club〉에서 처절한 격투의 목적은 이기는 것이 아니라 피범벅이 되었지만 결코 바닥에 드러눕지 않고 정신을 잃은 채로 두발로 서서 견디는 것이다.[27] 들뢰즈와 가타리가 말한 노동의 신화에서 나오는 死者의 모습이다. 이것이 바로 좀비의 운명이다.

좀비의 노동신화는 시스템에 맞춰 자신을 스스로 통제하지 못하고 여전히 훈육이 필요한 좀비들에게 가해질 참상이 어떤 것이라는 것을 보여주는 신호이다. 이러한 신호에 고무되어 신자유주의자들은 설교를 한다. '좀비같은 좀비가 되라. 글로벌 좀비가 되라. 포획의 거미줄에는 하루살이 같은 좀비는 원하지 않는다. 그들은 심판의 날에 심판을 받을 것이다.' 이 무시무시한 신호에 전율을 느낀 우리나라의 대학생들은 영어, 취업능력, 정보처리능력 등 수많은 표준을 받아들이면서 스스로 사지를 절단하는 불구덩어리가 되고 말았다. 이것이 비단 대학생만의 문제일까?

훼손된 신체의 회복과 작은 디테일

오늘날 통제사회와 글로벌 자본주의의 확립시기가 맞물리면서 신체훼손의 정도는 심해져 간다. 글로벌자본주의 하에서 각국은 경쟁력 있는 기업과 개인에게 경제적 권한을 몰아줌으로써 글로벌경쟁을 벌이도록 진력을 기울이고 있다. 이 과정에서 낙오되는 기업과 개인이 속출하고

27 영화 <Fight Club>에서 격투는 승패와 상관없다. 끝까지 견뎌내면서 마침내 처절하게 쓰러지며 구원을 느낀다. 영화에서 주인공은 이러한 구원받는 느낌을 토로한다.

훈육이 필요한 좀비들이 보태져 사회적 안전망을 뒤흔들고 있다. 이 문제는 신체훼손으로 이어진다.[28] 물론 필자는 국가장치에게 신체훼손의 자제를 호소할 생각은 추호도 없다. 이글에서는 통제사회에서 일상으로 벌어지는 신체훼손을 거부하고 훼손된 신체를 회복하는 방안을 논의하고자 한다.

훼손된 신체의 회복은 그림에서 셀리그만의 실험개가 폴짝 뛰는 것과 같이 클리나멘clinamen을 그리며 비껴나가는 작은 움직임으로부터 시작한다. 즉 폴짝 뛰기는 자본주의 합리성이 만들어 놓은 감금의 관성을 벗어나는 것이다. 따라서 폴짝 뛰기는 작은 움직임이지만 삶의 전부를 걸어야 할 만큼 복잡하고 디테일한 것이다. 전쟁기계는 이러한 작은 디테일[29] 없이 만들어낼 수 없다. 이점을 쉽게 이해하기 위한 방편으로 영화 〈Quills〉를 예로 들어 설명하여 보자.

Quills는 새의 깃으로 만든 펜이다. 정신병원에 연금된 사드후작은 그의 음란소설 출판으로 Quills를 포함한 집필도구를 압수당한다. 그는 불구가 되었고 광분한다. 그가 집필도구를 빼앗겼기 때문에 불구가 되었을까? 아니다. 음란소설을 쓸 수 없게 하는 사회적 코드 때문에 불구가 된 것이다. 그에게만 해당되는 불구가 아니다. 그는 훼손된 신체를 회복하려고 시도한다. 닭뼈, 포도주, 옷뿐만 아니라 피, 똥, 피부가 집필도구가 되었다. 그가 피를 내는 것은 신체의 훼손이 아니라

---

28 가령 우리나라의 저출산 문제는 좀비의 사회적 거세라는 신체훼손의 결과이다.

29 들뢰즈와 가타리는 작은 디테일에 대해 다음과 같이 지적한다. "점점 커져 당신을 삼켜버리는 작은 디테일이 없고서는 당신은 다수성에서 벗어날 수 없다."(TP, 292)

훼손된 신체를 회복하는 것이다. 닭뼈, 피, 똥 등으로 훼손된 신체를 회복할 수는 없었다.

훼손된 신체의 회복을 위해서 필연적으로 전쟁기계를 강구하게 된다. 그 이유는 전쟁기계가 무모하고도 불가능한 전쟁을 가능하게 만들기 때문이다. 전쟁기계에 의해 전쟁은 생성이 된다. 전쟁기계가 자본주의 공리계의 합리성으로 이해되어질 수 있는 것이라면 전쟁은 벌이기도 전에 봉쇄된다. 영화에서도 닭뼈, 피, 똥 등의 집필도구는 이내 봉쇄된다. 전쟁기계는 시스템 내부에서 이해될 수 없는 불가능한 것이어야 한다. 전쟁기계는 시스템 내부의 환원되지도 소통되지도 않는 버그 같은 형태로 출현한다. 따라서 전쟁기계는 합리적인 발상으로 만들어낼 수 없다. 합리적 발상으로부터 벗어난다는 것이 기상천외한 발상을 하라는 것이 아니다. 합리적 발상이야말로 인간의 사고와 의지를 도려내고 거대기계의 부속물(좀비)로 만들어내는 터무니없는 발상이다. 바로 이런 이유 때문에 전쟁기계는 유목민 혹은 소수자들만이 만들어 낼 수 있는 것이다. 이와 같이 전쟁기계는 이러한 작은 디테일로부터 시작한다. 작은 디테일은 자본주의 시스템을 작동시키는 프로그램의 버그로 작동한다. 필연적으로 전쟁기계와 거대기계는 충돌할 수밖에 없다. 어떤 전쟁기계가 등장하고 어떤 전쟁을 벌였는지 영화 〈Quills〉를 통해 살펴보자.

신체훼손에 대한 거부: 전쟁기계와 전쟁

드디어 사드의 최후소설의 집필이 완성된다. 그것을 가능하게 한 전쟁기계는 네트워크와 허브이다. 정신병자들의 입에서 입으로 전달받아 마들렌이 적어내는 것이다. 이 모든 것을 가능하게 한 마들렌은 허브인 셈이다. 전쟁기계가 네트워크와 허브를 두고 어떻게 전쟁을 벌이는지 아래의 그림을 참조하며 설명하여 보자.

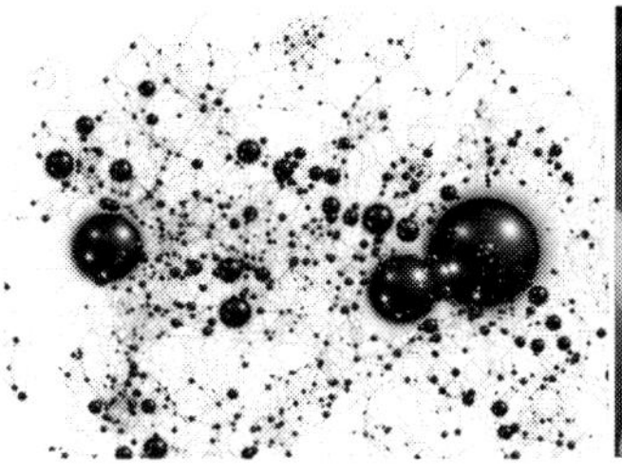

네트워크와 허브 그리고 마들렌

모든 네트워크는 사실상 허브를 갖고 있다. 영화 〈Quills〉에서 병원세탁부 마들렌은 정신병원 안의 네트워크와 허브를 구축하고 그 자신이 허브였다. 네트워크가 발각되자 그림에서처럼 마들렌은 태형을 맞으면서도 허브를 지켜내고 사드의 최후소설을 완성시킨다.

전쟁기계는 리좀을 따라 네트워크를 형성한다. 또한 자본주의 시스템이 글로벌체제이므로 전쟁은 글로벌 네트워크를 형성하며 이뤄진다.[30] 사회주의가 본래부터 인터내셔널이었던 것처럼 자본주의 시스템과의 전쟁도 인터내셔널이어야 한다. 인터내셔널은 글로벌화와 정반대이다. 글로벌화는 글로벌 스탠더드라는 하나의 중심을 향한 네트워크이지만 인터내셔널은 그 중심을 부정하는 네트워크이다.

네트워크가 전선이라 해서 네트워크를 고수할 수는 없다. 왜냐하면 유목민의 공간인 네트워크는 점유하는 곳이 아니라 놔두고 가는 공간이기 때문이다. 유목민이 지켜야하는 것은 바로 허브이다. 허브는 국가장치가 포획을 위해 언제나 노리는 파일럼[31]과 같다.[32] 유목민은 허브를 두고 떠나지 않으므로 떠나지 않는 자이다. 필연적으로 국가장치와 전쟁을 벌여야만 한다. 네트워크의 허브를 중심에 흡수되지 않도록 지켜냄으로써 복수의 권력중심을 형성하고 글로벌화를 반대하는 인터내셔널이 가능하게 되는 것이다. 들뢰즈와 가타리의 노마디스트는 대중을 끌고 가야만 하는 혁명가가 아니라 네트워크를 따라 스스로 인터내셔널 여단이 되어 허브를 지키는 무명의 전사이다.[33] 전쟁기계가 벌이는 전쟁의 상대는 기관이 아니라 좀비들로 꽉 찬 신체없는 기관이므로 허브를 지키기

---

30 네그리는 오늘날의 전쟁이 네트전(netwar)의 경향을 띠고 있음을 지적한다. 즉 9.11 이후 즉 미국과 그 동맹국들이 대면하는 적은 단일주권국가가 아니라 네트워크였다는 것이다.(Hardt/Negri 2004, 55~56)

31 문(phylum)은 종, 속, 과, 강, 문, 계에서 나온 말이지만 들뢰즈와 가타리의 경우 분류학적 계통 개념과는 무관하다. 이것은 질료적 흐름의 일관성을 가지지만 하나의 중심으로 통합하는 수목형의 위계체계는 아니다, 오히려 이것은 리좀의 계통도를 따라 진화하는 생성의 흐름을 그린다.(이진경 2002b, Ⅱ. 436; Rajchman 2000, 129)

32 하나의 예로 2008년 거세었던 촛불시위가 잠잠해지자 이명박정부는 허브를 초토화시킨 사실을 상기할 수 있다.

33 인터내셔널 여단이 국가장치와 정면대결을 회피하고 치고 빠지는 게릴라부대가 아니므로 몰적 투쟁의 중요성을 간과해서는 안 된다. 물론 들뢰즈와 가타리는 몰적 투쟁의 중요성을 간과하는 것은 아니다. 이점은 들뢰즈의 『대담』에서 확인해 볼 수 있다. "매끈한 공간만으로 주름과 억압을 이겨낼 수 없고, 기관 없는 육체만으로 조직을 이겨낼 수 없다."(Deleuze, 1990, 대담, 65)

위해서도 전쟁기계는 참된 기관들true organs과 합성하여야 한다.[34]

영화 〈Quills〉에서도 마들렌이 없는 사드는 있을 수 없다. 영화에서도 마들렌이 불의의 죽음을 당하자 사드도 죽음을 맞이한다. 비록 허브는 사라져도 전쟁을 시작한 것은 사드였고 사드는 죽음을 맞이하는 그 순간에도 전쟁을 어떻게 해야 하는지 잘 알고 있었다. 사드의 전쟁을 지젝의 설명을 통해 이해하여 보자.

좀비의 순교가 죽음을 넘어서서 견디는 것이므로 신체훼손에 대한 저항도 죽음을 넘어선 투쟁이어야 한다. 이러한 입장은 지젝2004, p.176이 제시한 예를 통한 설명에서 잘 드러난다. 그 예는 그림형제의 동화 '고집 센 아이'The Willful Child이다.

고집 센 아이의 팔

이야기 내용은 다음과 같다. 어머니 말을 듣지 않는 고집 센 한 아이가 있었다. 하나님께서 그 아이를 아프게 하여 그 아이는 결국 죽었다. 죽고 나서 그 아이의 무덤에서 작은 팔이 튀어나왔고 다시 묻어주어도 계속 튀어 나왔다. 지젝은 자본주의 시스템에 대한 투쟁은 그 고집 센 아이처럼 죽음까지 초월한 투쟁이어야 한다고 언급한다.

---

34 사실 인간은 기관없이 살 수 없는 존재이다. 즉 어떤 형태로 질서가 있는 한 기관이 존재하기 마련이다.

사드는 혀를 뽑히는 참형을 당하면서도 마지막 순간까지 십자가를 삼키며 신을 거부했다. 신이 집필하지 못하게 한 신체훼손을 끝까지 거부한 것이다. 사드는 죽어서도 싸우는 자가 되었다. 플라톤이 말한 것처럼 전쟁의 끝은 死者만이 볼 수 있다. 신체훼손을 거부하며 좀비와 벌이는 전쟁은 더더욱 그러할 것이다. 고집 센 아이의 팔처럼 사드를 죽인 쿨미어 신부가 사드의 전쟁을 이어갔다. 사드의 전쟁은 네트워크를 통해 퍼져갔다.

맺음말

마법적 포획과 통제사회가 너무나 합리적이어서 이에 대해 낙관적인 입장을 취할지도 모른다. 그러나 이러한 입장은 마법적 포획과 통제사회가 저지르는 신체훼손을 인식하지 못하는 데에서 비롯된 결과이다. 이러한 신체훼손을 이해하지 못하면 마법적 포획과 통제사회 뿐만 아니라 국가의 지배양식마저 잘못 이해하게 된다. 국가의 지배를 다음과 같이 형식과 내용의 차원에서 나누어 살펴보자. 형식의 차원에서 국가장치는 스톡을 영유함으로써 인간활동 즉 플로우를 포획하는 것이다. 이런 점에서 국가장치는 사실상 포획장치이다. 한편 내용의 차원에서 국가는 국가의 정착민들의 신체를 불구로 만들어 지배한다는 것이다. 내용없는 형식만의 분석은 있을 수 없다.

이러한 입장에 따라 오늘날의 자본주의를 신체훼손의 역사의 한

국면으로 살펴보는 것이 본 논문의 1차적 과제였다. 그 결과 통제사회로서 오늘날의 자본주의가 최악의 신체훼손을 자행하고 있음을 밝혔다. 신체훼손의 역사에서 오늘날처럼 신체 자체를 아예 부정한 적은 없었다. 통제사회의 마법적 포획은 너무나 완벽하여 우리들의 신체는 시스템의 철저한 부속물이 되어 합리적 외관 즉 물신성의 세계를 너머 볼 수는 좀비가 되고 말았다. 따라서 좀비는 그가 대면하는 삶의 문제 중 비자본주의적이라면 아무리 쉬운 일이라도 할 수 없는 무기력에 빠진다. 역으로 자본주의적이라면 아무리 어려운 일이라도 무한한 의무를 가지고 해낸다. 좀비는 마약과 같은 마법적 포획에 중독되어 신체가 썩어가는 것도 모른다.

훼손된 신체를 회복하고 신체훼손을 거부하기 위해서 셀리그만의 실험개가 폴짝 뛰는 것처럼 작은 디테일에서 시작할 수 있다. 그러기 위해서는 자본주의 상징체계가 얼마나 기만적인지 마법적 포획이 우리를 감금하고 있다는 것을 인식하여야 한다. 이러한 인식을 바탕으로 좀비가 좀비이지 살아있는 것도 인간도 아니라는 것을 발견할 수 있을 것이다.[35] 비록 작은 디테일이라 할지라도 그것은 전쟁기계를 만들며 전쟁을 벌일 수 있다. 전쟁은 비굴한 신체훼손과 생물학적 죽음 사이에

---

35 들뢰즈와 가타리는 사회기계인 시스템이 인간을 단지 부품으로만 다룰 뿐임을 지적한다(*AO*, p.215) 이런 시각에서 들뢰즈는 "이제 사람들이 실존하지 않는다. 혹은 아직까지는 실존하지 않는다.… 사람들이 사라지고 있다"(Hardt & Negri, 2000, p.451에서 재인용)라고 언급한다. 마찬가지로 맑스에게서도 물신성의 세계에 갇혀버린 인간들의 역사는 자연사적 과정이고 어디까지나 그것은 어떤 의미로 진정한 인간의 역사가 아닌 인간 前史일 뿐이다. 이점은 너무나도 유명한 「정치경제학 비판 서문」에서 다음과 같이 분명하게 언급된다. "인류사회의 前史는 부르주아적 사회 구성체와 함께 종결된다."(Marx, 1970, p.22)

타협하지 않는 데서 비롯된다. 마법적 포획시스템과의 전쟁은 죽음을 넘어선 투쟁이어야 한다. 왜냐하면 좀비도 순교를 마다하지 않기 때문이다. 전쟁기계는 네트워크를 형성하며 허브를 구축한다. 전쟁기계와 거대기계 간의 전쟁에서 허브를 중심에 흡수되지 않도록 지켜내야만 한다. 노마디스트는 대중을 끌고 가야만 하는 혁명가가 아니라 네트워크를 따라 스스로 인터내셔널 여단이 되어 허브를 지키는 무명의 전사이다. 우리는 스페인내전에 참전한 인터내셔널 여단의 무명의 전사처럼 전세계의 네트워크를 타고 허브를 지키는 전쟁에 참전할 수 있다. 그것이 우리의 일상에서 벌어지는 신체훼손을 거부하는 것이라면.

안현효

신자유주의 시대 이후 한국경제의 양극화 성장

4

신자유주의 시대 이후 한국경제의 양극화 성장

머리말

1970년대 자본주의 위기 이후 등장한 신자유주의 퇴조가 예견되고 있는 지금 시점에서 이 글에서 규명하고자 하는 의문은 다음의 세 가지다.

첫째, 세계적 차원에서 신자유주의가 퇴조되고 있는가? 2008년 금융위기 이후 많은 논자들이 신자유주의의 퇴조를 이야기하고 있지만 이번의 금융위기에도 불구하고 신자유주의가 완전히 소멸되지 않을 것이라는 견해도 많다임원혁, 2009.

둘째, 우리나라에 남긴 신자유주의의 유산은 무엇인가? 신자유주의가 세계적 조류라는 점은 논란의 여지가 없지만 신자유주의가 각 나라에 관철되는 방식은 그 나라의 역사적, 제도적 특수성을 반영하여 진행되었기 때문에 신자유주의의 관철방식이 가진 일반성과 특수성을 구분할 필요가 있다. 하지만 신자유주의에 관한 많은 논의에서 우리나라의 신자유주의의 특수성에 초점을 맞춘 논의가 없었다. 그러나 반신자유주의 운동이 일국적 제한을 가질 수 밖에 없다는 현실을 인정한다면 신자유주의의 일국적 특수성의 규명이 중요하다.

셋째, 한국에서 신자유주의 미래는 무엇인가? 우리나라 신자유주의의 일국적 특수성이 신자유주의의 보편성 속에서 양극화 성장이라는 형태로 관철되고 있다면 그 신자유주의는 어떤 미래를 가지고 있을까?

이 글은 첫 번째 질문과 관련해서는 신자유주의의 유지불가능성을 케인즈의 관점을 통해 강조하고, 우리나라 신자유주의의 유산에 대해서는 마르크스의 예언을 떠올리며, 우리나라 신자유주의의 전망에 대해서는 폴라니의 복원을 예견한다.

신자유주의에 대한 대안으로서 이러저러한 논의들이 언급되고 있지만 필자가 보기에는 근본적 문제에 대한 합의 또는 천착은 아직도 명확하지 않은 것 같다. 요컨대 1989년 소련 사회주의 몰락 이후로 진보운동이 겪어야 했던 사상적 · 이념적 혼란이 여전히 정리되지 않은 채, 신자유주의(정책)의 실패가 초래한 구체적 실천 정책의 요구에 대응하여야 했다. 이 요구에 부응하여 다양한 대안이 제출되었으나(표 참조) 이 대안들의 차이의 본질이 무엇인가는 여전히 명확하지 않다. 차이는 근본적 문제에 대한 천착 이후에 비로소 의미가 있을 것인데 이 문제가 명확하지 않으니 차이를 어떻게 파악해야 할 것인가, 즉 정책적 차원의 차이인가, 이해관계의 차이인가, 사태 파악 자체의 차이인가, 아니면 이데올로기의 차이인가가 불명확하여 논쟁이 생산적 통합을 이루지 못하고 있다고 판단된다. 그 결과 신자유주의(체제)의 극복이 어떤 형태일지가 불명확하다.

신자유주의에 대한 다양한 대안 논의

주장	저자	내용
생태 · 평화 사회민주주의론	조희연	유럽형 사회민주주의에서 생태 · 평화주의 추가
사회연대국가론	민주노동당(2007), 『사회국가 한국사회 재설계도』	숙련, 복지 결합한 고진로 정책
노동중심 통일연방국가론	새로운 사회를 여는 연구원(2006), 『새로운 사회를 여는 상상력』	지식노동주도 경제 기반의 제3의 새로운 사회. 경제의 지식기반화
신진보주의 국가론	이일영 편(2006), 『한반도 경제론』	DJ 식 개혁의 의의 인정. 한반도경제를 통한 경제문제 해결 주장
복지국가 사회민주주의론	사민+복지기획위원회(2008) 『한국 좌파의 재정립』	합법주의, 개량주의적 사회민주주의, 보편적 복지
중소기업 · 지식경제 중심 동반성장론	김상조 · 유종일 · 홍종학 · 곽정수(2007), 『한국경제 새판짜기』	중소기업 중심, 지식 경제, 시장 합리주의, 동반 성장
사회투자국가론	임채원(2006), 『신자유주의를 넘어 사회투자국가로』	신자유주의 긍정성 일부 인정 (주주자본주의, 한미FTA 등) 위기의 원인은 IT 기술, 고령화 등

자료: 최태욱 엮음(2009, p.161)에서 보완 추가

이 글에서 필자는 백가쟁명 식으로 흐르고 있는 대안 논의들이 일정한 합의를 갖기 위해서는 오늘날 우리의 자본주의, 즉 우리나라 신자유주의의 장래에 대한 공유된 인식이 선행되어야 함을 주장한다.

신자유주의의 세계적 차원: 금융위기

2008년 발발한 세계적 경제위기로 인해 1980년대부터 시작한 신자유주의가 끝나가고 있다는 관측이 제기되고 있다. 과연 신자유주의주의 시대는 종말을 고할 것인가? 2008년 미국발 금융위기의 구원투수로 선발된 버락 오바마의 새 정책이 경제위기를 어떻게 조정할 것인가의 문제가 초미의 관심인 현재 이 질문은 쉬운 문제가 아니다.

이 문제를 논의하기 위해서는 도대체 신자유주의가 무엇이며, 어떻게 형성되었는가, 또 그 한계가 무엇인가를 살펴볼 필요가 있다.

신자유주의는 무엇인가?

자본주의 역사는 공황의 역사라고 할 만큼 주기적인 대불황을 겪어 왔다. 선진 자본주의 나라들은 산업혁명 이후 10여년 주기의 경기순환을 겪다, 1870년대 큰 구조적 변화를 겪었는데 이 때 장기불황이 시작되고 자본주의적 경쟁의 제약, 카르텔-트러스트 같은 시장 독점의 형성, 공황 이후의 구조조정으로 인한 대규모 독점기업이 출현하였다. 하지만 19세기 말의 경제위기는 독점자본주의의 출현이라는 구조변화와 20세기 초두 발발한 자본주의 체제위기의 전조였다. 즉 자본주의는 20세기 초에 들어서자 말자 제1차 세계대전1914~1917과 러시아혁명1917, 1929년의 대공황, 제2차 세계대전1936~1945 등 자본주의 체제를 뒤흔든 세기적 사건들을 겪어야 했다. 이러한 격변을 겪고 살아남은 자본주의는 타협주의적 혼합경제를 채택하였다. 혼합경제의 핵심은 시장을 유지하되 시장을 규제할 수 있는 국가의 경제정책을 도입하는데 있었다.

그러나 이러한 타협이 자기 모순에 빠진 1970년대를 거치면서 신자유주의가 등장했다. 신자유주의는 다양한 이름으로 불리우지만 그 내용은 제2차 세계대전 이래 성립한 케인즈적 복지국가체제의 부정, 즉 민영화, 규제완화, 자본이동의 자유화 및 금융시장의 개방, 노동시장의 유연화 Stiglitz, 2001를 기반으로 한다.

이러한 신자유주의 시대의 본질을 무엇으로 볼 것인가? 뒤메닐 · 레비에 의하면 그 본질은 "케인즈적 타협에 반대하여 그 자신의 축적을 촉진하고자 하는 자본, 그리고 자신의 물질적 이념적 이해관계를 회복하고자 하는 지배계급의 상층부에 의해 (반)혁명적으로 수립된 새로운 경제적, 사회적 질서"Dumenil & Levy, 2006라는 점에 있다. 또한 하비에 의하면 신자유주의는 "자본축적의 조건을 재건하고 경제 엘리트의 권력을 회복하기 위한 정치적 프로젝트"Harvey, 2005, 36이다. 신자유주의는 1970년대 위기 이후에 등장한 정치적, 문화적, 경제적, 사회적 자본주의의 재조직 프로젝트다. 따라서 신자유주의는 문화적 차원, 이념적 차원, 전략적 차원 등 매우 다면적 차원에서 분석되어야 하면서, 동시에 케인즈주의의 반명제anti-these이다. 그렇다면 케인즈주의가 무엇인가?

신자유주의의 탄생

케인즈주의 복지국가 자체는 자유주의의 한 형태, 즉 경제정책의 체계화를 통해 시장을 규제한 배태된 자유주의embedded liberalism를 추구했다. 여기서 케인즈주의의 핵심은 고전적 자유주의가 방기했던 주요한 두 가지 상품, 즉 노동력과 화폐의 국가관리에 있다de Brunhoff, 1978. 신자유주의 역시 결코 노동력과 화폐의 국가관리를 포기하지 않았기 때문에 고전적 자유주의와 구분되며, 배태된 자유주의에서 100% 벗어난 것도 아니다. 관리의 방향은 물론 시장의 자유를 도입하는 방향이었지만 그 방식은 국가의 퇴조가 아니라 국가를 금융자본가가 장악함으로써이다. 따라서 신자유주의는 국가개입이라는 케인즈주의적 형태를 유지했다는 점에서는 고전적 자유주의와 구분되며, 산업자본(주의)의 이해를 대변하여 금융(화폐)자본을 규제했던 케인즈주의에 대항하여 금융자본의 세력 복원을 추구했다는 점이 특징이다. 다만 신자유주의가 고전적 자유주의와 유사한 것은 이러한 실리적 이익을 추구하는 전략을 시장만능주의라는 이데올로기를 통해서 추진했다는 점에 있다 할 것이다.

그런데 신자유주의의 시장만능주의는 20세기 초 등장한 케인즈주의 복지국가가 일국주의적 관점에서 구축되었다는 점을 고려할 때 세계화와 밀접히 연관된다. 케인즈주의 국가는 국민국가 내부의 계급역관계가 그 특성을 규정하는 고립주의적 체제였으며, 그 내부에서도 산업자본가가 지배블록의 헤게모니를 관철시키고 있었다고 한다면, 신자유주의 국가는 세계체제의 영향력 속에서 보다 글로벌한 금융자본이 헤게모니를 관철시키고 있다.

이러한 신자유주의는 케인즈주의의 한계에서 출현했다고 설명된다. 그러면 배태된 자유주의라고 불리는 케인즈주의의 한계는 도대체 무엇일까?

이는 스태그플레이션이라는 형태로 나타났던 1970년대의 경제위기의 원인과 관련된 매우 복잡한 문제다. 일반적으로 받아들여지고 있는 해석은 산업자본-노동의 타협으로 인한 이윤압박설이다Glyn & Sutcliffe, 1972. 이는 직관적으로 설득력 있는 주장이지만 이론적으로 볼 때, 임금 상승의 압박이 있을 때 기업이 기술혁신을 도입할 수 없다는 가정 하에서만 타당하다김수행, 2006, p.184. 현실적으로 볼 때, 이윤압박설은 1970년대의 위기 이후 1980년대 내내 금융자본에 의해 산업자본-노동의 타협은 분쇄되었는데도 세계경제는 1980년대 반복적인 금융위기에 빠졌고, 저성장과 침체를 극복하지 못하였다는 사실을 설명하지 못하는 난점을 안고 있다. 그럼에도 불구하고 이러한 해석은 대중적, 보편적 해석으로 받아들여지고 있으며 결국 노동계급을 공격하는 이데올로기적 무기로도 활용되었다. 사실상 고전적 자유주의가 가지고 있었던 시장의 무정부성을 총수요관리정책과 소득정책으로 적절히 조절했던 케인즈주의적 정부들이 위기에 봉착했다는 점은 시장의 무정부성 이상의 무엇 - 보다 근본적인 모순들 - 이 내재해 있었다고 보아야 하지 않을까?

이런 점에서 듀메닐 · 레비와 같은 마르크스주의 경제학자들은 마르크스의 이윤율저하경향 개념으로 1970년대의 위기를 설명한다. 마르크스적 개념의 기본 아이디어는 자본주의 체제가 초과이윤(특별잉여가치)을 획득하기 위한 경쟁압력으로 인해 생산성을 증대시켜야 했고, 그 방법으로 기계장비를 증대시키는 기계화 · 자동화를 부단하게 추진한다는 점에서 한계를 갖는다는 점이다. 이것이 자본의 유기적 구성(불변자본/가변자본=기계장비/노동력)의 개념인데 자본의 유기적 구성이 증대하여 궁극적으로 이윤율이 저하되고, 이는 축적의 유인을 저하시켜 침체를 야기한다.[1]

만약 듀메닐 · 레비와 같은 마르크스주의자들의 1970년대 위기 설명이 맞다면, 이른바 케인즈주의 위기라고 이야기 되는 부분은 사실상 자본축적 체제의 구조적 위기를 반케인즈주의의 기치 하에서 케인즈주의적 타협을 분쇄하는데 이용했다고 해석할 수 있다. 신자유주의는 케인즈주의를 비판하면서 산업자본 중심에서 금융자본 중심으로 헤게모니의 변동을 초래하고, 산업이윤에서 이자율의 비중을 더 증가시켰다. 1980년대 이래 통화주의 정책에 의한 고금리 정책의 결과 기업의 투자 감소가 초래되었다. 금융자본의 고금리 정책으로 인한 이윤압박으로 인해 산업자본은 노동에 대한 적대정책, 압박정책을 통한 총이윤의 증대를 시도했다. 그리하여 제도로서의 신자유주의는 금융자본 헤게모니 하에서 산업자본을 규제하고, 노동계급을 억압하는 것으로 귀결한다. 요컨대 신자유주의는 반케인즈주의적 외관을 띠고 있지만 그 본질에서

---

1 듀메닐 · 레비(Dumenil & Levy, 2006, 58)는 임금상승을 이윤율저하의 원인으로 보는 관점에 반대하여, 이윤율저하의 원인을 기술혁신의 둔화에서 찾는다. 기술혁신의 둔화란 기계화가 진행되지 않는다는 의미가 아니라 오히려 반대이다. 기계화가 진행되지만 노동생산성을 충분히 증가시키지 못한다는 의미에서 과도하게 기계화가 진행되어 값비싼 기술혁신 전략이 되어 버린다는 것이다. 이는 마르크스가 말하는 자본의 유기적 구성의 상승을 자본생산성의 하락으로 해석하는 것이다. 그러나 이 설명은 기술혁신의 둔화가 왜 생겼는가를 설명할 수 없는 한계를 가진다. 듀메닐 · 레비가 말하는 기술혁신의 정체란 사실상 기술혁신의 부재가 아니라 자본간 경쟁에서 강제된 '잘못된' 기술혁신을 의미하는 것이라고 해석하고, 잘못된 기술혁신은 기계화(->자본의 구성은 증가)에도 불구하고 노동생산성이 증가하지 않는다. 즉 기술혁신의 둔화는 아마도 싼 노동(싸구려 임금과 저 품질 노동)에서 유래한 것이라고 설명할 수도 있다. 그렇다면 이윤율 저하는 임금압박론과 반대로, 자본이 노동에 대한 계급투쟁에서 압도하여 나타난 역설적 결과로 볼 수도 있다.

는 반마르크스주의였던 것이다.

신자유주의의 한계?

그러나 신자유주의 30년의 역사는 '실패로 낙인찍힌' 케인즈주의를 다시 불러들이고 있다. 이는 신자유주의 프로젝트가 그 목적의 달성에 얼마나 성공적이었나, 그리고 그 결과는 무엇이었나는 질문을 제기한다. 신자유주의가 지속가능하지 않다는 것은 많은 경제학자들이 지적하였다. 거시경제적으로 볼 때 이윤의 생산과 실현의 문제는 칼의 양날과 같아서 적절한 균형을 유지하지 않으면 자본주의의 재생산은 아주 어렵게 된다. 그런데 신자유주의는 그 균형을 다른 한 극단으로 밀어냄으로써 생산에서의 이윤율은 회복하였으나 실현의 문제에 직면하여 자본주의 체제를 구조적 위기 상태로 빠트리고 말았던 것이다.

신자유주의 경제정책은 재정정책을 중시했던 케인즈주의와 달리, 이자율 조정을 중심으로 하는 화폐정책을 중시했다. 따라서 신자유주의 하에서 이자율 정책은 신자유주의 축적의 동학을 규정하는 중요한 메카니즘이었다. 예를 들어 1979년 폴보커의 고금리 '쿠데타'는 신자유주의 화폐정책의 극단적 예를 보여준다. 물론 밑에 흐르는 모순이 발현되는 과정은 단순히 단선적인 과정은 아니었다. 위기는 세계체제 속에서 매우 복잡한 양상을 띠고 나타났으며 1980년대 각국이 겪어야 했던 주기적 금융위기[2]와 2008년의 미국발 금융위기로 대 폭발하였다. 그런데 미국발 금융위기는 세계체제의 국제통화질서와 긴밀히 연관되어 있기 때문에 매우 심각한 상황을 예고하는 조짐이다.

2008년 위기

2008년 말 미국에서 발발한 금융위기의 근인近因으로 지적되고 있는 것은 1990년대의 일시적 호황국면 이후 발생한 2000년 경기침체에 대한 미국 FRB의 정책이다. 당시 미국 중앙은행FRB의 의장 그린스펀은 경기침체로 인해 쌍둥이 적자가 발생하자, 초저금리정책으로 경기침체를 극복하고자 했다. 그러나 이는 과잉유동성으로 인한 금융거품을 야기했다. 모기지 금융과 파생상품이 결합하여 금융공황이 발발한 것이다장시복, 2009.

미국 경제의 주가와 이윤의 변화 (1995년=100)

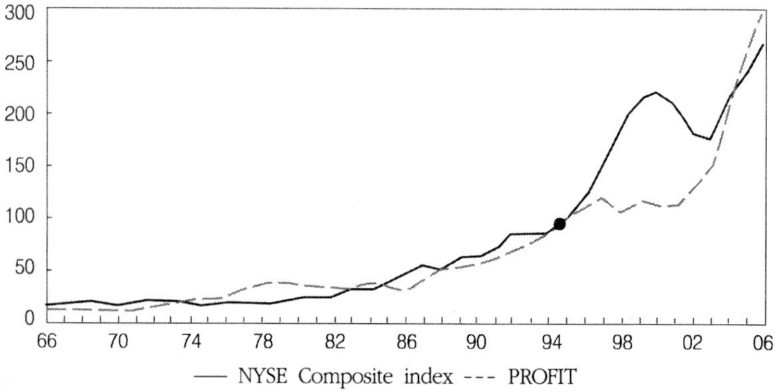

자료: BEA Web Site, NYSE Web Site. 장시복(2009)에서 재인용

---

2 1980년대 남미의 외채위기, 1997년 한국을 포함한 아시아 금융위기, 1998년 러시아 루블화 위기, 1998년 브라질·터키의 위기, 2001년 아르헨티나의 위기 등.

그런데 이러한 금융위기의 원인遠因으로 지적할 수 있는 것은 신자유주의 질서다. 1980년대 이래 폴 포커의 통화주의적 신자유주의, 즉 고금리 정책을 통해 금융자본의 지배를 확립함으로써 실물의 이윤몫의 일부를 고이자율로 확보했다(금리생활자의 회생). 금융자본의 지배는 주주자본주의의 확립과 긴밀한 관계를 갖게 된다. 1980년대부터 등장한 다양한 기법의 M&AJensen, 1988는 자본의 구조조정이라는 차원을 넘어서서 기업의 주주가 의사결정을 회복하는 과정이었으며 장기적 투자 대신 배당을 중심하고 주가를 중시하는 기업 경영행태를 야기했다Lazonick & O'Sullivan, 2000. 위의 그림은 그러한 제도가 정착한 결과 이윤율의 움직임과 괴리한 주가의 움직임의 장기 추세를 나타낸 것이다. 이와 같이 1980년대 말과 1990년 내내 나타났던 이윤율과 주가의 괴리 현상은 바로 신자유주의가 야기한 거품을 보여준다. 이 고이자율정책을 2008년 미국발 금융위기의 원인遠因으로 볼 수 있다면 저금리를 근인近因으로 삼는 미국발 금융위기는 바로 신자유주의의 위기에 다름 아니다. 그 위기의 진폭이 크고 폭발적이었던 것은 파생금융상품과 같은 금융의 탈규제와 맞물렸기 때문이다.

미국 정부는 금융공황에 대처하기 위해 대규모의 유동성 투입을 실행했다. 금융시장 안정을 위해 2008년 구제금융법에 의해 GDP의 4.9%에 달하는 약 7,000억 달러, 2009~2010년까지 감세 및 재정지출 목적의 신뉴딜정책으로 GDP의 5.4%에 달하는 7,750억 달러를 집행할 계획이다. 한편 연방기금금리는 0~0.25%의 극도로 낮은 수준을 유지하고 있다.

이는 케인즈적 정책인 확대 통화정책과 적자 재정정책을 모두 합한 것이며 그 규모 또한 미증유의 것이다. 하지만 위기를 극복하기 위해 실시한 유동성 공급은 주식시장의 유동성 장세화로 대표되는 2차 투기를 초래할 것이다. 케인즈가 잘 지적한 대로 경기침체기에 야기되는 유동성 함정(불확실성이 확대되므로 금융자본가들이 금융자산을 수익이 없는 화폐의 형태로 보유하고자 하는 것)은 화폐기근으로 인한 금융제도 전반의 붕괴를 촉발할 수 있기 때문에 2008년 말, 2009년 초에 대부분의 선진국 정부가 시행했던 유동성의 공급은 금융제도의 붕괴를 회피하기 위해 불가피한 선택이었다. 하지만 경기가 회복되는 조짐을 보이면 공급된 유동성은 축소된 유동성 수요로 인해 과잉화한다. 문제는 이것이 달러화의 가치저하를 낳고 궁극적으로는 기축통화로서의 미 달러화에 대한 배제가 나타날 것라는 점이다. 결국 세계화폐 체제 자체가 문제될 것이지만 이것은 세계체제 내에서의 미국헤게모니 쇠퇴와 연관되어 있기 때문에 어떻게 진행될지 확실하지 않다.

위기 이후의 국제질서1: 국제통화질서의 위기

2008년 금융위기가 보여준 것은 1990년대 말부터 논란이 되기 시작한 세계적 불균형성global imbalance이 궁극적으로 기축통화의 위기를 초래할 것이라는 문제였다. 기축통화 문제는 세계적 위기를 여하히 국제공조를 통해 해소할 수 있느냐의 문제와 같다. 미국 달러의 국제통화 지위와 관련하여 여러 가지 시나리오가 가능할 것이다. 이는 곧 신자유주의가 쇠퇴할 것인가 아닌가의 질문으로 연결된다. 예컨대 임원혁2009은 이러한 관점에서 글로벌 금융위기의 심대함에도 불구하고 미국과 유럽 국가로 구성된 기축통화국들이 즉각적인 재정개입을 통해 위기에 대처하면서도 국제공조를 파괴하지 않고 기득권을 유지할 것이므로 현재의 사태가 곧 신자유주의의 퇴조를 야기할 것이라는 관측은 무리라고 말하고 있다. 하지만 거시적으로 볼 때 현 체제는 기축통화국과 비기축통화국 사이의 국제적 외환 제약의 불균형성을 악화시키는 체제이고 이 문제가 지속되는 한 궁극적으로 기축통화의 문제(국제통화질서의 문제)는 해결되지 않는다.

언제 어떤 형식일지는 모르나 결국 다음의 양자택일의 시기가 도래할 것으로 보인다.

하나는 국제케인즈주의적 타협이 재구축되어 달러본위제에서 탈피하는 평화적인 국제통화질서의 이행이 이루어지거나(이는 케인지안의 복귀를 의미한다), 또 다른 경로는 주요 선진국간 국제화폐를 둘러싼 경쟁이 치열해지면서 혼란이 증폭되는 과정(이는 장기적으로 진행되는 파국을 의미한다)이 그것이다.

전자 시나리오의 근거는 국제통화질서의 문제는 자본주의 체제 내에 내재되어 있는 불확실성, 특히 그 금융적 표현의 규제 문제조복현, 2009기 때문이다. 하지만 20세기 초와 근본적으로 다른 것은 일국주의적 조절이 불가능하다는 점이다. 자본주의의 불확실성을 해소하기 위해서는 글로벌 가버넌스가 요구된다. 그리하여 규제완화, 민영화 등 시장의 강화 및 노동자에 대한 공격을 특징으로 하는 신자유주의 정책이 전환되리라는 것은 확실하다. 그러나 그 대안으로 제시되는 것은 보다 글로벌한 또 다른 형태의 국가 개입주의다. 즉 신자유주의가 퇴조한다는 것이 자본주의의 문제를 해결한다는 것을 의미하는 것은 아니며 국가적 조절의 필요성이 제기되고 이것이 보완된다는 의미인 것이다. 케인즈는 이를 사적 이해와 공적 이해(=공공성)의 충돌로 이해하고 사적 이해만으로 자본주의를 구성해서는 자본주의가 실패한다고 보았다.

> "세계는 사적 이해와 사회적 이해가 언제나 일치하는 방식으로 위로부터 지배되지는 않는다. 세계는 아래로부터 현실에서 그들의 이해가 일치되는 방식으로 관리되는 것도 아니다. 경제학의 원칙이 사적 이해가 언제나 공적 이해에 맞게 작동하도록 가르치는 것도 아니다."Keynes, 1926, pp. 287~8.

위기 이후의 국제질서2: 미국 헤게모니의 위기

제도로서의 신자유주의는 케인즈주의의 한계에서 출현하였지만, 케인즈주의가 해결했던 국민적 조절을 포기하는 대가를 지불해야 했다. 결국 이는 자본주의의 무정부성이 금융공황이라는 형태로 발현하는 것을 막을 수 없었다. 통상의 자본주의적 위기와 차별화되는 점은 국제통화질서의 위기를 수반한 이번의 위기가 자본주의 체제의 위기와 결합할 가능성이다.

이는 미국의 헤게모니가 쇠퇴하는 시기에 발발한 위기, 즉 미국 헤게모니의 위기와 결부되어 있기 때문이다. 월러스틴에 의하면 세계체제는 자본주의적 축적에 고유한 위기 뿐 아니라 세계체제의 헤게모니적 지배와 관련된 위기를 포함하고 있다.

월러스틴의 주장이 자본주의를 처음부터 세계체제로 봐야 한다는 점에서 일국주의적 분석과 다른 것은 분명하지만, 자본주의 세계체제의 상부구조가 세계정부가 아니라고 보는 점에서는 세계제국론(네그리 등)의 시각과도 구분된다. 이러한 구분에서 중요한 개념이 자본주의 세계경제의 상부구조로서 '國家間體制'Interstate system, Wallerstein, 1991, pp. 59~60이다.

자본주의는 그 본성상 세계경제지만 동시에 세계경제의 상부구조로서의 세계국가, 또는 세계제국의 형성을 거부한다. 왜냐하면 자본이 처음부터 세계적인 이유는 자유로운 축적 때문인데 필요 이상으로 강력한 국가는 국내의 정치적 요구에 의해 자본을 규율하게 되는 부작용을 낳기 때문이다. 그리하여 세계경제의 상부구조로서 실재한 것은 자본주의 세계경제에 상응하는 국가간체제였다. 국가간체제는 위계적으로 구성된다. 따라서 단일 국가의 주권이라는 것은 환상에 불과하다. 국가가 국가에 대해 간섭하는 메카니즘(국가간체제)에 의해 국가의 대외적 자율성은 침해된다. 여기서 월러스틴은 국가의 발전은 환상이며 단지 발전하는 것은 그 국가가 늘어난 세계체제의 물질적 부를 보다 더 많이 자기 이름 앞으로 옮겨 놓은데 불과하다고 한다.

이러한 국가간체제는 자본주의세계체제의 고유한 특징이다. 이 체제는 1648년 30년 전쟁 이후 베스트팔렌 조약을 통해서 수립되었다. 이 조약을 통해 주권 개념이 성립되고 주권은 대내적, 대외적 의미를 띠게 되었다. 이렇게 성립된 주권은 잉여가치 분배를 둘러싼 계급투쟁의 향방을 결정하는 힘을 갖게 되었다. 그리하여 중심부 국가는 결코 연성국가가 아니며 기업의 독점력을 보호하고 유지하기 위한 강한국가라는 것이다. 이는 최고 중심부 국가의 등장, 즉 헤게모니 국가의 등장을 야기했다. 물론 국가가 강해지면서 세계제국을 꿈꾸기도 했으나 이는 자본주의세계체제와 조응하지 않아 모두 실패했다. 나폴레옹과 히틀러의 시도가 그 예다. 대신 국가간체제에서의 헤게모니 국가의 성립이라는 형태로 나타났는데, 17세기 중반의 네덜란드, 19세기 중반의 영국, 20세기 중반의 미국이 그 예다.

월러스틴은 오늘날 이 체제가 위기에 처했다고 주장한다. 하지만 근대세계체제 (자본주의) 자체가 위기에 처했는지의 여부는 불확실하다. 현재의 위기는 1945년 시작한 콘트라디에프 순환 상의 위기인데, 이는 주기적 순환의 맥락 속에서 명백하나 과연 이 위기가 1870년대에 시작한 미국 헤게모니의 위기이면서 1500년대에 시작한 자본주의세계체제의 위기인지는 검토를 요한다.

두 차례의 세계대전과 1917년의 사회주의 혁명, 1929년의 자본주의 대공황을 겪은 자본주의세계체제는 보수주의, 자유주의, 사회주의라는 이데올로기 전선 속에서 중도자유주의의 헤게모니 하에서 재편되었다. 이는 케인즈주의가 지배하던 시기와 일치한다.

월러스틴의 세계체제 이해에 따르면 신자유주의는 바로 중도자유주의(=케인즈주의)의 위기에 등장한 것이다. 자본은 축적위기에 직면하여 생산비용을 절감하여 이윤을 회복하고(마르크스적 차원), 유효수요 부족을 해결하기 위한 새로운 시장을 개척(케인즈적 차원)하려고 하는데 신자유주의는 이러한 축적 회복 시도의 한 형태인 것이다. 그러나 생산비용을 절감하기 위해 노동비용을 줄이게 되면 결과적으로 유효수요 부족에 직면하게 되어 축적의 딜레마에 빠지게 된다. 결국 자본주의는 세계적으로 확산하여 비자본주의 영역을 그 필수적 요소로 하여 새로운 자본주의 시장을 개척하고, 새로운 자본주의 생산관계로의 포섭을 끊임없이 수행해야 한다는 것이다. 하지만 그 결과는 한편에서는 케인즈주의의 금융억압과 반대되는 금융화Arrighi, 2008와 자본축적의 마르크스적 예견에 조응하는 양극화의 심화다. 결국 신자유주의는 20세기 초에 시작한 미국 헤게모니의 종결을 보여주면서, 반케인즈주의임과 동시에 반마르크스주의적 속성을 띠게 된다.

초기 자유주의도 현재적 관점에서 본다면 반마르크스주의였고, 반케인즈주의였다. 하지만 신자유주의의 반케인즈주의와 반마르크스주의는 일국적이지 않고, 세계화, 금융화, 독점화, 국가화되었다는 점이 초기 자유주의와 다르다. 어떤 경우에도 신자유주의의 퇴조는 불가피하다. 왜냐하면 반마르크스주의와 반케인즈주의가 결합함으로써 양극화의 세계화, 저성장의 세계화가 결합되고 이는 세계체제의 유기적 위기를 초래할 것이기 때문이다.

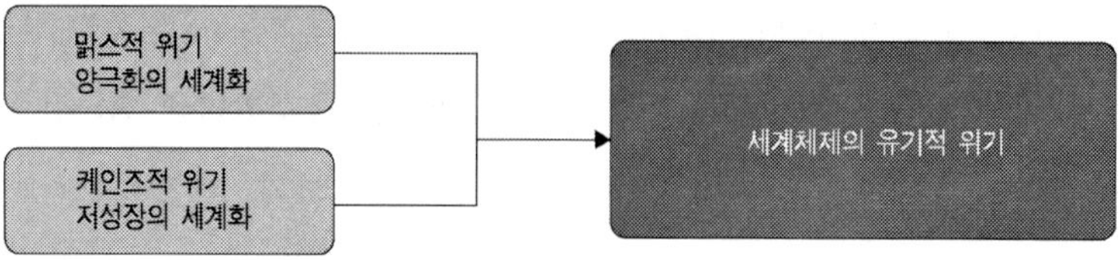

왈라스틴에 따른 세계체제의 모순

신자유주의가 우리나라에 남긴 유산: 양극화

우리는 당분간 신자유주의의 미래에 대해 그 시대적 역할을 다하고 국제적 케인즈주의와 유사한 국제적 조절장치에 의해 대체되고 있는 와중에 있다고 간주하자. 신자유주의가 세계적 차원에서 퇴조한다면, 우리나라에서도 조만간 퇴조할 가능성이 높은가? 세계체제에서 신자유주의는 1980년대 등장하였는데, 1980년대 우리나라는 박정희 체제가 점진적으로 후퇴하는 시기로 파악할 수 있을지는 몰라도 신자유주의가 도입된 시기라고 보기는 어렵다. 따라서 신자유주의의 보편화 과정에는 시차가 있으며, 이는 신자유주의의 퇴조과정에서도 마찬가지일 것이다. 왜냐하면 신자유주의 자체가 세계체제 내에서 계급투쟁의 산물이므로 한 나라에서 관철되는 신자유주의 정치 · 전략 역시 그 나라의 계급투쟁을 반영할 것이기 때문이다.

따라서 우리나라에서의 신자유주의의 진로를 예측하기 위해서는 우리나라 신자유주의의 특성을 이해해야 할 것이다. 오늘날 한국사회를 신자유주의 사회로 규정하고 분석하는 데에는 사회적 합의가 있는 듯이 보인다. 하지만 한국사회의 신자유주의 유래와 특성에 대해서는 상당한 논점이 존재한다. 우선 우리는 앞에서 우리나라 경제의 신자유주의적 종차specific difference에 대해서 먼저 살펴보고, 이후에 그 유래에 대한 논점을 살펴보자.

이윤율저하경향과 양극화

듀메닐 · 레비에 의하면 자본주의 축적의 역사에서 19세기 말인 1870년대와 20세기 말인 1970년대는 공히 기술혁신의 저하로 인한 이윤율의 저하경향이 축적위기를 야기한 시기다. 그래서 이 시기를 '마르크스의 시기'라고 부른다. 그러나 그 시기에서 '마르크스 시기'의 이윤율저하경향은 단순히 '경향'이 아니라 그 자체가 현실이었다.[3] 축적의 결과 나타나는 것은 한편에서는 주기적 금융공황이며, 다른 한편에서는 양극화다. 신자유주의에 의해 광범위하게 양산된 비정규직 노동자, 심지어 임금노동계급으로 조차도 포섭되지 못한 실업자와 룸펜 등은 그러한 양극화의 현상형태이자, 어떤 의미에서는 마르크스가 말한 그대로 궁핍화 현상을 보여준다.

"자본이 축적됨에 따라 노동자의 상태는 (그가 받는 임금이 많든지 적든지) 악화되지 않을 수 없다는 결론이 나온다 …… 상대적 과잉인구 또는 산업예비

3 이윤율저하는 축적의 퇴조를 야기하는 근본적 동력이기 때문에, 축적 자체의 내재한 또 다른 동력, 즉 이윤율저하의 반작용하는 요소를 낳는다. 따라서 경향과 반경향은 축적의 동학(dynamics)을 낳는 조건(상황)인 것이다(김수행, 2006).

군을 언제나 축적의 규모 및 활력에 알맞도록 유지한다는 그 법칙은 벌컨신(불과 대장장의 신)의 쐐기가 프로메테우스를 바위게 결박시킨 것보다도 더 단단하게 노동자를 자본에 결박시킨다. 그 법칙은 자본의 축적에 대응한 빈곤의 축적을 필연적인 것으로 만든다. 따라서 한 쪽 끝에서의 부의 축적은 동시에 맞은 편 끝에서의 빈궁 · 노동의 고통 · 노예상태 · 무지 · 야만화 · 도덕적 타락의 축적이다."마르크스, 『자본론1권』, p.813

이것이 '궁핍화 테제'다. 노동계급 전체의 실제적 · 절대적 궁핍화는 케인즈에 의한 자본주의의 재구조화에 의해 부정되었다. 그러나 오늘날 신자유주의 체제 하에서 모습을 달리한 채로, 즉 양극화라는 형태로 재연되고 있다UNDP, 1999. 따라서 생산의 무정부성(마르크스) 또는 불확실성(케인즈)으로 인한 거시경제적 침체 경향이 케인즈적 문제라고 본다면 노동과 자본의 적대로 인한 이윤율의 경향적 저하 및 양극화는 마르크스적 문제라고 할 것이다.

사실상 신자유주의 정책은 이 두 가지 문제를 동시에 야기하기 때문에 지속가능성이 없는 것이다. 그런데 우리나라의 거시경제에서 특이한 현상은 1997년의 금융대란 이후 현 단계 세계체제의 근본 이슈인 금융공황 현상이 약하다는 점이다. 2008년 미국발 금융위기가 발발했을 때 우리 경제도 크게 몸살을 앓았지만, 미국을 비롯한 선진국이 안고 있는 금융제도의 붕괴현상은 나타나지 않았다.[4]

---

4 물론 현재 우리나라의 금융제도가 문제가 없는 것은 아니다. 부동산경기와 연관된 건설산업 부문의 부실이 금융권 대출의 부실로 현실화해서 대규모의 구제금융이 필요로 하게 되는 사태가

그 이유는 미국에 비해 상대적으로 금융탈규제의 정도가 약했기 때문이다. 우리 경제의 역사에서 신자유주의가 제도화되는 과정에서 탈규제가 확산되고 있지만 세계체제 전체의 맥락에서는 우리나라의 금융제도는 여전히 규제된 금융이라는 특징을 유지하고 있다. 1997년 경제위기 이후 집권한 김대중 정부는 자본시장 개방, 노동시장 유연화, 공기업 민영화 및 규제완화라는 신자유주의 처방에 따른 정책을 충실히 실천하였지만 동시에 개별 규제의 강화, 사회안전망 확보, 벤처육성을 포함하는 신산업정책의 도입 등 국가개입 정책도 일부 변형시켜 살렸다유종일, 2007, p.71. 이후 집권한 노무현 정부 하에서는 경제정책은 신자유주의에 더 충실했고 사회정책은 강화되어 정책의 '양극화'도 심화되었다. 이는 김대중 · 노무현 정부의 신자유주의가 서구의 신자유주의와 출현 배경, 정부의 역할, 복지정책 결합도 등에서 다르다는 점을 보여준다. 특히 규제의 정도는 양적으로 볼 때 더 강했다.[5] 그 결과 박정희 체제에서 작동했던 관료적 통제가 경제위기 시에 항상 작동했다. 이러한 특징 때문에 신자유주의의 모순은 금융공황의 형태로 나타나기 보다는 저성장과 양극화의 문제로 나타났다이덕재, 2004; 2007.

따라서 금융자본이 지배하는 신자유주의가 우리나라에 없는 것이

언제든지 터질 수 있다. 하지만 필자의 논점은 기본적으로 탈규제화된 미국과 달리 국내의 금융기관은 사실상의 규제 상태에 놓여 있다는 점이다. 물론 자본시장통합법의 통과로 점차 탈규제화하고 있는 중이다.

5 규제의 정도에 대한 양적 비교는 매우 어렵다. 경제학에서 분류하는 규제는 가격규제와 같은 경제적 규제, 식품안전규제와 같은 사회적 규제, 반경쟁행위와 담합 등에 대한 반독점 규제라는 세 가지로 분류할 수 있는데 우리나라의 경우 첫 번째 규제가, 미국의 경우 둘째와 셋째의 규제가 강하다는 특성이 있다.

아니라 형태를 달리하여 나타났다고 보는 것이 옳다. 이것이 케인즈적 모순의 한국적 표현이라고 할 수 있다. 그리하여 신자유주의는 우리나라에서 금융위기라는 형태 보다는 저성장으로, 그리고 본질적으로 양극화라는 형태로 나타나고 있는 중이다. 이것이 우리나라에 남은 신자유주의의 유산이다. 필자는 이런 이유로 우리나라에서의 신자유주의는 규제완화와 금융화라는 반케인즈적 외양을 띠고 있지만, 그 본질에서는 반마르크스적 특성이 더 크게 나타났다고 판단한다.

우리나라의 양극화: 현상

우리나라에서 궁핍화의 현대적 버전인 양극화 현상은 1997년 이후부터 본격화 되었다. 이를 반영하듯 미국에서 1980년대에 시작된 양극화 논의가, 우리나라에서는 2000년대 들어서 급증하였다. 최초에는 사회학적으로 소득분배의 차원에서 접근된 양극화라는 용어가 얼마나 과학적 용어인가? 양극화는 사회 내 하층과 상층으로 극단화되는 것을 말한다. 따라서 양극화는 사실상 단순한 소득분배의 불평등 문제를 넘어서는 문제를 제기한다. 예를 들어 통계적 차원에서 소득의 양극화는 고수입과 저수입 층이 증가하는 양봉형twin peaks 소득분포를 의미한다. 따라서 이는 일반적으로 소득분배론에서 이야기 하는 소득의 불평등성과 다를 수 있다. 소득의 불평등성은 지니계수로 측정하는데 지니계수로 측정한 소득 불평등성이 개선되더라도 양극화는 악화될 수 있다윤진호, 2005.

그러나 아래 그림들에서 보이듯이 1997년 이후의 소득분배 데이터는

지니계수를 통해 본 소득불평등이든, 볼프슨지수를 통해 본 양극화든 일관되게 악화되는 것으로 나타난다.

지니계수와 Wolfson 지수로 본 양극화 상황

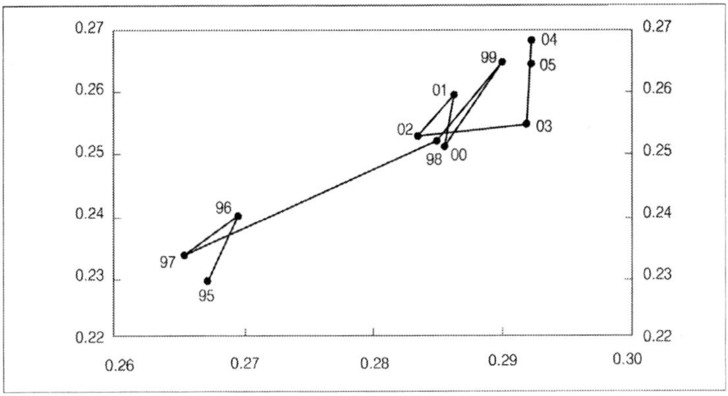

주: X축은 지니계수이며 Y축은 Wolfson 양극화 지수임.

자료: 남상호 · 임병인, 2008, p.234

지니계수로 본 도시가구의 소득불평등(1990~2008)

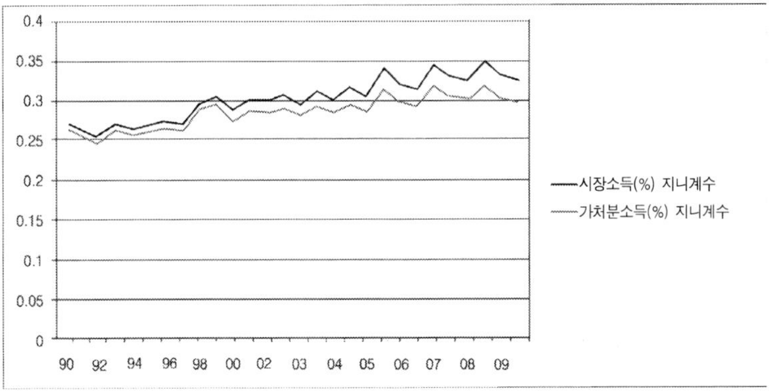

자료: 통계청

양극화의 다양한 현상과 그 연관관계

많은 논자들이 주장하듯이 양극화는 단순히 경제적 과정의 결과만 알려주는 소득분배의 차원에서만 접근할 것이 아니라 생산과정과 긴밀히 연관되는 것으로 이해해야 한다. 즉 소득의 양극화 외에도 고용의 양극화, 자산의 양극화, 노동시장의 양극화, 교육의 양극화 등 다양한 지표가 서로 통합되어 나타난다윤진호, 2006, p.112.

따라서 일반적인 양극화 논의를 조금 더 심층적으로 살펴보면, 소득양극화는 노동임금의 양극화 문제로 이어진다. 그것은 대기업과 중소기업 임금양극화, 정규직과 비정규직의 임금양극화 현상으로 나타난다. 고용과 임금양극화 현상은 일자리 양극화로 불리는데 이는 양질의 일자리가 점점 소실되어 가고 있음을 보여준다. 고액 일자리와 저급여 일자리가 급속히 증가하기 때문이다.

이러한 임금양극화는 규모별(대기업 대 중소기업)로 나타날 뿐 아니라, 고용의 형태에 의해서도 나타나고 있다. 아래 표는 고용형태별(정규직 대 비정규직) 및 규모별(300인 기준)로 임금격차를 보여주고 있다.

주요 계층별, 부문별 임금격차 추이

종사별지위별	전체	상용근로자	임시일용근로자	상용직 대비 임시일용직 임금 비율(%)
2000	114.3	152.7	78.3	51.3
2001	124.2	164.9	84.3	51.1
2002	132.5	176.9	90.1	51
2003	146.6	195.8	95.2	48.6
2004	154.2	203.6	98.9	48.6
규모별	전체	300인 이상	300인 미만	대기업 대비 중소기업 임금 비율(%)
2000	114.3	165.1	107.1	64.9
2001	124.2	184.5	115.8	62.8
2002	132.5	200.7	123.6	61.6
2003	146.6	225.3	135.4	60.1
2004	154.2	238	142.3	59.8

자료: 통계청

한편 이렇게 양극화한 일자리는 시간이 지날수록 점차 증가하고 있다. 아래 그림은 10분위별로 나눈 일자리의 10년간 변화를 보여준다. 이 역시 최상위 직종과 최하위 직종은 증가한 반면, 중간 직종은 감소하여 일자리 양극화 현상을 보여주고 있다.

또한 양극화 문제는 산업구조의 문제이기도 하다. 산업구조의 양극화란, 첫째, 기업규모별 양극화, 둘째, 재벌형 대기업으로의 집중도 강화, 셋째, 수출/내수 기업의 양극화, 넷째, 산업연관의 약화 등을 들 수 있다.

1993년~2004년 사이 일자리 10분위별 고용증가 추이 (단위: 1,000명)

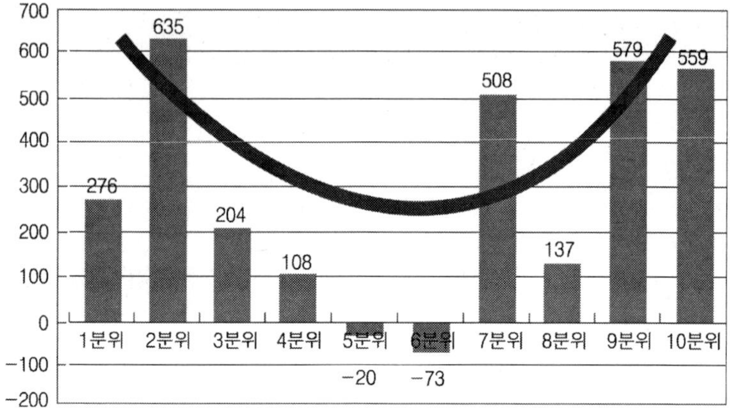

자료: KDI, 2006, p. 26.

기업의 경영성과를 보여주는 지표는 이윤율 등 다양한 지표가 있어 해석의 주의를 요한다. 그 중 여기서 기업규모별 양극화를 알 수 있는 지표로 살펴볼 것은 대/중소기업 간 수익률의 격차다. 1990년 이후부터 전 기간동안 금융위기의 1997년 등 특수한 시기를 제외하고는 대기업과 중소기업의 영업이익율 격차 확대는 일관되어 있다주현, 2007. 이에 의하면 이러한 변화가 1997년을 계기로 나타나는 것이 아니라는 데 주목할 필요가 있다.[6] 다양한 기업경영지표를 이용하여 대기업과 중소기업을 비교한 결과 이윤율 등에서 중소기업의 성과가 생각보다 나쁘지 않다고 하는 것은 중소기업과 대기업의 노동임금 격차를 고려할 때 중소기업의

6 기업규모별 이윤율은 중소기업이 대기업 보다 높다. 이는 일반적 현상인데 중소기업의 자본장비율이 낮기 때문이다. 하지만 이윤율의 격차 또한 축소되고 있는데 이 역시 기업규모별 양극화를 지지하는 지표의 변화라 할 수 있다.

높은 잉여가치율 때문이라고 해석될 수 있다안현효 외, 2006.

산업 양극화의 두 번째 증거로 볼 수 있는 것은 대기업, 특히 재벌기업의 경제력 집중도이다. 4대 재벌로는 범삼성계열(삼성, 신세계, CJ, 한솔, 중앙일보), 범현대계열(현대자동차, 현대중공업, 현대산업개발, 현대, 현대오일뱅크, 현대백화점), 범LG(LG, GS, LS), SK의 4개 기업군이 있고, 다시 8대 재벌로는 롯데,

한진, 한화, 두산을 포함한다. 이러한 8대 재벌의 매출액 및 총자산의 비중은 1997년 이후 2~3년 급격히 높아졌고, 이후 추세적으로 1990년대부터 지속적으로 상승해왔다김상조, 2007, pp. 217~218.

8대 재벌의 매출액, 총자산의 GDP 비중 추이 (단위: %)

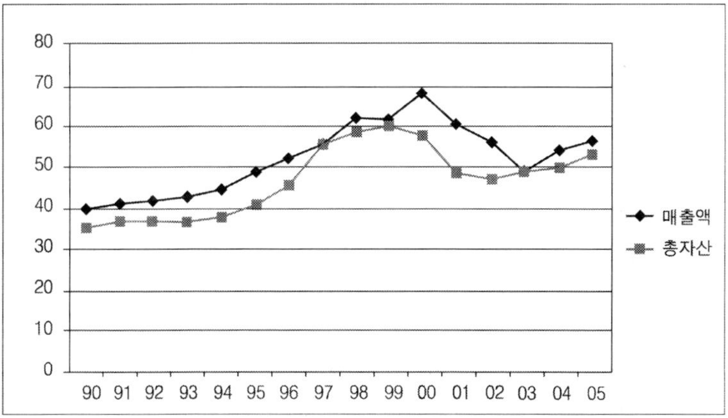

세 번째로 산업 양극화는 수출 부문과 내수 부문의 거시경제 기여도의 차이로도 나타나고 있다. 수출과 내수의 양극화는 1997년 이후부터

극명하게 드러나고 있다유철규, 2004, p.75. 그림은 소비, 투자, 순수출로 측정된 국민 지출의 전년대비 증가율이다. 1997년 이전에는 투자의 기여도가 컸던 반면, 1997년 이후에는 수출의 기여도가 컸다는 점을 알 수 있다. 경제구조는 더 더욱 대외지향적 구조로 바뀌고 있는 것이다.

국민지출(실질) 중 투자와 수출의 전년 대비 증가율

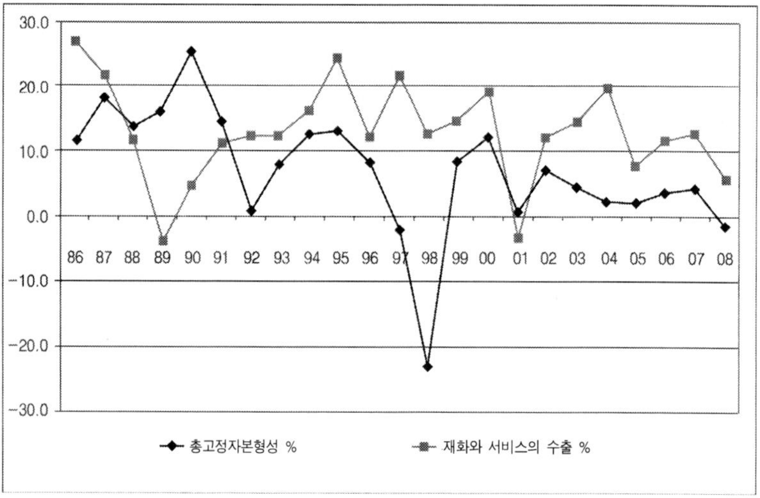

자료: 한국은행(www.bok.or.kr) 한국은행 통계시스템
비고: 수입의 추이는 투자의 추이와 같다. 소비의 추이는 비교적 평탄하다.

또한 유철규2004는 양극화를 산업연관관계 약화와 연관시키고 있다. 국내 산업 연계가 약화되는 것은 수출/수입 기업과 내수 기업 간에 연결이 약화되는 현상으로 나타나고 있다. 수입유발계수란 1원을 생산할 때 그 중 얼마를 수입하느냐를 보여주는 값이다. 1-수입유발계수는 곧 국내에서 순수히 생산한 부가가치가 된다. 따라서 수입유발계수가 증가한다는 것은 국내 생산의 일부가 더 많이 수입으로 유출됨을 의미한다.

산업별 평균 유발계수 추이 (전 산업 부문 유발계수의 단순평균)

	2000년	2005년	2006년	2007년
생산유발계수	1.854	1.926	1.944	1.940
부가가치유발계수	0.754	0.741	0.733	0.722
수입유발계수	0.246	0.259	0.267	0.278

자료: 한국은행, 2007, 『2007년 산업연관표작성결과』, www.bok.or.kr

반면 수출부문의 경우 수입유발계수가 증가함에 따라 부가가치유발계수가 줄어드는 현상이 나타난다.

수출의 유발계수 추이

	2000년	2005년	2006년	2007년
수입유발계수	0.367	0.383	0.391	0.400
부가가치유발계수	0.633	0.617	0.609	0.600

자료: 한국은행, 2007, 『2007년 산업연관표작성결과』, www.bok.or.kr

양극화 성장

지금까지 양극화의 양상을 소득의 양극화, 고용의 양극화, 산업구조의 양극화, 산업연관의 약화라는 네 가지 측면에서 다양하게 살펴보았다.[7]

7 양극화의 원인으로 제시되는 요인은 세계화와 기술혁신이다. 세계화로 인해 무역자유화가 확대되면 선진국에서 노동집약적 상품의 수입이 급증하여 단순노동에 대한 수요 감소하므로 단순노

이러한 양극화는 어떠한 결과를 낳는가?

양극화는 결코 경제성장과 대립하는 개념이 아니다. 그러나 경제성장이 양극화를 축소시킨 시기가 있었다는 점을 고려해 볼 때, 경제성장과 양극화의 관계는 다소 복잡하다. 경제성장이 양극화를 축소시킬 수 있다면 그 경제는 낙수효과trickle down effect가 있다고 볼 수 있다. 하지만 소득의 양극화가 산업구조의 양극화와 긴밀히 연관되어 있다면 산업구조 양극화는 성장의 전제조건인 셈이고 성장한다고 하여도 양극화가 해소되지 않을 것이다. 이러한 특징을 가진 성장을 양극화 성장이라고 부른다면 이는 전 세계적으로 나타나는 보편적 현상이 되고 있다. 1970년대 이후 영국, 미국, 뉴질랜드, 네덜란드, 일본, 호주, 오스트리아 등지에서, 1980년대 후반 이후 거의 모든 선진국에서 소득불평등가 확대되었다. 하지만 북구 나라들에서는 사회민주주의 정책을 통해 그러한 불평등을 효과적으로 방어할 수 있었다김홍종 외, 2001.

이와 같이 양극화는 신자유주의라는 자본주의 세계체제의 진화과정에서 나타나는 일반적 경향이지만 개별 나라의 제도적 정책적 차이에 의해 표현방식이 달라진다. 예를 들면 미국 등 앵글로색슨 국가는 단순노동 대 숙련노동의 임금격차의 확대가 나타나는 반면, 유럽에서는 단순노

동의 임금이 더 떨어져서 양극화가 증가한다는 것이다. 소득 양극화에 대한 원인에 대한 논의로는 1) 노동수요설, 2)노동공급설, 3)제도적 요인설 등이 있다. 노동수요설의 경우에는 IT화와 세계화로 인해 지식노동의 수요가 증가하고, 서비스 노동의 경우 탈산업화로 인해 고용이 늘어나지만 비숙련고용이 증가함으로써 양극화가 발생한다고 설명한다. 노동공급설의 경우 대졸노동자가 증가하면서 중산층의 임금수준이 저하하여 양극화가 증가한다고 설명하며, 제도적 요인설은 세계화와 더불어 국내의 노동시장유연화 정책, 최저임금의 동결 등 복지정책의 후퇴가 양극화를 증가시켰다고 설명하고 있다(윤진호, 2005, pp.122~126).

동의 실업율이 증가하고, 북구에서는 공공부문의 고용 증가로 대처하는 것이 양극화의 일반성 속에서도 차이라고 할 수 있다. 예를 들어 기술혁신으로 인한 양극화digital divide 역시 감세정책과 복지수준의 감소와 같은 신자유주의 정책과 결합하면 더 양극화가 심화할 수 있으며, 강력한 사회민주주의 정책과 결합하면 양극화를 완화시킬 수 있다.

따라서 우리는 신자유주의를 자본주의 세계체제의 구조적 경향으로만 인식할 것이 아니라 금융자본 블록이 주도하는 자본주의 지배의 전략(정책으로 구체화된다)으로도 이해할 필요가 있다.

우리나라 신자유주의 정책의 특성

이런 관점에서 볼 때 신자유주의 체제는 보편성을 가질 수 있지만, 신자유주의 정책은 그 나라의 정치적 역관계 속에서 특수성도 띠게 된다. 따라서 IMF 위기 이후 우리나라에 정착된 신자유주의적 경제정책은 일반성과 특수성의 측면에서 재검토 될 필요 있다. 일반성의 측면으로는 민영화, 규제완화, 조세감세, 자본이동의 자유/금융개방, 노동시장의 유연화 등에서 일차적으로는 자본시장의 개방과 민영화만이 추진되었을 뿐, 다른 요소들은 국내의 계급 관계 속에서 완전하게 추진되지 못했다. 하지만 노동시장의 유연화는 1987년 노동자 대투쟁이후로 점차 시도되었고 비정규직 노동자의 증대, 그 결과 나타난 저임금 노동직종의 증가라는 형태로 실현되고 있는 중이다. 감세정책, 규제완화는 현 정부 들어서 실행되고 가속화되었다. 따라서 언뜻 보면 신자유주의가 우리나라에서도 원래의 형태 그대로 관철되고 있는 듯이 보인다.

하지만 만약 신자유주의를 위와 같은 정책을 통해서 수행하는 금융자본 분파 주도 하의 자본 권력의 회복 전략으로 이해한다면 특수성을 이해할 수 있다. 우리나라에서는 금융자본 분파가 충분히 강력하지 못하였으므로 금융자본이 산업자본과 국가를 주도·통제하는 글로벌한 신자유주의가 형성되지 못하고, 산업자본과 국가는 신자유주의 하에서도 주도권을 유지할 수 있었다. 따라서 상대적으로 취약했던 부문인 노동, 내수 및 영세 중소기업 부분이 치명적 영향을 받게 되고 이것이 양극화를 더 심화시킨 요인이 되었다.

그런데 전병유2006, p.106가 양극화 현상을 박정희식 성장모델의 파탄으로 규정하는 것은, 이후 비록 경제의 불확실성(신자유주의적 개방, 개혁 정책으로) 증대로 인한 양극화 경향을 인정하고 있더라도p.112 양극화의 원인을 신자유주의 정책의 문제로 파악하는 것이 아니라 박정희 체제에 기인하는 것으로 파악한다는 점에서 혼란의 여지가 있다. 양극화가 자본주의 탓이 아니라 박정희 체제 탓이라는 상황 인식은 민족경제론을 염두에 둔 사고의 자연스런 귀결이긴 하나, 실천적으로 '양극화를 유발하지 않는 새로운 성장동력'을 찾는 시도가 결국 한국경제 내부의 문제를 외부와의 연관성 속에서 해결하고자 하는, '한반도 경제론'의 모색이라는 관점으로 이어지게 한다는 점에서 우려스럽다. 이는 신자유주의적 세계화에 조응하기 때문에 신자유주의를 수용하는 한국형 제3의 길이 될 가능성이 높다.

결국 자본주의가 발전하면서 야기되는 것으로 일반적으로 이야기되는 소득불평등 문제의 특수한 표현으로서의 양극화는 자본주의의 초기에 나타났던 빈곤화immiserization의 재현이 아닌가? 자본주의가 발전하면서 케인즈적 타협 하에서 노동계급의 상층이 중산층화하는 현상이 나타났지만 신자유주의 하에서는 그 때 형성된 중산층이 붕괴하였다. 이런 점에서 양극화를 일차적으로는 신자유주의 정책의 산물로, 근본적으로는 마르크스적인 궁핍화 개념과 관련하여 이해해야 한다.

한국사회에서 구체화된 신자유주의적 성장체제를 무엇이라고 불러야 할 것인가? 신자유주의의 보편성과 한국사회에서 관철되고 있는 특수성(재벌 중심의 산업자본주의가 오히려 강해졌다)을 반영할 수 있는 새로운 규정이 필요하지 않을까? 필자는 이것을 '차별의 저진로 축적 체제'low-road accumulation regime with discrimination이라고 불러 보았다. 저진로 축적은 단순히 저성장을 말하는 것이 아니라 성장의 주요 동력이 여전히 저임금-저생산성에 기초하고 있다는 점을 강조한다. 차별의 저진로라고 하는 것은 저임금 체제를 유지하기 위해 산업노동자를 고임금 군(조직노동자, 정규직, 대기업)과 저임금 군(비조직노동자, 비정규직, 중소기업)으로 양분하였다는 점이다. 어떤 의미에서는 포섭과 배제의 저진로 축적이라고 불러야 할지도 모른다.[8]

---

8 이러한 상황진단으로부터 즉각적으로 제기되는 대안적 모색은 포섭의 고진로 정책이라고 부를 수 있다. 여기서 포섭이란 부분적 포섭과 부분적 배제 대신에 노동자 계급 전체를 포섭해야 한다는 점이다. 고진로 정책이라는 것은 저임금-저생산성의 악순환에서 벗어나서 고임금-고생산성 구조를 정착시켜야 함을 의미한다. 이전의 박정희 체제는 노동계급 전체를 축적 과정에서 배제시켰으며 또한 저임금-저생산성에 기초한 물량적 성장이었다는 점에서 단순히 배제의 저진

한국 사회 신자유주의의 장래

이제 논의를 우리나라의 양극화 성장체제가 어떻게 될 것인가의 미래 전망의 문제로 바꾸어 보자.

양극화는 극복가능한가?

신자유주의 정책 실패의 첫 번째 징후는 시장의 지배가 초래하는 무정부성과 관련된다. 하지만 양극화 성장의 지속가능성 문제는 무정부성에 기인하는 시장실패와 덧붙여 분배 구조의 악화가 초래하는 사회적 갈등과 적대의 누적도 포함한다. 앞에서 필자는 세계체제로서 신자유주의의 지속불가능성과 관련하여 분권적 의사결정 구조인 시장이 사적 이해와 사회적 공공성 사이의 충돌을 해소할 수 없다는 케인즈적 통찰을 받아들였고, 3절에서는 불평등은 자본주의 체제의 결과일 뿐 아니라 생산과정과 긴밀히 결합되어 있다는 점에 근거하여 신자유주의의 정치적 정당성이 위협된다는 점을 지적했다. 따라서 양극화 성장의 극복은 케인즈적 개입의 극복만으로는 해소되지 않을 수 있다. 예를 들어 신자유주의를 극복하기 위해서 국제적 케인즈주의 공조가 채택되고, 부실금융기관의 국유화를 실행하더라도 양극화 성장체제가 곧바로 없어지는 것은 아니라는 점이다. 여전히 다국적 생산기업들은 존속할 것이며, 글로벌한 차원에서 추진되는 이들의 독과점적 지배는 더 강화될 것이다.

로 축적체제로 부를 수 있을 것이다. 그러나 이러한 규정과 논의는 시론적인 생각이다. 많은 비판과 토론을 기대한다.

결국 산업 양극화와 결부된 빈곤화 및 궁핍화 역시 확산될 것이다. 다만 국가가 시장을 제어한다는 점에서 시장의 독재가 통제되는 효과가 있으며 순수한 경제주의가 관철되는 대신 정치적 타협주의가 도입될 것이라는 점에서는 낙수효과도 나타날 수도 있다. 하지만 그것은 국가를 매개로 이루어지는 것이며, 국가는 국민국가 단위에서 발생하는 계급투쟁의 결과로서만 정책을 변화시킬 것이다.

우리나라에서 신자유주의의 형성

이런 관점에서 볼 때, 신자유주의의 세계적 추세는 물론이지만 우리나라의 신자유주의 특수성에 더 주목할 필요가 있다. 신자유주의의 일국적 특수성이 그 나라의 계급투쟁에 의해 결정되는 요인이 강하다면 그 특성은 출현 시기와 밀접한 연관이 있을 것이다. 우리나라의 신자유주의 출현에 대해서는 1) 1979년 이래, 2) 1987년 이래, 3) 1997년 이래라는 세 가지 기점 중 어떤 시기가 출현의 시기인가라는 쟁점이 있다.

필자는 신자유주의의 출현은 박정희 체제가 붕괴한 1987년 이후라고 보는 것이 옳다고 본다. 권위주의적 발전국가로 불리우는 박정희 체제의 강성 국가에 대한 재벌과 노동계급의 반대는 1987년 이후의 계급투쟁을 거쳐 시장의 도입이라는 주류 컨센서스로 귀결했다안현효, 2007. 정치적으로 해석할 때 반독재 민주화 운동이 자유주의자에 의해 지배됨으로써 반독재민주주의 운동이 정치적으로는 자유주의적 개혁운동으로 경제적으로는 세계체제의 주류흐름인 신자유주의의 도입으로 관철되었다.

즉 반국가주의가 시장주의로 표출되었다.

1987년 노동자 대투쟁을 통한 형식적 민주주의(=자유민주주의)의 확보, 보수대연합으로 대표되는 지배블록의 재편, 기존의 박정희식 개발독재에서 변화하는 새로운 축적체제의 시도 등은 (당시에는 이를 구체화하지 못했다 하더라도) 이미 신자유주의를 목표로 한 것이다. 1987년~1997년 사이의 10년의 역사는 이행기 내지는 포스트 박정희 체제를 둘러싼 갈등기로서 불확정적인 시기였지만 지배블록의 지향은 결국 신자유주의였던 것이다. 다만 이 시기는 계급적 역관계로 인해 신자유주의를 순수한 형태로 관철시킬 수가 없었다. 1997년의 위기는 그 장애물을 제거하는 역사적 계기였다.

물론 신자유주의의 결과인 저성장, 주주자본주의, 양극화 등은 모두 1997년 이후의 경제구조 변화와 연관되어 있다. 소득분배 면에서의 양극화는 명백히 1997년 이후의 현상이었다. 1987년과 1997년 사이의 시기는 민주화 투쟁의 결과인 경제적 재분배가 추진되었고 소득분배의 상황은 호전되고 있기 때문이다. 그렇다고 신자유주의가 1997년부터 시작되었다고 보는 것은 피상적인 이해이며 국내의 계급역관계의 변화를 무시하는 해석이다. 1987년부터 새로운 축적체제를 둘러싼 갈등이 격화되었으며 그 새로운 축적체제란 신자유주의였던 것이다.

그렇다면 1987년부터 나타난 신자유주의적 증거들은 어떤 것이 있는가? 우리나라 신자유주의의 특성이 반마르크스적이라면 그것은 생산과정에 주목함으로써 알 수 있다. 우선 특징적인 것은 노동계급의 양분화 현상이다. 일부의 노동자는 통합하고 일부의 노동자는 배제하는 전략을 취하는 것이 자본의 새로운 전략이었고 이 전략은 1987년 이후부터 나타나기 시작한 각종 통계에서 드러난다. 표에서 살펴본 노동계급의 양극화, 즉 대기업 노동자의 임금과 중소기업 노동자의 임금비율은 1997년을 계기로 결정적으로 떨어지기 시작한 것이 아니라, 1980년대 후반부터 발생한 현상이었다(그림 참조).

대중소기업 간 임금격차 추이(국민경제자문회의, 2006, p.314)에서 재인용

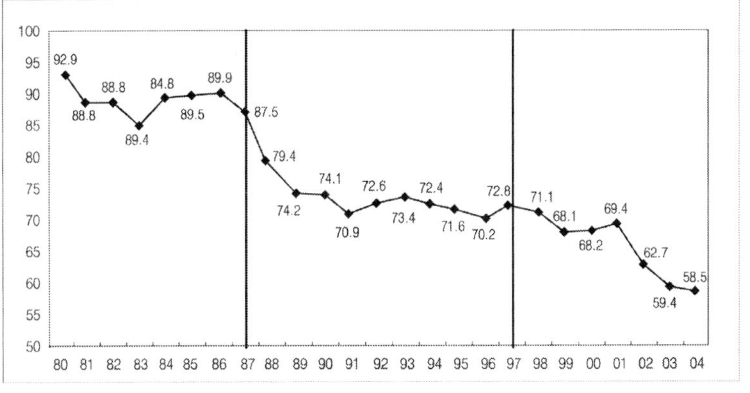

자료: 노동부, 『매월노동통계』, 각 년도

제조업 대기업이 조직 노동자에게 고용을 보장하고 상대적 고임금으로 포섭하는 전략을 선택했다는 것은 1987년 이후의 현상이다. 제조업 대기업의 고용규모는 1987년을 기점으로 축소되는 반면, 중소기업의 고용규모는 급격히 팽창하고 있음을 통해 포섭의 대상은 고임금 체제로,

나머지 배제의 노동자는 상대적 저임금 체제로 더 많이 고용하고 있음을 알 수 있다.

대기업과 중소기업의 고용규모 추이 (김주훈, 2007)

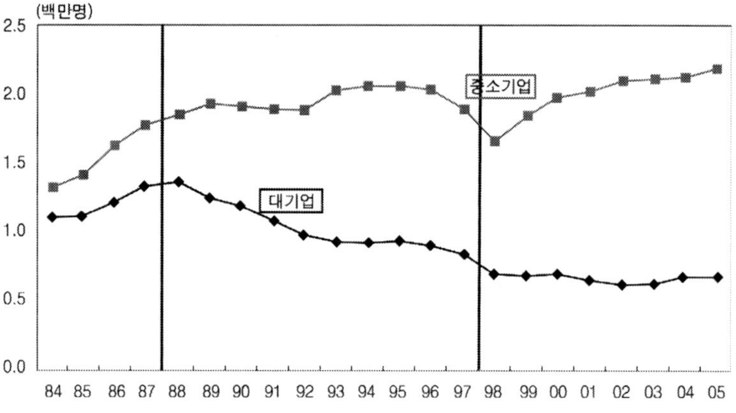

자료: 통계청, 『광공업통계조사보고서』.

1987년 기점으로 변화하는 또 하나의 자료는 대기업, 중소기업 노동생산성의 격차다. 1987년을 계기로 대기업에 대한 중소기업의 노동생산성은 지속적으로 떨어지고 있는 것이다. 이러한 노동생산성의 격차를 보상하기 위해서 중소기업은 더 낮은 임금을 줄 수 밖에 없다.

대기업과 중소기업 노동생산성의 격차(500인 이상 대기업 = 100%) (김주훈, 2007)

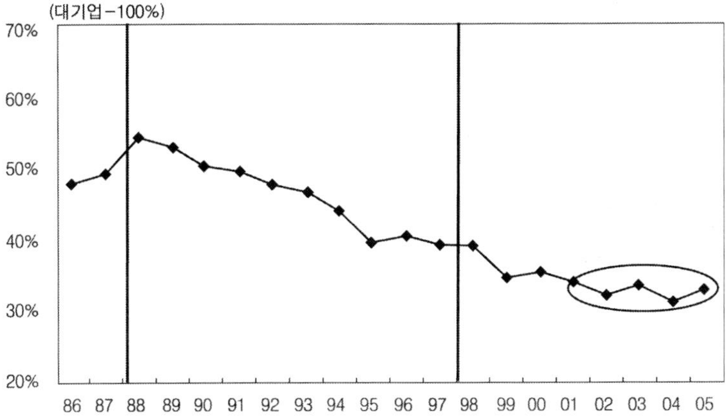

자료: 통계청, 『광공업통계조사보고서』.

이는 1987년의 민주항쟁이 정치적 민주주의 뿐 아니라 경제적 민주주의 요구를 포함하고 있었고, 지배 블록이 노동계급의 저항에 대해 신자유주의로 대응한 결과로 설명할 수 있다. 요컨대 조직화된 대기업 노동자에게는 부분적 양보를 하였고 이로 인한 비용 상승은 비조직 노동자대중에게 전가되는 구조가 시작되었다는 것이다. 만약 양극화가 신자유주의의 산물이라면 신자유주의는 불완전한 형태나마 1987년 체제에서 시작했다고 볼 수 있다. 양극화 성장을 특징으로 하는 신자유주의가 우리나라에서 1987년부터 시작했다면 한국형 신자유주의는 외관상 보이듯이 1997년의 금융위기를 계기로 형성된 것이 아니며 국내의 사회 · 경제적 갈등의 결정요인이 더 크다.

양극화 극복의 딜레마

이와 같이 우리나라가 직면한 양극화 성장은 지속되기 어렵다. 그러나 그렇다고 해서, 신자유주의와 다른 대안적 경제체제, 경제정책이 자동으로 나오는 것은 아니다. 대안적 정책 역시 현실화하고 있다고 보기 어렵다. 그 이유는 무엇일까?

김재훈2007은 프랑스 사회당의 경험을 통해 자본주의 세계체제에 속에서 사회주의 정부가 가진 딜레마를 논의하고 있다. 사회주의 정부의 분배 정책과 국가주의 정책은 비록 사회적 합의에 의해 수행되는 것이라고 해도 세계체제 속에서의 국민경제의 위상과 압박 문제로 인해 후퇴할 것을 요구받게 되고 역설적으로 또는 동시적 결과로서 그 정책의 후퇴로 인해 사회적 지지를 상실하게 된다는 것이다. 즉 자본주의 체제 내에서 수행되는 사회주의 정책은 현실성 문제와 정체성 문제에서 갈등할 수 밖에 없다. 따라서 우리나라의 진보주의 정책 역시 동일한 딜레마에 사로잡힐 수 밖에 없다는 것을 알 수 있다.

만약 분배와 연대를 강조하는 진보주의 정책이 현실적인 대안으로 자리잡으려면 경쟁력이 있음을 보여야 한다. 하지만 경쟁력을 증대하기 위한 분배 및 연대 정책은 현실적으로 많지 않으며 어쩌면 없을지도 모른다. 왜냐하면 궁극적으로 볼 때 연대의 문제가 해결되기 위해서는 자본축적의 맹목성 자체가 제어되어야 하기 때문이다. 이것은 사회 내에서 경제에 대한 패러다임의 변화를 요구한다. 예를 들어 생태주의, 게으름에 대한 찬양, 탈주의 유혹, 프리터에 대한 담론들이 그러하다.

그러나 그러한 패러다임은 '경쟁력'이 없기 때문에 자본주의의 패러다임과 경쟁할 수 없다. 현실의 사회주의 혁명이 실제로 가능했던 것도 마르크스주의의 이론 체계가 일정한 이중성(프로레타리아 국가론과 국가 소멸론)을 가지고 있었고 이 이중성으로 다양한 사회주의 세력을 통합시켰으며 (이것이 마르크스-엥겔스의 공헌이다), 통합된 사회주의 세력이 현실의 자본주의 관료체제를 모방하여 위계적 군대조직으로 혁명을 성공시켰기 때문에(이것이 레닌의 공헌이다) 현실화되었던 것이다. 소련의 사회주의 역시 동일한 딜레마(체제경쟁)에 봉착했고 이것이 스탈린의 국가주의적 사회주의로 변질(귀결)되었다고 해석할 수 있다.

결과적으로 양극화 성장을 극복하기 위한 대안이 급진주의에서 얼마나 이탈할 것인가의 문제는 단순히 민중적 지지가 없다거나, 민중의 욕망의 문제를 고려한다는 것만으로 해소될 수 없고 민중의 민생에 대한 요구와 욕망의 문제를 어떤 視界(단기냐, 장기냐)에 놓을 것인가의 문제로 보아야 하지 않을까? 결국 장기에는 사회성에 문제의 본질에 있다는 점을 이해해야 하고 단기에는 민생과 욕망, 경제의 문제가 가로놓여있다고 보아야 하지 않을까? 그리고 그 연결고리를 정력적으로 잘 실천해 보이는 것이 진보주의의 능력과 정체성을 동시에 유지하는 방법이 아닐까?

향후 전개과정에 대한 추론: 신자유주의 정책의 퇴조와 사회성의 복원

향후의 장기적, 구조적 경로를 질문하고 예측해보는 것은 매우 중요한 일이다. 특히 실천적 과제까지 고려할 때는 질문의 방식이 구체화된다는 점에서 더 중요해진다. 예를 들어 양극화가 신자유주의 체제 하에서 완화될 수 있을 것인가 등의 질문이 그러하다. 이 질문은 신자유주의가 존속 가능할까라는 질문에 답할 수 있는 질문이다. 그리고 신자유주의 이후가 무엇일까라는 점을 고민하게 해준다.

이러한 질문에 대한 대답은 비교적 쉽게 할 수 있을 것 같다. 전후 케인즈주의의 예외시기를 제외하면 자본주의적 축적은 양극화를 쉽게 해결하지 못하였다. 특히 케인즈주의는 사회정책(복지정책), 경제정책이 결합한 혼합자본주의였으므로 양극화를 부분적으로 해소할 수 있었던 것이라는 점을 고려할 때, 시장주의와 경쟁력주의에 지배받는 신자유주의가 양극화를 더 심화시킬 것이라는 점은 명확하다. 분배 양극화로 인한 사회의 붕괴는 이데올로기적 양극화, 정치적 양극화를 초래할 것이다. 만약 필자가 생각하는 대로, 신자유주의적 타협이 사회적 통합에 실패하게 될 경우 그 실패의 정치적 과정은 어떠할까? 또 어떠한 대안들이 등장하게 될까?

양극화의 심화로 인한 사회의 몰락은 시민사회운동과 정치적 민주주의와 같은 자유주의적 정치를 활성화김정훈, 2007 하기보다는 오히려 자유주의 세력의 몰락과 좌/우파의 대립이 격화될 가능성이 높다. 특히 현재의 글로벌 금융위기의 전개와 국내 정치의 보수화에 따라 국내적 양극화가 가속화된다면 정치적 양극화 역시 더 가속화할 것이다.

또한 중산층이 지속적으로 붕괴할 것이라는 시나리오 하에서 금융자본가와 중산층이 결합한 신자유주의적 타협이 유지가능하지 않다면 개입주의 정책은 강화될 것이다. 대외적으로 신자유주의 정책으로 경제의 불안정성이 심화되면 이를 해결하기 위한 케인즈주의적 개입주의가 득세할 수도 있다. 대내적으로도 신자유주의의 정책이 초래한 양극화를 해소하기 위해 개입주의가 나타날 수 있다. 그러나 개입주의가 어떠한 개입주의일지는 확정적이지 않다고 보아야 할 것이다. 개입의 주체인 국가는 다양한 계급적 이해관계에 봉사해왔다. 자유주의적 개입주의일지, 보수적인 국가주의적 개입주의일지, 사회민주주의적 개입주의일지는 불확실하다(정치 사회적 투쟁에 달려있다).

하지만 정치적 자유주의 부재 내지는 취약성이라는 우리나라의 특수성을 고려하면 신자유주의 정책의 퇴조가 사회민주주의적 개입주의를 자동으로 발생시키지 않는다. 오히려 시장-국가의 쟁점 속에서 파묻혀서 국가주의가 나타날 위험이 높다. 대중의 우경화에 기인한 새로운 형태의 파시즘적 지배의 가능성이 있다. 왜냐하면 우리나라에는 진정한 의미의 케인즈주의가 없었기 때문이다. 이는 우리나라에서 진정한 의미의 자유주의자가 없었다는 것과 같다. 역설적이게도 우리나라의 지배블록은 '반자유주의'적이다.

따라서 개입주의만으로 양극화 성장의 패턴이 해소된다고 보장할 수 없다. 본질적으로 진보주의는 기존의 '시장 - 국가'의 대립점 대신 '시장 - 사회'라는 대립점을 제기해야 한다. 이때에만 국가의 성격을 변화시킬 수 있기 때문이다. 문제는 현재 한국 사회에서 사회성, 연대성의 이슈가 대중적 이슈로 각인되지 못했다는 사실이다. 그 이유는 역설적으로 '국가적 종족적 공동체 –〉 자유(개인주의) –〉 새로운 차원의 공동체로서의 사회'라는 사유의 발전 단계에서 우리 사회가 수준높은 자유주의가 활성화되지 못한 사회의 단계에서 정지했기 때문이기도 하다. 이는 후발자본주의 국가에서 파시즘이 등장한 것과 같은 맥락에서 이해될 수 있다. 경제적 자유주의가 파탄에 직면할 때 사회방위(폴라니)의 요구에 직면하여, 정치적 자유주의가 부재한 사회는 국가주의로 회귀하는 것이다. 현재의 우리 사회의 단계가 진정한 (정치적) 자유주의가 발달하지 못한 단계라는 필자의 생각이 맞다면, 시장의 실패와 이에 따른 시장 비판은 국가주의로 퇴행할 가능성이 높아진다. 이러한 진단은 또, 우리나라의 진보세력이 왜 민족주의에 기대어 있는 가를 설명할 수도 있다. 그것은 우리의 사유가 국가주의(민족주의)와 개인주의(시장)의 진자운동 속에 갇혀 있기 때문이다.

김재훈

신자유주의 하 민주정부의 가능성과 한계

5

신자유주의 하 민주정부의 가능성과 한계

머리말

6월 민주항쟁이 어느 듯 20년 전의 일이 되었다. 많은 사람들이 우리 사회에 민주화를 이루지 않으면 나락으로 떨어질 것 같은 위기감을 가지고 온 몸을 던져 그것을 획득하고자 했다. 그런데 그렇게 획득한 민주화를 통해 우리 사회 대중의, 근로대중의 삶이 얼마나 개선되었는가. 이제 이 부분을 차분히 되짚어 볼 시점이 되었다. 얼마나 변화를 이루었으며, 변화되지 못했다면 그 원인은 무엇인가. 이것이 본 고에서 다룰 문제이다.

민주화 이후 20년. 그동안 한국사회에서 있었던 경제적 변화를 지표를 통해 살펴보면 1987년 당시 1인당 GNI가 3,321달러였는데, 5년후인 1992년 7,527달러, 또 5년 후인 1997년 11,176달러, IMF관리를 받은 경제위기를 겪으면서 1998년 7355달러로 떨어졌다가 2002년 11,499달러로 회복해서, 2006년에는 18.372로 되었다. 그러나 1995년 1만 달러를 돌파한 이후 그 10년이 지난 뒤에도 아직 2만 달러를 넘지 못해서 많은 사람들이 조바심을 내는 지경에 이르러있다.

전체 국민을 무차별하게 바라본 경제지표도 그렇지만 계층별 소득수준의 변화를 살펴보면 극히 문제가 있었음을 느끼게 된다. 1980년대 53%대에 머물러있던 노동소득분배율은 1987년 민주화 이후 1988년부터 상승하기 시작해서 1991~92년 58.8%, 1996년 63.4%에 이르렀으나 1997년 외환금융위기를 겪은 다음 하락해서 2002년에는 58.2%로 줄어들었다. 마찬가지로 국민총가처분소득 중 피용자보수의 비중도 1980년대에 40% 수준에 머물다가 민주화 이후 상승해서 1992년 46.1%, 1996년 48%까지 높아졌다가 경제위기 이후 하락해서 2002년에는 43.1%로 낮아졌다.

그런데 민주화 이후 대중의 삶의 변화 양상에 관해 어떤 측면을, 어떤 기준에서 보아야 할 것인가? 우선 이 점이 먼저 문제이다. 삶의 지표에 관해 여러 측면을 다양하게 살펴보아야 하겠지만, 그것을 무차별하게 나열하는 것만으로는 충분치 않다. 그러한 고찰에도 이론적 혹은 과학적 구조, 즉 기준이 필요할 것이다.

민주화는 무엇보다 계급 간 국가권력의 점유 문제라 볼 수 있다. 그렇다면 민주화란 소수집단에 의한 국가권력 과점체제를 보다 다수에 의한 점유체제로 이행했다고 볼 수 있다. 민주화를 이렇게 보면 당연히 민주화를 통해 대중의 삶이 개선될 것이라 유추할 수 있다. 그러나 이러한 사고전개는 지나치게 단순하다는 느낌을 지울 수 없다. 자본주의 시장경제에서 민주화가 갖는 경제적 효과가 우선 검토되어야하는데, 이에 관해서는 횡단면적인 소득분배의 변화 문제가 우선 검토되어야 한다. 그리고 또 동태적인 삶의 개선이 어떻게 되었는지 파악하기 위해서는 민주주의와 경제성장의 문제 또한 간과할 수 없다. 그것도 장기 지속가능한 성장이 어떻게 가능할 것인가? 그래서 결국 분배와 성장의 선순환을 가능케 하는 조건이 어떠한 것인가에 관한 고민이 근거되지 않으면 안 된다.

일시적인 분배의 극적 개선 혹은 성장의 극적 증대가 그 이후 참담한 부작용 혹은 후퇴를 가져온다면, 물론 선험적으로 그런 상황을 의식해서 소극적으로 되어서는 안 되겠지만, 역사적 이론적으로 가능한대로 충분히 검토가 있어야 할 것이다. 그리고 이러한 검토는 결국 민주화 이후 국가권력의 본질 혹은 성격에 대한 검토로 이어질 수밖에 없다. 국가가 경제정책을 통해 경제현실에 개입하는 여지가 상당히 확대되어 있는 오늘날 그 국가의 계급적 성격에 관한 규정은 민주주의의 확대가 근로대중의 삶에 미치는 영향을 고찰함에 있어 불가결한 부분이다.

이 때 기본적으로 우리가 염두에 두어야 할 점은 1987년 6월 항쟁을 통한 민주화 이후의 한국사회의 성격은 자본주의 시장경제를 폐절한 것은 아니었다는 점을 우선 지적하지 않을 수 없다. 경제체제에는 그 이전과 크게 달라진 것은 없는 가운데 민주화란 무엇보다 정치적인 영역의 문제였다. 세계자본주의체제의 주변부에서 식민지 지배와 독재권력에 대한 끊임없는 민중의 저항 속에 불안정한 관료적 권위주의가 지속되다가 그 마저도 해체되면서 자본주의 시장경제 속에서 정치 사회적인 공간에 대중의 진출이 확대되었고, 이것이 경제적으로 어떤 변화를 가져왔는지를 검토하려는 것이다.

그래서 제 2장에서 민주화 이후 소득분배구조의 변화에 대해, 제 3장에서 민주화가 경제성장에 어떤 영향을 주었는지, 그리고 제 4장에서 그 과정에서 국가가 취할 수 있는 정책의 가능성과 한계를 봄으로써 민주공화제 국가와 자본제국가로서의 그 성격을 평가하고자 한다. 이렇게 함으로써 역사의 수수께끼라는 평가를 받고 있는 최근 참여정부의 한미FTA 체결은 이 관점에서의 분석이 하나의 해석이 가능해지지 않을까 생각한다.

민주화와 소득분배구조

잘 알려진 바와 같이 1987년의 민주화는 그동안 억눌려있던 노동계급에게도 새로운 공간을 열어주어 일하는 기계가 아닌 인간으로서의 정당한 생활을 쟁취하기 위한 대투쟁이 시작되었다. 1985~86년에 200여건에 머물러있던 노동쟁의 건수가 1987년 4,783건으로, 참가인원이 5만 명 미만이던 것이 126만 명으로 폭증하였다. 이렇게 확대된 정치 사회 공간에서 대중은 정치적 참여를 확대해갔고, 동시에 분배정의를 요구하였다. 당시 진행된 노동쟁의를 원인별로 보면 임금인상이 단연 가장 많아서 1987~88년에 2,613건, 946건이었고, 그 다음 근로조건

개선 혹은 단체협약 관련 건수가 많았다. 그래서 1980년대 53%대에 머물러있던 노동소득분배율은 1987년 민주화 이후 1988년부터 상승하기 시작해서 1991~92년 58.8%, 1996년 63.4%에 이르렀고, 국민총가처분소득 중 피용자보수의 비중도 1980년대에 40% 수준에 머물다가 민주화 이후 상승해서 1992년 46.1%, 1996년 48%까지 높아졌다.

1980~90년대 노동쟁의 발생 추이

단위: 천명, 건

	참가인원	원인별 발생 건수								
		체불임금	임금인상	휴폐업/조업단축	해고	부당노동행위	근로조건개선	단체협약	기타	계
1981	35	69	38	11	9	4	32	-	23	198
1982	9	26	7	4	2	-	21	-	28	69
1983	11	35	8	9	6	-	19	-	21	88
1984	16	39	17	2	5	7	14	-	29	100
1985	29	61	62	12	22	12	47	-	49	245
1986	47	48	62	11	34	16	48	-	57	266
1987	1262	45	2613	11	51	65	566	170	228	4,783
1988	293	59	946	20	110	59	136	328	215	1,951
1989	409	59	742	30	81	10	21	426	247	1,778
1990	134	10	167	6	18	-	2	49	70	386
1991	175	5	132	-	7	-	2	56	32	377
1992	105	27	134	-	4	-	-	49	21	319
1993	109	11	66	-	1	-	-	52	14	239
1994	104	6	51	-	3	-	-	42	19	206
1995	50	-	33	1	1	-	-	49	4	134
1996	79	1	19	1	-	-	-	62	2	162

자료: 통계청(www.nso.go.kr)

소득계층별 분포 추이

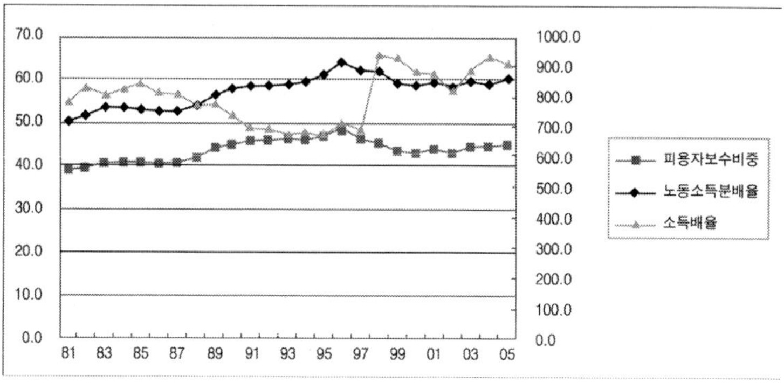

자료: 통계청

소득분포의 변동을 1분위계층의 소득에 대한 10분위계층 소득의 배율로 보면 1968년 816.5 수준이던 것이 크게 줄어들어 1992년 699.9, 1995년 683.9배까지 내려갔다. 이렇게 해서 도시근로자 가구의 흑자율이 1986년 25.2%이던 것이 1992년 27.9%, 1995년 29.0%까지 올라갔다. 민주화가 소득과 자산의 재분배에 미치는 영향에 관한 기존의 연구에서는 재분배가 빈곤층에게 불충분하거나 부유층에게 과도하면 그들은 민주주의에 반감을 갖게 될 것이기 때문에 민주주의가 지속되는 범위 내에서의 재분배가 진행되어야 한다고 본다Benhabib & Przeworski 2003. 민주주의에 대한 반감은 양 계층 중 어느 쪽의 반란을 낳아서 독재를 불러오고 힘으로 그들이 선호하는 재분배경로를 거치게 된다는 것이다. 지극히 당연한 추론이다.

GDP에 대한 항목별 지출의 기여율

	민간최종소비지출	정부최종소비지출	총고정자본형성	순수출
1986	35.3	9.6	26.4	31.9
1987	36.1	9.2	34.8	18.7
1988	39.9	11.0	32.3	7.6
1989	65.6	17.4	50.2	-37.4
1990	49.9	13.3	60.9	-16.3
1991	50.3	10.8	47.4	-10.1
1992	54.6	15.0	22.6	9.6
1993	53.4	10.2	32.0	12.4
1994	57.0	9.1	36.9	-7.4
1995	52.1	9.8	42.5	-3.1
1996	55.7	15.0	38.9	-22.5
1997	52.8	10.8	16.0	29.7

자료: 통계청

1987년 민주화 이후 이루어진 계층별 소득구조의 조정은 내수 확대와 그에 따른 투자 증대를 가져와서 이른바 경제의 선순환을 가져왔다. 국내총생산에 대한 항목별 지출의 기여율을 보면 1986~88년에 35~39% 수준이던 민간 최종소비지출의 기여율이 외환위기 이전 1990년대에 줄곧 50%대로 상승했다. 이와 함께 총고정자본형성의 기여율도 1989~90년에 50.2%와 60.9%에 이어 30%대의 상회하였다.

중소기업의 해외진출 동향 (1987~88년간)

진출지역	업종 및 업체 수
동남아 중국(36)	섬유의류 10 전구류 등 5 완구 6 신발 5 식기 2, 운동구 앨범 안경테 보일러 페인트 도자기 등가구 기타 각 1
중남미(14)	섬유의류 12 보일러 1 기타 1
아프리카(1)	가발 1
선진국(7)	섬유의류 3 전구류 1 스포츠용구 1 기타 2
소련(1)	의류 1

자료: 김재훈(1995)

따라서 3저호황에 따른 기업들의 지불능력 확대와 당시 이렇게 진행된 경기활황 속에 소득상위계층에서도 민주화의 소득재분배 효과에 대해 특별한 거부감을 갖기는 어려웠다고 볼 수 있다. 물론 표에서와 같이 폭증한 노동쟁의는 과거 권위주의 정부의 온실과 같은 보호 속에 쉽게 근로대중 착취를 통해 자본축적을 해오던 자본가들에게는 청천벽력과 같은 몹시도 당황스런 상황이었음이 분명하다. 또 임금의 급속한 상승과 때마침 닥쳐온 원화 절상이 비용상승요인으로, 그리고 수출가격 인상요인으로 압박해옴에 따라 중소자본을 중심으로 대외이동이 경공업분야를 중심으로 광범하게 진행될 수밖에 없었다. 그러나 3저호황을 겪음으로써 일단 자본의 임금비용 지불능력은 충분하였고, 불가피하게 해외공장이전은 이미 경제의 중추부문을 장악한 중공업 중심의 대자본에게는 큰 불만사항이 될 수는 없었다.

바로 그 시점에 단군 이래 최대 경제재앙이라 불린 1997년 외환금융위기가 발생했다. 자본의 대반격은 시작되었다. 마침 자본은 많은 기업,

재벌들도 부도로 도태되는 생존의 위기상황에, 세계적 경쟁의 광장에 내쳐진 터였다. 1989년 이후 급속히 진행된 경제의 서비스화, 이른바 '정보화ICT경제'의 진전 혹은 '20대 80의 사회'의 사회라고 하는 '지식정보화사회'로의 이행은 엎친데 덮친 격의 악화요인으로 작용하였다. 63.4%에 달했던 노동소득분배율은 그림에서와 같이 경제위기 이후 2002년에는 58.2%로 줄어들었고, 48%까지 높아졌던 국민총가처분소득 중 피용자보수의 비중도 2002년에는 43.1%로 낮아졌다. 민주화 이전 각각 53%, 40% 수준으로 다시 돌아간 것이다.

1분위계층 소득에 대한 10분위계층 소득의 배율 (단위: %)

	소득	경상소득	근로소득	사업/부업소득	재산소득	이전소득
1986	816.5	808.9	769.5	1210.2	2350.9	788.9
1987	814.3	799.5	755.3	1083.6	2625.5	904.1
1996	720.3	684.6	636.8	2232.7	1742.4	762.0
1997	698.0	676.6	619.3	2432.1	1466.4	957.2
1998	940.9	823.1	794.9	1100.7	2200.2	734.0
1999	933.6	815.5	770.7	1387.5	3214.0	745.0
2002	825.3	738.3	721.6	1684.6	1702.4	364.8
2003	893.2	854.3	852.7	3405.3	2233.2	306.7
2004	930.3	897.2	913.2	4121.1	3036.6	262.9
2005	912.2	862.5	870.0	3250.9	1429.6	384.6

자료: 통계청

기업의 생산형태와 고용형태에 대변화가 일어나서 이른바 외주out-sourcing와 비정규직 고용이 일반화되었다. 비정규직 고용은 노동단체 발표로 50% 이상, IMF 통계로 23% 수준이 되어 단숨에 스페인에 이어 OECD 제2위로 치솟았다. 결국 소득의 양극화가 극단적으로 진행되어 소득 1분위계층의 소득에 대한 10분위계층 소득의 배율이 1997년 698.0%이던 것이 1998년 940.9%로 급상승해서 900% 전후에 머물렀다. 그 중에서도 특히 사업 및 부업소득에서의 격차가 커서 2004~2005년에 3000 혹은 4000 수준에 이르러서 민주화 이전 1986년의 1210.2%에 비해 3배 수준으로 악화되었고, 근로소득도 그 이전보다 못해졌다. 전체적으로 봐서 경상소득과 소득 전반에서 민주화 이전보다 분배구조가 훨씬 악화되었음을 볼 수 있다.

한 사회에서 소득의 대규모 재분배는 외국의 점령의 결과(일본의 한국 지배, 소련의 동유럽 지배), 혁명(소련, 중국), 전쟁으로 인한 대량의 재산 파괴(프랑스의 경우), 혹은 빈곤층의 대량 이민(노르웨이, 스웨덴) 결과 나타날 뿐이라는 연구결과Li,Squire & Zou, 1997가 있지만, 한국사회에서는 민주화에 따른 소득분배의 변동이 이렇게 대규모 경제위기의 결과 다시 악화되어 그 이전보다 더 나빠진 것이다.

지출항목별 국내총생산 증가에 대한 기여율

	민간최종소비지출	정부최종소비지출	총고정자본형성	순수출	GDP성장률
1986	35.3	9.6	26.4	31.9	10.6
1987	36.1	9.2	34.8	18.7	11.1
1996	55.7	15.0	38.9	-22.5	7.0
1997	52.8	10.8	16.0	29.7	4.7
1998	281.9	-74.4	398.8	-938.1	-6.9
1999	79.6	7.0	23.1	-59.1	9.5
2000	76.0	10.0	45.8	-34.9	8.5
2001	71.6	23.5	8.9	-9.1	3.8
2002	60.6	13.2	24.5	-8.2	7.0
2003	20.1	19.0	43.9	19.4	3.1
2004	22.5	17.0	24.5	29.1	4.7

자료: 통계청

소득분배구조가 악화된 결과 국내총생산 증가에 대한 지출항목별 기여율을 보면 민간의 최종소비지출은 2003~2004년에 20% 수준으로 떨어져서 민주화 이전보다 훨씬 나빠졌고, 총고정자본형성과 재화와 서비스 순수출의 기여율은 비슷한 수준으로 돌아갔으며, 그 결과 정부지출의 기여율만 상대적으로 높아졌다.

외환위기 이후 국제수지 변동 추이

	경상이전수지		서비스수지				소득수지 중 급료,임금 제외분			
	일반정부	기타부문	여행	특허권사용료	사업서비스	정부서비스	투자소득	직접투자소득	증권투자소득	기타투자소득
1986	10.5	1358.1	934.5	-457.3	530.4	215.4	-2773	320.7	-337.9	-2755.8
1987	18.3	1820.7	1594.9	-564	593.4	300.8	-2005.9	693.3	-139.3	-2559.9
1996	-373.9	324.7	-2602.6	-2245.6	145.6	330.1	-2379.4	19	-194.2	-2204.2
1997	-418.9	1041.8	-2256.4	-2161.5	611.5	397.6	-3154	-26.1	-95.5	-3032.4
1998	-434.5	3754.9	3438.2	-2109.2	-1136.5	307.7	-6042.4	-1362.5	-1378.6	-3301.3
1999	-358.9	2227.8	1959.7	-2205.9	-2240.4	355.9	-5643.7	-1612.8	-893.1	-3137.8
2000	-512.4	1078.7	-297.6	-2533	-3128.3	362.8	-2952.4	-744.7	320.8	-2528.5
2001	-362.4	-22.8	-1233	-2129.4	-2848.7	498.6	-1694.9	-1158.1	1783	-2319.8
2002	-638.9	-979.4	-4528.8	-2166.9	-3601.8	589	-94.3	-1361	2856	-1589.3
2003	-913.3	-1991.3	-4744.6	-2258.8	-4362.1	750.7	-308.5	-1418.4	2703.5	-1593.6
2004	-907.2	-1524.8	-6281.2	-2584.8	-5037.4	822.7	495.6	-973.9	2174.3	-704.8
2005	-1063.7	-1417.8	-9600.3	-2652.4	-6115.2	685.6	-2188.4	-2602.7	1553.2	-1138.9

자료: 통계청

소득분배구조의 악화가 경제 전반에 어떤 영향을 미치는가는 국제수지 변동의 추이에서도 나타난다. 표에서 나타나는 바와 같이 일반적으로 외환위기에 따른 증권시장의 대폭 개방으로 증권시장을 통한 경제잉여의 대외유출이 중요하게 제기되어 왔으나 실제로는 증권투자소득은 오히려 대외투자에 따른 소득이 2003~5년에 20억 달러 대의 흑자를 나타내면서 과거의 적자상태에서 반전했다는 것을 주목할 필요가 있다. 오히려 직접투자에 따른 소득의 대외유출이 외환위기 이전 혹은 민주화 당시의 흑자상태에서 10억 달러 전후의 적자상태로 반전하였다. 또

서비스수지 중 사업서비스에 따른 소득의 대외유출이 외환위기 이전에는 흑자기조였으나 적자기조, 그것도 50억 달러 전후의 규모로 많아졌다. 특허권사용료는 20억 달러 수준으로 외환위기 당시의 규모를 그대로 유지하고 있어서 한국경제의 기술개발 능력이 과거보다 많이 향상되었음을 보여준다.

그런데 문제는 여행수지와 경상이전수지의 적자가 엄청나다는 것이다. 여행수지는 과거 흑자기조에서 적자로, 그것도 그 규모가 2005년에 100억 달러에 이를 정도로 커졌고 점점 증가하고 있다. 극단적인 소득분배의 악화가 일부 계층의 호화(소위 웰빙풍조) 해외여행으로 이어지고 있고, 또 자녀의 해외 조기 유학으로 귀결되고 있음을 보여주고 있다.

또 경상이전수지 중 기타부문에서 2001년 이후 적자가 나타나기 시작해서 매년 10억 달러 수준의 적자를 보이고 있다. 최근 한국의 자금이 상해, 베트남의 부동산시장 급등에 주요 요인이 되고 있음은 물론 2004~5년에 미국 뉴욕주와 캘리포니아주의 부동산시장 투자자 국적별 1위의 지위를 차지했음이 언론에서 보도되었거니와 자금의 국내 선순환이 이루어지지 않고 해외 비생산적인 유출로 대거 이동했음을 나타내고 있다. 극동의 작은 나라 한국이 중국은 물론 미국의 부동산시장을 들썩인다는 상황이 전개되고 있는 것이다.

이러한 양상은 2002년 참여정부 출범 직후 주요 보수언론이 해외이민에 대한 특집을 집중적으로 보도하고 또 해외 부동산 투자를 부추긴 행태, 국내 고정자본투자의 저조 양상과 맞물려 자본측의 경제적 저항이 극심하게 진행되고 있음을 보여주고 있는 것이다. 앞에서 민주화 초기에 대중의 임금인상 및 권리쟁취 운동에 대해 중소자본의 불만이 있었고 생산기지 해외이전이 불가피하게 진행되었지만 경제 전반에 악영향을 미치는 성격은 아니었고 오히려 긍정적인 구조조정 효과를 가져왔음을 살펴본 데 비해 이제 계속된 정치권력의 교체에 대해 자본 및 기득권층의 저항이 본격화되었고 이것이 경제 전반(특히 경제성장과 일자리 창출)에 악영향을 끼치고 있음을 알 수 있다. 국제수지 변동의 추이로부터 우리는 대외개방의 문제점보다 국내 계급간의 갈등이 훨씬 심각한 문제점을 가지고 있음을 확인하게 된다.

민주주의가 확대됨에 따른 소득재분배의 영향에 관한 연구Mukherjee & Ray 2002에서는 얼핏 보기에는 매년 세금을 부과해가고 세율이 계속 높아져갈 것으로 생각되지만, 실제로는 재분배로부터 잃게 되는 부유층조차도 과세가 가능한 한 빨리 일어날 것을 원한다고 본다. 자산분배와 요소소득이 거의 불변이고 매년 재분배가 일어나는 상황은 장기간에서 모두에게 더 부담을 많이 주기 때문이다. 그 이유가 몇 가지 있는데, 예컨대 초기 소득 균등화 이후에도 양도불가능한 자산의 불균등한 분배가 양도가능한 자산의 불평등을 다시 초래하기 때문이라고 했는데(인적자본의 차이가 그 예이다), 이렇게 오늘날과 같은 개방경제 하에서는 자본의 대외 유출을 통한 경제적 저항이 민주화 국면에서의 정책 형성에 커다란 한계요인으로 작용하고 있음을 알 수 있다. 그리고 그것은 경제성장에 대한 저항으로 나타났다.

민주화와 경제성장

민주화가 대중의 생활에 미치는 영향은 정태적인 소득분배의 구조도 문제가 되지만 동태적인 경제성장도 중요하다. 우선 당장 경제성장은 소득의 상승률을 통해 영향을 미치고, 또 일자리 창출과 관련되어 영향을 미친다. 이는 결국 경기전망지수라는 경제적 지표를 통해 집권세력에 대한 자본 측의 태도로 증폭되고 대중은 거기에 부지불식간에 동화되어 집권세력의 무능함, 또 더 나아가 민주주의 혹은 민주화에 대한 회의로 이어질 수 있다. 민주화에 대한 전반적인 평가로 귀결되는 심각한 부분인 것이다.

결국 민주화가 대중의 삶을 얼마나 개선시키느냐의 문제, 즉 민주화와 분배구조의 문제는 그것이 얼마나 장기 지속가능한 것이냐에 관한 고려도 동시에 있어야 한다는 것을 알 수 있다. 즉 사회적 생산력의 지속적 발전 혹은 지속적인 경제성장과 함께 고려되어야 한다. 분배구조의 개선이 중요한 것은 물론이지만 사회적 생산력 문제, 생산성 증대, 기술혁신도 함께 고려되어야 하고, 이 때 시장경제체제의 활용은 국내외 자본간 경쟁을 효과적으로 활용하는 문제(시장활용; 현실사회주의 대 중국의 예)와 동시에 그 파괴적, 반대중적 착취강화 저지 문제(자본의 반격 방식)가 양날의 칼로 동시에 대두됨을 경계하지 않을 수 없다.

민주주주의가 경제성장에 미치는 영향에 관한 신고전학파적 분석은 아주 상반되게 나타난다. 민주화에 따른 대중의 분배구조 개선 요구는 보편적인 상황으로 인식되는 가운데 그 요구가 경제성장에 긍정적으로 작용할 것인가, 부정적으로 작용할 것인가 하는 문제이다. 요컨대 소득성향이 높은 저소득층의 소득 상승이 투자 저하를 초래해서 성장을 감소시킬 것이라는 연구들이 있다W.Galenson 1959, Karl de Schweinitz 1959. 비민주적인 체제 때보다 유권자의 관심과 투표행위가 투자보다 개인소비에 더 우선권을 부여하는 소득재분배정책을 펴도록 해서 높은 조세율을 유도해서 투자와 성장의욕을 떨어뜨린다고 볼 수 있다. '중위투표이론 median vote theorem'과 관련이 된다Bertola 1993, Alesina and Rodric 1994, Persson and Tabellini 1994; 이상 유경준 2006. 민주주의가 성장에 미치는 이러한 부정적인 영향에 관한 관점들을 '갈등론적 접근'이라 부른다Sirowy & Inkeles,1991. 그래서 오히려 독재정권의 경우 저축을 강제해서 경제성장을 이끄는데 더 효과적일 수 있다는 주장이 제기된다Huntington 1968.[1]

저개발국의 경우 경제성장이 우선 자원투입형으로부터 시작할 수밖에 없을 것이고 그 경우에는 전통적 산업구조로부터 공업사회로 이행에 필요한 사회적 자원의 재배치가 시급히 요구될 수도 있다. 정치체제의 차이와 소득수준에 관한 계량적 분석Przeworski 2000에 따르면 소득 1000달러 이하의 나라 1,021개 관찰대상 중 92.6%인 946개 경우가 독재체제이고 2.8%만 민주주의체제였다. 그런데 이러한 양상에 대해 체제에 따른 차이는 3000달러 이하에서는 거의 없다고 평가된다. 빈곤의 영향이

1 이러한 추론은 경제성장과정에서 분배 불균형의 불가피성에 관한 일반이론과 관련되며, Kaldor-Passinetti 모델에 근거하는 것이다. 이윤보다 개인소득의 소비성향이 더 높고(Kaldor 1956), 근로자의 소비성향이 자본가보다 더 높기 때문이라는 것이다(Passinetti1961). 결국 불평등이 저축성향 높은 계층의 소득을 높여서 성장을 촉진한다는 것이다.

워낙 커서 정부의 영향력도 한계가 있고 체제의 차이가 별다른 영향을 미치지 못한다는 것이다('저소득함정' 상태이다). 또 2500~3000달러 사이의 발전수준에서 체제의 차이에 따른 평균 성장률의 차이는 무시할 수준이고 성장패턴에는 차이가 나타나는 것으로 분석된다. 독재체제에서는 노동력 성장률이 2.03%로 민주주의에서의 1.32%보다 더 높고, 기술진보에 따른 편익이 0.33%여서 민주주의에서의 0.91%보다 많이 낮다는 것, 그래서 독재체제에서는 노동력 중심의 성장이 이루어진다고 평가된다.[2]

이에 비해 민주화가 투자를 낮춘다는 가설은 성립하지 않는다. GDP에 대한 투자의 비율은 민주주의에서 20.9%로 독재체제에서의 14.25%보다 더 높았다. 그러나 독재체제는 주로 빈곤국에 존재하고 민주주의는 부유국에 더 많다는 것을 생각하면 정치체제가 투자에 미치는 효과는 거의 없다고 봐야 한다. 소득 6000달러 이상인 나라에서는 769 관찰대상 중 91.9%인 837 경우가 민주주의체제였다. 즉 체제의 영향이 아니라 부의 효과에 따라 생산의 증가율이 다르다. 그런데 생산요소 이용의 효율성 차이는 분명하다. 총요소생산성은 민주주의에서 더 높고, 자본의 산출 탄력성은 독재체제에서 더 높은데 노동의 산출 탄력성은 민주주의에서 더 높았다. 민주주의에서는 기술진보의 이익이 높고 노동을 잘

---

2 독재 아래에서는 노동착취가 더 크다. 민주주의에서보다 부가가치 중 더 적은 부분을 근로자에게 지급한다. 남미의 '관료적 권위주의' 체제에서 노동에게서 자본으로 소득 재분배가 더 잔인했다. 노동소득 비율이 아르헨티나에서 1975년 29.4%에서 1982년 14.2%로, 칠레에서 1972년 29.6%에서 1989년 14.8%로 줄어들었다.

활용하는데 비해 독재체제에서는 실물자본스톡을 더 효과적으로 사용한다는 결론을 내릴 수 있다.

그래서 정치체제를 민주주의와 독재체제로 단순화시킨다면 정치체제에 따른 총소득의 성장률의 차이는 없다는 견해Barro 1989, Przeworski Limongi 1993, Sirowy Inkeles 1991, Helliwell 1994, Przeworski et al. 2000가 있지만 성장의 질은 경제발전 수준에 따라 다를 수밖에 없고 따라서 필요한 정치체제는 분명히 다른 것이다. 민주화가 경제성장에 긍정적 영향을 미친다는 관점이 이른바 '양립론적 접근'이다. 예컨대 1960~2000년간 150개 나라의 120개 체제변화에 관해 조사연구에 따르면 특정 나라에서의 시계열 변화에서 민주주의로 체제변화가 이루어진 나라에서 빠른 성장이 진행될 가능성이 더 높았다. 민주화가 통계적으로 유의하게 0.75%p 성장을 촉진했다는 것, 따라서 연간 6% 성장일 경우 1인당 소득에 12.5% 장기 효과를 갖는다는 것이다Persson & Tabellini 2006. 다른 연구들에서도 민주화가 성장에 긍정적인 효과를 낳는 것으로 나타났다Papaioannou & Siourounis 2005, Roll & Tabott 2004. 그 근거에 관한 연구결과들을 크게 세 가지로 분류할 수 있다.

첫째, 민주화를 통해 사회적 갈등이 체제 내로 수렴될 수 있다. 빈부격차가 경제성장에 미치는 악영향에 관한 일반적 연구들이 참고가 된다. 불평등에 따른 정치적 갈등이 투자를 줄이게 되어 성장을 저해한다는 논지Alessina and Perotti 1996도 있지만 불평등에 따라 증가하는 범죄, 폭력 때문에 발생하는 직간접적인 사회적 비용이 기회비용 측면에서 사회 경제적 부담의 증가를 낳는다는 점Bourguignon 1998을 고려하지 않을 수 없다. 외부적 충격에 효율적으로 반응하는 조절능력에도 차이가 있을 수밖에 없다. 불평등에 따른 사회적 조절능력의 차이에 관한 연구Rodric 1997; 이상 유경준 2006는 여기에서 이렇게 재해석될 수 있다. 외환위기가 발생했을 때 남미가 아시아에 비해 회복이 늦은 이유를 사회적 조절능력의 차이라 평가하는데, 위기 국면에서 모든 국민이 '금모으기운동'을 벌인 자발적 대응양상은 권위주의체제 아래에서는 보기 어려운 것임에 분명하다.

둘째, 따라서 민주주의체제 아래에서는 법과 제도에 의한 질서 유지가 가능하고 이런 체제가 예측 가능한 환경을 조성해서 경제활동에 긍정적인 영향을 미칠 수 있다. 더 구체적으로 보면 민주주의가 재산권 보호, 중앙은행의 독립성 등으로 정의되는 강력한 법 집행과 관련해서 Cukierman, Webb & Neyapti 1993; Broz 2002, 더 폭넓은 노동조합 조직을 가능케 해서 조합주의적 거버넌스가 가능해져서Alvarez et al,1991; Garrett 1995; Overspm 1998, 연방주의의 발달을 통해Weingast 1993, 통상체제 확립을 통해Mansfield, Milner, Rosendorf 2000 성장에 긍정적인 영향을 미친다는 견해들이 있다. 물론 이러한 긍정적인 환경은 독재 또는 권위주의체제로부터 민주화가 진행되는 과도기의 진통을 겪은 후 대체로 국민들이 합의하는 법과 제도를 창출해 낸 이후라야 가능할 것이다.

셋째, 이렇게 법과 제도를 통한 사회적 질서가 형성되면 독재 또는 권위주의체제에서 일어나기 쉬운 자의적인 자원배분에 비해 비록 시행

착오 과정이 있더라도 결국 훨씬 효율적으로 자원이 사회적으로 배분될 수 있다. 일반적으로 경제적 불평등이 심할 경우 빈곤층은 부자에 비해 그들의 잠재적인 생산능력을 양성하고 발휘할 기회(가령 교육비, 사업자금 조달 등의 측면에서)가 적어서 정태적으로 덜 효율적이고 동태적으로 성장에 좋지 않은 영향을 미친다는 연구결과Alesina 1994, Persson and Tabellini 1994, Perotti 1996가 있는데, 민주화는 이러한 문제점을 보완하고 극복하게 할 것이라 예상된다.

그래서 민주주의가 성장에 약간의 부정적 영향을 끼치지만 교육과 투자를 통해 (더 큰) 긍정적 영향을 준다는Helliwell 1994, 민주주의가 인구증가를 억제해서 1인당 소득의 증가에 (+)의 영향을 준다는 Przeworski, 2000, 민주주의가 자본시장 발달을 가져와서 성장에 영향을 미친다는Rajan Zingales 2001 등의 연구결과들이 있다. 또 민주주의체제에서 자유로운 정보의 흐름이 경제적 결정의 질을 높인다는 연구도 있다. 예컨대 민주주의체제에서는 빈곤상태에서도 기근을 겪지 않게 된다는 것인데 이는 언론과 야당의 조기 경고기능이 있기 때문에 가능하다는 것이다Dreze&Sen 1989, Sen 1994. 대체로 발전도상에서 자원투입형, 복제생산 중심의 경제가 아닌 생산성 향상, 신지식 신기술 개발을 통한 경제성장에는 창조성의 극대화가 필요할 것인데 여기에는 민주적인 사회환경이 긴요하다고 할 수 있다.

그러나 그 구체적 전개양상은 국내 계급간 대립관계의 경제변수화를 고려하지 않고서는 이상과 같이 일반론을 그대로 적용하는 데에는 문제가 있다. 또 사회적 생산력의 수준도 문제이다. 여기에는 특히 발전도상 경제의 경우 독자적인 생산기술의 발전이 문제가 될 수 있다. 앞에서 살펴본 바와 같이 민주화 이후 근로대중의 소득 증대와 그에 따른 내수 확대와 투자 증대가 1990년대에 한국경제에서 진행된 선순환 구조였다. 그 기간에 환율의 하락이 동반하여 경기호황의 효과는 극대화 될 수 있었다. 1994~95년에 국내총생산의 성장률(8.6%와 8.9%), 제조업의 성장률(10.5%,10.8%), 총고정자본형성의 증가률(11.8%와 11.7%) 등이 모두 높게 나타났다. 그러나 90년대 들어 그러한 활발한 경제상황 속에 수입이 급속히 늘어 대외부문을 통해 경제가 애로에 부딪히게 되었다.

최종수요 항목별 구성 및 수입유발계수 추이 (단위: %)

	1985		1990		1995	
	구성비	수입유발계수	구성비	수입유발계수	구성비	수입유발계수
소 비	51.6	0.201	48.6	0.192	47.8	0.196
투 자	22.7	0.329	28.9	0.285	29.6	0.310
(기계류)	(7.6)	(0.632)	(10.2)	(0.557)	(11.4)	(0.570)
(건 설)	(12.7)	(0.205)	(16.8)	(0.153)	(15.0)	(0.151)
수 출	25.7	0.355	22.5	0.309	22.6	0.303
최종수요 계	100.0	0.269	100.0	0.245	100.0	0.254

자료: 한국은행(1998)

이는 아직 당시 독자적인 생산기술이 충분히 발전하지 못한 까닭이다. 이러한 추세는 주요 품목별 수입증가율의 추세에서도 나타난다. 전체 수입 중 17.1%를 차지하는 일반기계의 수입증가율이 1994년과 1995년에 각각 33.0%와 36.4%, 전체 수입 중 14.4%를 차지하는 전기전자기계의 수입증가율이 1994년과 1995년에 각각 29.1%와 29.2%를 차지하였던 것이다. 예컨대 PC수요 증가 및 정보통신산업의 급속한 성장으로 비메모리반도체(15%),유무선통신기(21%), 금속공장 기계부품(36%) 등의 핵심기계부품은 높은 수입증가율을 기록하였다.

제조업의 자급률·수입률·수출률·수출입차 추이 (단위: %, 10억원)

	자급률		수입률		수출률		수출입차	
	1990	1995	1990	1995	1990	1995	1990	1995
기초소재업종	90.8	93.3	20.4	20.0	11.3	13.3	-7,122.4	-10,456.9
조립가공업종	95.3	100.9	29.9	32.7	25.2	33.6	-3,136.3	1,353.2
일반기계	66.2	68.3	40.4	42.1	6.6	10.4	-6,796.3	-13,881.7
전기전자기기	114.6	126.1	33.2	33.7	47.7	59.9	3,373.5	13,700.8
정밀기기	56.6	48.3	61.6	64.4	18.2	12.7	-1,338.2	-4,732.9
수송장비	108.0	114.8	11.0	14.9	19.0	29.6	1,624.7	6,267.1
소비재업종	114.5	104.5	11.9	16.5	26.4	21.1	9,169.9	4,574.7

자료: 한국은행(1998)

산업연관표로 당시의 경제구조를 보면 산업구조 상 수출의 수입유발계수는 1985년 0.355, 1990년 0.309, 그리고 1995년 0.303으로 줄곧 낮아졌지만, 투자의 수입유발계수는 0.329에서 0.285로 낮아졌으나 다시 0.310으로 상승하였다. 이 변화가 주로 기계류의 수입에 따른 것이었다. 이렇게 해서 총투입에 대한 수입중간재의 비중이 10.9%로서

`80년 이후의 하락세에서 다시 상승하였다. 중간재의 국산화가 정체된 것이다. 특히 일반기계(68.3%), 정밀기기(48.3%) 등 기계업종은 여전히 자급률이 저조한 상태여서, 두 업종은 수입률 (=수입/내수)도 40.4%에서 42.1%, 61.6%에서 64.4%로 오히려 상승하였다. 이러한 생산기술과 그에 따른 무역구조 아래 성장률의 증대는 곧 경상수지 적자의 확대를 낳아서 1994~95년 38억 달러, 89억 달러에서 1996년 230억 달러로 적자가 크게 확대되었다.[3] 1997년 외환위기 발생의 구조는 이러한 경제구조의 산물이었다. 민주화 이후 다양한 간접적 효과를 통해 발생할 수 있는 부정적 영향에 관한 연구결과들이 있거니와 그 가운데 통화공급과 인플레를 통해 상당한 부정적 영향을 끼칠 수 있다는 분석이 여기에 해당하는 것이다Gasiorowski 2000.

생산기술의 낙후성이 경제발전과 대중의 삶의 개선에 발목을 잡은 사례는 남미가 대표적인 경우이다. 남미 여러 나라들은 1930~40년대에 상당한 산업화를 이루었다. 그 과정은 대체로 민중집단의 동원을 통해 국가의 지위를 강화했고 그 대신 임금인상으로 국내시장을 확대할 수 있었다. 이 부분만 보면 선순환을 통한 지속적 발전이 가능한 구조를 이루었다고 볼 수 있다. 그러나 독자적인 기술 개발을 하지 못했기 때문에 더 이상의 산업화에 지체현상만 심화되었고, 외국자본과 기술에 더욱 의존케 되었다. 상품의 세계시장 경쟁력 확보에 외국기술이 필요했

3 여기에는 수입의 증대와 함께 때마침 진행된 엔화 평가절하에 따른 수출의 감소가 중층적으로 작용하였다. 즉, 1996년에 엔화가 다시 94.06엔에서 108.78엔으로 상승하자 수출증가률이 31.2%에서 4.3% 증가로 급감하였다.

던 반면 관세로 보호되는 시장의 성장은 외국투자를 증가시켰다.

그 결과 새로운 형태의 종속적 발전이 이루어졌다. 1968년 남미에 대한 미국의 투자 전액 중 34%가 제조업에 투자되었고, 아르헨티나 브라질 멕시코에서는 미국의 투자 중 64~70%가 제조업에 이루어졌다. 외국기업들이 기존회사를 사들이거나 자회사 설립함에 따라 산업의 탈민족화와 비효율적인 국내기업의 도태를 초래하였다. 다국적기업들은 가장 역동적인 산업부문-화학 운송장비 기계-에서 지배적인 위치를 차지하게 되었다. 결국 다시 실질임금은 하락해갔고 민중집단들은 선거 파업 시위 등을 통해 압력을 행사해서 부르주아와 외국자본의 지배권을 위협하였다. 결국 정치체제는 차례차례 다시 군사정권으로 대체되어 기능주의적, 관료적 해결을 주로 하는 관료적 권위주의를 낳았다Hamilton 1981.

그에 비해 한국경제는 외환위기 이후 앞에서 본 바와 같이 빈부격차의 심화를 겪었지만, 그 과정에서 과거 대재벌의 문어발식 경영을 청산하고 전문화를 이루었고 이는 사회적 생산력을 크게 신장시켰음이 분명하다. 조선산업이 대표적인 경우인데 과거 일본에 비해 세계시장 점유율이 뒤처져서 만성적으로 세계 2위에 만족해야만 했다. 그러나 2000년을 경계로 일본을 추월해서 세계 1위의 선박 생산국 위치를 확보하였다. 가전산업에서도 한국이 생산하는 세계 일류상품이 2000년 9개에서 2005년 32개 품목으로 크게 증가하였다.

전자산업에서의 세계 일류상품 현황

연도	세계 일류상품(품목수)
2001	전자레인지, 냉장고, 에어컨, 디지털TV, DVD 플레이어, CD-ROM 드라이브, 휴대폰, 위성방송 수신기, 초음파 진단기 (9개 품목)
2002(상)	무선 가입자망 단말기, OPC 드럼, AV Reciever/Amp, VCR, 컴퓨터 모니터, Combo Driver, DVD-ROM Drive, DVD 홈시어터, 홍체인식 보안 시스템, CD-RW Drive, 산업용 모니터, DVD+VHS Combo Player, 진공청소기, 세탁기 (14개 품목)
2002(하) ~ 2005	LCD TV, 자동검안기, 개인용 온열기, 프로젝션 TV, 비디오 도어폰, MP3, 전기머리인두, 흑백 레이저 프린터, 휴대용노래반주기 (9개 품목)

자료: 산업자원부

세계시장에서의 점유율 확대는 부품국산화로 요약되는 생산기술의 발전이 뒷받침될 때에만 국민경제에 파급효과를 가질 수 있다. 한국경제에서 조선과 자동차 일반기계 등 전통산업 제품들은 국산화율이 평균 90%가 넘는다. 이 때문에 수출이 늘어나면 이들 기업뿐만 아니라 부품업체들도 호황을 누린다. 조선공업의 경우 국내 조선소들은 용지 부족문제가 심각해지자 세계 다른 나라의 조선소들이 생각지도 못한 신공법을 개발해서 많은 주목을 받아왔다. 2000년대 들어 육상 도크가 부족해지자 육상에서 건조해서 거대한 바지선으로 해상으로 이동시키는 육상건조공법을 활용하거나 모듈생산을 확대해서 해상에서 조립하는 수중건조공법을 개발 적용, 생산성을 획기적으로 높일 수 있었다. 또 철강공업의 경우에도 기존의 복잡한 용광로 제철과정을 단축한 '파이넥스FINEX' 신공법을 세계 최초로 개발해서 지금까지 30여 년 동안 지불해야 했던 기술료를 내지 않아도 되게 했다. 이는 분명히 과거와 달라진 양상임에 분명하다.

그런데 그에 비해 한국경제에서 성장산업으로서 주목을 받고 있고, 전체 수출에서 차지하는 비중은 28.3%인 IT제품들의 경우는 아직 대부분 제품의 국산화율이 상대적으로 낮아 부품업체 등에 미치는 영향이 상대적으로 작다. 프로젝션TV 52%를 비롯해 MP3플레이어 64%, 초박막액정표시장치 TFT-LCD 82%, 반도체 장비와 재료의 국산화율은 현재 약 18% · 40% 수준이며, 디스플레이 장비 · 재료의 경우 약 30% · 40% 수준에 머물러있다. 휴대폰은 지속적인 기술력 향상으로 고급형의 경우 세계 최고 수준의 기술경쟁력을 갖췄지만 국산화 수준은 보급형이 69%, 고급형은 63%에 그친 것으로 조사됐다.

산업연관분석에 따르면 생산에 투입된 원재료, 원료 등 중간재의 국산화율은 전 산업 평균 85년 68.7%에서 90년 67.6%, 95년 64.6%로 10년 만에 4.1%p 낮아졌다. 국산화율이 하락한 것은 중간재의 수입의존도가 크게 높아졌기 때문이다. 중간재 가운데 국산중간재의 투입률은 95년 44.5%로 90년과 비슷한 수준을 유지한 반면 수입중간재의 투입률은 85년 9.3%에서 90년 9.8%, 95년 10.9%로 확대돼 국내생산활동에 있어서 수입의존도가 그만큼 상승했다.[4] 이러한 공산품 국산화율은 일본의 82.3%와 비교할 때 상당히 낮은 수준이며 특히 우리나라 수출의 주종인 전기 · 전자기기, 수송장비 등에서 일본과 현격한 격차를 보여 핵심소재 부품의 국산화 대체 노력이 시급한 것으로 분석됐다. 다만

4 한국은행, 「85~90~95년 접속불변산업연관표」, 2002

디지털전자 시대로 접어들면서 원천기술을 보유하고 있는 외국기업체 인수 혹은 자체 개발을 통해 가전 또는 동영상 등의 분야에서 H/W 또는 S/W와 관련된 일부 원천기술을 보유하게 되어 앞으로 전망을 가질 수 있게 한 것이 과거와 달라진 양상이라 할 수 있다.

전자제품 기술수준 및 국산화(2006년) (단위:%)

<table>
<tr><th></th><th colspan="2">품 목</th><th>기술수준</th><th>국산채용율</th></tr>
<tr><td rowspan="9">전자기기</td><td colspan="2">LCD TV</td><td>92</td><td>88</td></tr>
<tr><td colspan="2">PDP TV</td><td>91</td><td>90</td></tr>
<tr><td colspan="2">홈네트워크서버</td><td>55</td><td>36</td></tr>
<tr><td rowspan="2">휴대폰</td><td>보급형</td><td>96</td><td>69</td></tr>
<tr><td>고급형</td><td>100</td><td>63</td></tr>
<tr><td rowspan="2">MP3P</td><td>플래쉬메모리형</td><td rowspan="2">80</td><td>64</td></tr>
<tr><td>HDD형</td><td>30</td></tr>
<tr><td colspan="2">노트북PC</td><td>80</td><td>44</td></tr>
<tr><td colspan="2"></td><td></td><td></td></tr>
<tr><td rowspan="8">전자부품</td><td colspan="2">TFT-LCD</td><td>76</td><td>82</td></tr>
<tr><td colspan="2">PDP</td><td>85</td><td>56</td></tr>
<tr><td colspan="2">OLED</td><td>91</td><td>50</td></tr>
<tr><td colspan="2">카메라모듈</td><td>85</td><td>89</td></tr>
<tr><td colspan="2">소형모터</td><td>85</td><td>52</td></tr>
<tr><td rowspan="2">리튬2차전지</td><td>리튬이온전지</td><td>75</td><td>32</td></tr>
<tr><td>리튬폴리머전지</td><td>60</td><td>18</td></tr>
<tr><td colspan="2">RFID</td><td>60</td><td>56</td></tr>
</table>

자료: 산업자원부, '국산화 실태 기술경쟁력 분석', 2007

국가의 성격: 민주공화제 국가와 자본주의국가

민주화된 사회에서의 정부를 어떻게 평가할 것인가? 특히 민주화를 쟁취하기 위해 앞장서서 노력했던 사람들이 그 노력을 인정받아 집권세력이 된 경우 그 정부의 성격을 어떻게 평가해야 할까? 또 대중의 삶의 질을 개선하기 위해 그들이 추진하는 이른바 개혁정책의 가능성과 한계는 어디까지인가? 그림에서 보는 바와 같이 GDP 대비 사회보장 관련 공적 지출의 비중은 과거 3% 수준이던 것이 2001년의 경우 6% 수준으로 높아졌다. 그러나 다른 선진국, 유럽 나라들을 제외하고라도 이 부분의 지출이 상대적으로 적은 일본과 미국에 비해서도 훨씬 못 미치는 수준이다. 소위 민주정부의 역할을 어떻게 평가할 것인가?

사회보장 관련 공적지출 국제비교

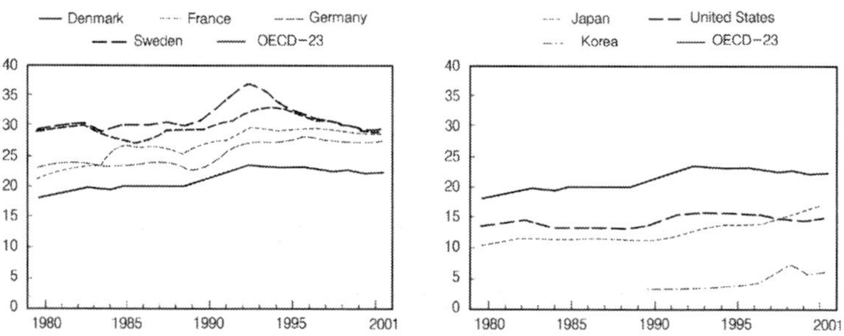

자료: OECD(2005)

과거 국가독점자본주의이론에서는 독점자본과 국가권력의 유착을 인적 결합 측면에서 파악하였다. 그러나 한국사회와 같이 이제 민주화를 쟁취한 사회의 경우 그런 접근은 거리가 있어 보인다. 굳이 그 관점을 유지하자면 독점자본에 의한 매수의 증거를 찾아내려 노력해야겠지만, 그것은 그다지 성과가 있을 것 같지 않다.

그래서 '국가는 계급지배를 위한 도구이다'(K.Marx, 공산당선언, F.Enges,가족 사유재산 국가의 기원)라는 선언의 타당성을 다시 주목하게 되는데, 그것도 지나치게 단순해 보인다. 그러한 '도구주의 국가관'에서는 계급사회를 전제할 때 대중의 완전한 자유와 해방, 따라서 대중의 삶의 궁극적 고양은 그 계급 철폐를 통해서만 가능하다고 보았다. 그 과정에서 구래의 관료 군사기구는 폐지되어야 하며 그것을 위해서는 노동계급의 독재가 불가피하며, 그렇게 사회주의사회를 통해서 국가는 소멸되어 간다고 보았다. 그러나 그렇게 불가피한 과정으로 설정된 노동대중의 독재가 사회적 생산력을 지속적으로 발전시켜 가서 대중의 경제적 삶을 어떻게 지속적으로 개선시켜갈 것인가에 관해 현실 역사 속에서 답을 찾기가 쉽지 않다.

그런데 국가권력에 관한 맑스 엥겔스의 규정에서 일반적인 본질에 관해서뿐만 아니라 그 역사적 형태에 관한 고려도 있음을 발견하게 된다. 즉 독일과 같은 전제국가도 있고, 프랑스나 미국과 같은 민주공화국도 있고 영국처럼 인민의 의사에 대항하기에는 무력한 군주국도 있어서, 후자들의 경우 '평화적인' '성장이행'이 가능할 것이라 보았다.[5] 결국

---

5 국가가 '광범한 인민대중의 이익에 대해 점점 무관하게 되고 인민을 착취하기 위한 농업지주 증권업자 대공업가의 조합으로 되고 있다는 것은 특히 독일의 국가에 대해 묘사할 때'(엥겔스, 독일의 열광적 애국자들을 회상하며,1806~07년) 강조되었던 것이다.

지방자치 등 자치의 철저한 확대(엥겔스, 1891년 독일 사회민주당 강령 초안 비판) 등의 과정까지 생각하면 그람시가 말한 진지전의 개념, 케인지안의 복지국가론, 최근 이른바 '시민사회론'과 함께 많이 거론되고 있는 거버넌스개념 등이 모두 점진적 평화적 이행의 길에 관한 다양한 논의로 간주할 수 있지 않을까 생각하게 된다.

그러나 현실 속에서의 국가는 비록 다수 대중의 선택에 의해 성립한 정부라 하더라도 그 다수 대중을 위한 정책을 펼쳐나가기가 쉽지 않은 것도 사실이다. 이 부분을 우리는 간과할 수 있다. 여기에서 몇 가지 예를 들어볼 수 있다. 1981년 프랑스에서 과거 2차 대전 기간 중에 레지스탕스활동으로 국민들의 존경을 받았고 또 오랜 사회당 활동으로 사회주의 노선에 충실하다는 평가를 받았던 미테랑이 대통령으로 당선됨으로써 사회당 정부가 성립했다.[6] 그 이전 우파인 드골파의 지스카르 데스탱 대통령 하 바르 총리의 시장친화적 자유주의 경제정책 아래 프랑스 경제는 인플레율 10% 이상, 실업률 7.4%, 환율불안정 등 3중고의 경제를 물려받은 상태였다. 미테랑 대통령은 당연히 이전 정부와의 정책 차별화를 시도했다.

"우리 당과 노동자계급이 지배권을 장악할 수 있는 경우는 민주적 공화제 형태 아래서뿐이라는 것이다. 이 민주적 공화제는 이미 위대한 프랑스혁명이 보여주었듯이 노동계급 독재를 위한 독특한 형태이다."(엥겔스, 1891년 독일 사회민주당 강령 초안 비판)

그러나 그 민주적 공화제도 결코 완전한 것이 아님은 물론이다. "민주적 공화제 아래에서 '부는 그 권력을 간접적으로, 그러나 한층더 확실하게 행사한다.' '미국과 같이 직접 관리를 매수'하거나 '프랑스와 미국 같이 정부와 증권거래소 간의 동맹' 이 형성되기도 한다."(엥겔스, 프랑스 내전 서문)

6 이하 이재승(2005), 문우식(2005), 채희율(2000)에 의함.

차별화된 정책의 기반은 1970년대 공산당과 좌파연합을 형성하는 과정에 작성한 〈좌파공동강령〉과 〈사회주의 프로젝트〉였다. 그 취지를 이어받아 총선 직전 사회당을 중심으로 좌파진영이 〈110 제안들〉을 발표했는데, 취임 초기 정책들은 그것들을 구체화한 것이었다. 우선 대폭적인 사회복지 확대정책이 시행되었다. 출범 직후 가족보조금을 25%, 주택보조금 15%, 장애인 수당 20%, 최저연금액 20%, 장기 실업자보조금 50% 확대하였고, 실업수당 지급기간을 50% 연장했으며, 시간당 지급액을 40% 인상했고 1982년에 다시 일부를 인상하였다.

노동관련 정책에도 많은 변화를 시도하였다. 공공부문 고용을 대폭 확대하고 근로자 최저임금을 1981년 6월부터 1983년 말까지 약 43% 인상하였다. 최저임금 인상으로 소비 촉진과 소득재분배 효과가 발생해서 고용이 증대되길 기대했다. 거기에 고용증대를 위해 기업에 사회안정보장 프로그램, 직업훈련 프로그램 확장을 요구했고, 그 대신 고용주는 1년간 사회보장 분담금을 면제 받고, 연대계약에 의거해 장기실업자 고용하는 경우 혜택을 받게 했다. 노동자들에게는 노동시간 감축(40->39시간), 유급휴가 확대, 조기퇴직 활성화를 실시하였다. 이렇게 해서 심각한 신규 고용 증대가 나타나서 실업문제가 완화되길 기대했다. 또 부유세를 신설하고, 노사관계법을 개정하는 등 사회주의적 개혁조치들 시행했다. 또 3개로 분열되어 약화되어 있던 노동조합을 강화해서 노동운동 강화를 추진했다. 프랑스의 노동계급에게 행해진 이러한 각종 조치들은 하나하나 다른 민주정부들에서도 꼼꼼히 검토해보아야 할 것들이다.

거기에 포괄적 국유화 조치가 실시되었다. 이것도 1972년 좌파공동강령을 이어 받은 것이었다. 원래 공산당의 목적은 자본주의권력을 약화시키려는 것이었다(국가독점자본주의이론). 대규모 자본의 지배력을 깨트리고 이전과 다른 경제정책을 실시하는 환경을 조성하겠다는 목적이었다. 독점기업 국유화를 통해 거시적, 미시적 수준에서 집단적 통제를 실현할 수 있다고 본 것이다. 그런데 1970년대 후반 사회당의 생각은 이미 조금씩 변화했었다. 기업이 독점화되었거나 그런 경향이 있을 때, 국가가 필요한 상품을 만드는 경우에만 필요하고, 국유화된 기업은 경쟁논리에도, 시장지배력도 갖지 말아야 한다고 주장되었다. 사회당의 이 정책을 중요하게 고려한 또 다른 이유는 프랑스 자본주의가 너무 강해서가 아니라 너무 약하기 때문이었다. 국제자본의 흡수합병에 대응하기 위해서였다. 그래서 1982년 철강 및 석유, 항공, 조선, 식수, 고속도로 및 장거리통신망, 건설업의 지분을 대규모로 매입했다. 전체 매출의 29%(그전 17%), 고용의 22%(11%), 투자의 52%(43%), 그리고 전체 예금의 90%, 국영은행 여신의 84%(그전 54%)를 점하게 되었다.

그런데 1981년 선거 기간 중 벌써 전례 없는 규모의 프랑화에 대한 투기적 공격이 발생한데 이어 선거 바로 다음날 환율 변동 폭의 하한선까지 하락했다. 국제금융시장은 사회당 정부의 공약인 팽창적 경제프로그램 시행의 첫 단계로 프랑화 평가절하를 예상한 것이다. 그러나 미테랑은 취임 직후 프랑화 절대 절하하지 않겠다는 입장을 발표하고 중앙은행의 외환시장 개입이 시작되었다. 그러나 고용정책, 임금인상 등에 의한 국내 구매력 증가는 수입 급증과 무역수지 악화를 초래하였다. 나타나기 시작한 경제의 교란 속에 1982년 3월 지방선거에서 사회주의자들은 크게 패배했다. 결국 1981년 10월 제 1차로 3%, 1982년 6월 제 2차로 5.75% 평가절하가 단행되었다. 또 6월 16일 긴축정책으로 부분적 전환이 이루어졌다. 그럼에도 외환보유고는 연초의 50%로 감소하였다. 프랑화 투기는 계속되었다. 인플레 확대, 재정적자 증대가 이어지고 1983년 3월 외환보유고는 고갈상태로 되었다. 변동환율제도, 유럽통화제도 이탈이 검토, 논의되었다.

3월 2.5% 평가절하가 단행되고, 결국 3월 25일 '들로르 계획'이 발표되었다. 세금인상, 정부지출 축소, 기존 긴축정책 강화가 실시되고, 대신 보완조치로 노동시간 추가 단축, 노동자 고용안정협약, 법인세 10% 감축, 식료품 부가세 인하조치가 취해졌다. 그러나 1983년 9월 드루 지역 지방선거에서 사회당은 참패하였다. 프랑화 안정책과 긴축정책은 1983~5년 실질적 효과를 발휘하기 시작했다. 명목임금 상승률을 평균 14%에서 6%로, 실질임금은 1%로, 물가상승폭은 1985년 6% 이하로 크게 감소시켰다. 사회복지재정 적자를 축소하기 위한 개혁이 시행됐다. 그러나 그 댓가는 컸다. 실업률이 바르 정부 때보다 두 배로 증가한 것이다.

많은 지지자들의 이탈이 시작되었다. 노조와의 관계는 계속 악화되고, 연정 파트너였던 공산당은 결별하였다. 1984~86년 파비우스 수상 정부

동안 재계와 화해가 이루어지고, 신용배분을 통한 여신통제가 폐지되었다. 금융시장은 자유화되고, 통화 선물시장 개장, 증권거래소 개혁 등 일련의 자유화와 반규제정책이 실시되었다. 그러나 1986년 3월 총선에서 패배하였고 최초의 좌우동거내각이 출현하였다. 경제 금융 자유화 조치, 3% 평가절하가 이루어지면서 환율이 안정되었다.

1988년에 미테랑은 대통령에 재선되었고, 총선에서 다수당을 획득했다. 로카르 내각이 출범했다. 그러나 강한 프랑화정책, 긴축정책(경쟁적 디스인플레이션 정책)은 계속되었다. 1991년에는 크레송 내각이 출범했다. 1980년대 건전한 통화에 대한 믿음, 인플레 억제 노력은 성과를 거두기 시작했고, 프랑화는 유럽통화제도를 지지하는 근간이 되었다. 그러나 실업률은 12%(실업자 290만;1992년)로 높았고, 경제성장률 2%, 정부재정적자 심화되어 있었다. 1992년 9월에 달러화가 약세를 보임에 따라 유럽통화제도 내 국가들의 평가절상이 이루어졌다, 그 가운데 프랑화에 대한 투기자본의 공격이 시작되어 중앙은행이 개입하고 독일 중앙은행과 협조가 강화되었다. 12월 또 프랑화가 하락하고, 투기가 시작되었다. 결국 1993년 총선에서 좌파는 참패하였고, 두 번째 좌우동거 내각인 발라뒤르 내각이 출범해서 1995년 미테랑 대통령의 임기 종료까지 이어졌다.

1981년 이후 프랑스의 사례에서 노동계급을 위한 훌륭한 정책들이 많은 난관 속에 시행되는 과정을 볼 수 있다. 우파에서 집권을 했더라도 구조조정정책 등을 통해 개별 자본에 대해서는 불리한 조치가 취해질 수 있을 뿐만 아니라 사회당 정부에서도 노동계급을 위한 정책이 충분히 실시되기 어려운 조건이 있는 것이다. 자본주의국가가 전체 자본의 이익을 위해 움직이고 자본가들의 특정 이익에 어긋나는 행동을 취할 수도 있다는 것을 설명하려는 시도가 이른바 '상대적 자율성'에 관한 논의N.Poulantzas 1969였다. 그러나 그 구조주의 관점도 비판을 받았다.

사회의 전 구성원은 어떤 수입원천의 소유자들이라는 공통된 신분 때문에 (표면적인) 공통이익을 갖는다는 것, 이 이익공동체의 존재 때문에 자율적이고 중립적으로 보이는 국가의 존재를 가능케 된다는 것이다. 자본가들의 이익공동체만이 아니라 사회 전 구성원의 이익공동체가 나타나는 곳이 사회의 표층이고. 따라서 국가분석은 자본의 본질적인 성격이 아니라 자본주의적 관계들이 사회표층에 나타나는 형태들에 근거해야 한다는 것이다J.Holloway & S.Picciotto,1978.

'상대적 자율성' 이론은 지배계급이 계급의식적이어야 한다는 문제점도 지적된다. 개별 자본이 아니라 총자본을 위해 봉사해야 한다고 했는데, 그러기 위해서는 계급전체의 이익에 대한 이해가 있어야 하고, 여기에 정치적 응집력과 고도의 정치적 소양을 갖추고 있어야 한다. 거꾸로 그러한 도구주의 국가관 비판을 통해 사회주의자들이 기존 국가 수단을 지배, 이용해서 노동계급의 도구로, 사회주의로 전환을 촉진할 수 있을 것으로 보려 한다. 그러한 전망을 가지고 있더라도 당장 오늘 이 자리에서, 혹은 이 시대 임기 중에 그것이 가능하다고 생각하는 것도 황당할 만큼의 조급증이라 하지 않을 수 없다. 오히려 현실은 앞의 프랑스의 예에서와 같이 몹시도 어려운 과정의 연속이다. 그런 점에서 자본가들의 직접적, 의식적 개입 여부와 상관없이 그들과 자본주의 체제를 위해 복무하는 구조적 메카니즘을 인식하지 않으면 안 되는 것이다.

국가관리자들은 그들의 정치적 이념과 상관없이 어떤 적정수준의 경제적 활동을 유지하는 것이 중요한데 거기에는 두 가지 이유가 있다.

① 과세 혹은 차용 통한 국가 재정 조달 능력이 경제에 달렸고,

② 한 체제에서 경제활동 수준의 급강하, 실업 증가, 필수품 부족 현상 등이 발생하면 그 체제에 대한 대중의 지지는 뚜렷이 저하할 것이다. 그러면 권력에서 밀려나거나 체제에 대한 도전이 증가하기 마련이고, 그 체제의 정치적 능력은 감소케 된다. 자본주의경제에서 경제활동의 수준은 대체로 자본가의 민간투자 결정에 의해 좌우되기 때문에 이는 결국 자본가들이 투자자로서의 집단적 역할을 통해 국가정책에 대한 거부권을 가진다는 것을 의미한다. 미테랑 정부 초기 프랑스에서도 자본의 해외유출이 있었고, 앞의 최근 한국경제에서의 국제수지분석에서 중국 베트남, 그리고 미국의 부동산 시장에 한국에서 거액의 자본이 유출되고 있음을 보았다. 빈부격차의 확대 속에 축적된 자본이 해외 유출될 때 내수경기의 침체, 결국 경제불황을 벗어나기가 쉽지 않은 것이다.

'국가도출론'에서 자본가들이 투자자로서 거부권 갖는다고 보는 것이 도구주의의 재판은 아니고 그것을 관철해가는 메카니즘이 바로 경기전망지수business confidence 개념이다. 개별 자본가의 투자는 '지배계급의

식'과는 전혀 다른 시장평가에 기반을 둔다. 한 나라 경제 전반에 대한 모든 평가들을 종합하고, 또 국제적 요인도 고려에 포함케 된다. 예컨대 칠레에서 아옌데 좌파정권 출현은 그 순간부터 경기전망의 저하를 가져왔다. 가장 중요한 지표가 앞의 프랑스의 예에서와 같이 국가의 통화에 불리한 투기의 증가였다. 개량주의적 정부는 언제나 인플레 경향의 정책을 추구할 것이라는 의심을 받는다. 개량주의적 정책들이 이윤보다 노동계급의 소득을 더 중시하게 되는데, 기업은 이윤수준 내려가지 않도록 가격을 올려 저항하게 되고, 결국 인플레를 낳고 인플레는 결국 국제수지 악화로, 인플레와 화폐의 신용 상실은 외자와 국내자본의 도피로 이어지고 해외차입은 점점 어려워진다. 외환위기의 발생경로가 그대로 진행되는 것이다.

이에 대한 대책으로 상반된 두 가지가 있다.

① 국내외 기업계를 안심시키고 정통적인 경제정책을 추구하겠다는 의도를 분명히 하는 것이다. 그러나 사회주의 정책을 지향하는 정부가 이런 정책을 취하기는 쉽지 않다.

② 자신의 개혁계획들을 점진적으로 추구하는 것이 있다. 가격통제, 수입통제, 외환관리 등을 적절히 결합해서 국제시장 압력에서 자신의 경제를 보호해야 한다. 그러나 이런 정책들은 그만큼 국내외 시장기능에 대한 제한을 의미하고 그 결과 국내 경기전망의 현저한 저하 요인으로 작용하기 마련이다. 그러나 경기침체가 진행되고 고실업률과 중요 물품 품귀현상을 초래해서 체제의 인기는 위태롭게 된다. 결국 조건부 항복

아니면 경제의 사회주의화를 급격히 추진하는 것뿐이다. 국유화조치이다. 그러나 그런 조치를 위한 정치적 기반이 쉽지 않다. 일반적으로 시장경제에서의 정부는 그런 극단적인 조치를 위한 지지자들을 확보해 놓고 있지 않다. 하루하루의 생활의 불편은 엄청난 불평과 불만을 낳게 마련이다. 그 결과는 비참하게 나타난다. 정부는 선거에서 패배하고, 의회 지지세력은 이탈해서 결국 밀려나거나 군사적으로 제거된다.

이렇게 볼 때 최근 참여정부의 한미FTA 체결은 단순한 대외개방의 문제가 아니라 참여정부에 대한 대중의 불만을 반전시키려는 카드로서 상당히 강력한 것이었다. 한나라당에 대한 연정 제의도 이런 맥락에서 평가할 수 있고 그 제의가 허공에 날아간 후 전격적으로 꺼내든 한미FTA 협상이 체결된 이후 진행되고 있는 증권시장의 활황, 경기상승예측들이 그 단적인 증빙자료가 된다.

국가가 노동계급을 위해 시행하는 개량적 정책도 자본 일반을 위해 움직이는 또 다른 측면이 있다. ①복지정책 실시는 산업자본가에게 값싼 노동력 제공을 보장해서 투자를 촉진하는 것이다. 국가관리자들의 구조적 위치가 투자 촉진 위한 관심과 능력을 부여하는 결과를 가져오는 것이다. ②자본주의의 합리성을 증대시키는 개혁(합리화)을 시행할 수 있다. 그런데 임금인상, 노동조건 개선(노동시간,소년노동,학교교육 증대...) 등에 관한 노동자계급의 요구는 국가관리자들이 경기전망에 손상을 가하지 않으면서 양보를 할 수 있는 것들이고 결국 자본의 합리화에 기여하는 것이다. 즉 임금인상 뒤에 격심한 기계화, 산업예비군의 양적 증가가 있기 마련이다.

계급투쟁을 통해 기술혁신의 속도를 촉진시키는 자본주의 경제의 메카니즘을 여기서 볼 수 있다. 자본주의의 합리성은 자본가, 노동자, 국가관리자 간의 삼각관계로부터 나타난다. 국가관리자들의 구조적 위치가 어쩔 수 없이 사회질서의 생존능력을 유지하기 위해 무엇을 해야 하는지 의식하도록 만든다. 바로 이 의식이 국가관리자들이 경기전망을 악화시키길 꺼려하는 것과 자본주의사회를 합리화하는 그들의 능력을 모두 설명한다이상 Fred Block 1977. 이렇게 우리는 국가행위의 구조적 한계와 가능성의 문제를 '국가도출론'을 통해 살펴볼 수 있다.

결론

과거 우리 사회에서는 민주주의에 대한 절대적인 갈망이 있었다. 민주주의를 쟁취하기 위해 많은 사람들이 목숨을 바쳤고 그들의 자취를 야산에 흐드러진 진달래꽃에서 찾기도 하였다. 그렇게 해서 쟁취한 민주주의는 정치공간에 민주화세력의 진출로 이어졌고 이에 근로대중들은 선거에서의 투표행위를 통해 그들 대중의 삶을 향상시킬 세력들을 집권시켰다. 서구와 같이 보수 진보의 양대정당체제로 가지는 못했지만 이제 우리 사회에서도 보수 진보의 정책대결 속에 대중의 삶과 권익이 개선될 것으로 믿었다. 이제 그 기대감이 어느 정도 충족되었는지, 그 한계는 무엇인지를 점검함으로써 앞으로의 방향성을 설정하여야 할 때이다. 본 고는 거칠게나마 그 작업을 시도한 것이다.

1987년 민주화 이후 1990년대 분배 측면에서 많은 개선이 있었음을 여러 지표를 통해 확인할 수 있다. 국민소득 중 피용자보수의 부분과 노동소득분배율, 그리고 소득별 1분위계층의 소득에 대한 10분위계층 소득의 배율 등에서 이를 확인할 수 있다. 임금 상승에 따라 주로 경공업부문에서 비용상승 요인이 발생했고 환율절상에 따른 수출가격 상승으로 중소자본은 해외로 진출해갔지만 대자본의 경우 3저호황과 함께 지불능력이 충분하였으므로 두드러진 계급간 이해의 대립은 나타나지 않았다. 따라서 내수증가에 맞추어 투자가 활발했고 수출도 증가해갔다. 이렇게 경제의 선순환의 구조가 형성됨으로써 호황을 맛볼 수 있었다. 국민소득 1만 달러가 눈 앞에 있는 순간이었다. 그 상황에서 1997년 외환위기가 닥쳐왔다.

외환위기를 계기로 자본의 대반격이 시작되었고 그 후의 계급간 양상은 그 이전과 정반대로 진행되었다. 경영효율 극대화가 기업경영에 관한 국가적 구호로 되었고 사무직, 생산직, 연구직 등 모든 피고용 근로자들의 대학살이 시작되었다. 외주가 일반화되는 가운데 비정규직 고용이 OECD 2위의 수준으로 치솟고 임금 인상이 억제된 가운데, 사업소득자들의 수입은 급상승하여 빈부격차, 사회양극화가 극대화되었다. 민주화 이전보다 오히려 더 악화되었다. 경제적 요인으로 가정파탄이 일상화되고 자살인구가 세계최고 수준으로 높아졌다. 반면 해외여행이 크게 늘고 해외 조기유학 열풍이 불었다. 국제수지 상의 서비스수지에서 이런 양상을 확인할 수 있다.

반면 소득수지와 경상이전수지를 살펴보면 일반적 예상과는 다른 점을 발견하게 된다. 주식시장 개방에도 불구하고 증권투자소득은 과거 만성적 적자에서 20억 달러 전후의 흑자로 전환하였고, 반면 경상이전수지의 기타부문이 흑자에서 적자로 반전한 것이다. 외국인의 국내 주식투자 증가에도 불구하고 해외주식투자로부터의 이익이 더 크고, 반면 미국 중국 베트남 부동산시장으로 국내 자금이 대거 유출되고 있는 것이다. 국내에서는 기업들이 현금을 쌓아놓고 있으면서 신규투자는 가능한 한 하지 않고 가동률 극대화로 대응하고 있다. 계급간 갈등과 집권세력의 성향에 대한 반발이 일상화되고 있는 것이다. 이런 상태에서는 비정규직의 일반화, 소득의 양극화 속에서 빈곤층에서는 구매력이 낮으니 소비지출의 여력이 없고, 부유층에서는 소비도 투자도 국내에서는 하지 않으니 내수경기가 침체상태에 머물러 있으니, 수출이 아무리 활발하게 되어도 경기전반은 침체상태를 벗어나지 못할 수밖에 없다.

민주화 이후 분배를 중요시하고 경제성장은 소홀히 할 수 있는데, 성장도 못지 않게 중요하다. 동태적으로 근로대중의 삶의 질 개선은 성장이 이루어지지 않고서는 어렵다. 또 민주집권세력에 대한 평가도 부지불식간에 이 경제성장을 통해 이루어진다. 소득의 증가, 노동시장 신규 진입인력을 위한 일자리 창출 등이 국민 다수의 주된 관심사가 되지 않을 수 없고, 자본 측은 한편으로는 경기회복을 저해하는 행위를 하면서도 그 결과인 경기상황을 집권세력의 능력평가 기준으로 이용한다. 집권을 포기하고 근로대중을 위한 재분배정책을 강도 높게 추진할 것이냐, 경제성장을 고려해가면서 정책을 실시하면서 계속집권의 필요성을 더 주목할 것이냐. 이것이 민주공화제 국가이면서 자본제국가인 민주정부가 필연적으로 봉착할 수밖에 없는 딜레마이다.

여기에 한국과 같은 발전도상의 경제에서는 분배구조 개선을 통한 경기활성화 효과가 국제수지 애로 요인에 따라 한계를 가지기 쉽다. 여기에는 독자적인 생산기술의 수준이 주요 변수로 작용하게 된다. 그만큼 소비지출과 투자지출의 증대가 수입수요를 증가시키고 이는 경상수지 적자를 통해 외환보유고를 압박하기 마련이다. 선진국경제라 할 수 있는 프랑스의 경우에도 미테랑 사회당 정부의 제반 사회주의 정책이 지속적으로 프랑화에 대한 위기로 다가와서 제반 정책의 방향을 수정해갔어야 했고, 그럼에도 불구하고 선거를 통해 우파에 패배해서 좌우동거내각을 성립시킬 수밖에 없었던 1980년대 상황전개가 역사적 현실이었다. 결국 민주주의가 경제성장에 긍정적인 영향을 미친다는 다양한 이론들, 즉 민주주의가 사적 영역을 보호하고, 경제적 자유를 극대화하며 투자를 자극하고 자원을 가장 효과적으로 사용하도록 하는 유효한 수단이라는, 그래서 경제성장을 촉진한다는 조사결과에도 불구하고 구체적인 국면에 따라 그 효과는 크게 달라질 수 있다는 점을 고려하지 않을 수 없다.

이것이 사회 개량적 정책을 추진하는 민주공화제 국가로서 갖는 가능성과 자본제국가로서의 한계 영역이다. 최근 참여정부가 야당에 대해 연정 제안을 하고, 한미자유무역협정을 타결짓고 나아가 EU 등 다른 지역과의 FTA를 서두르는 '도저히 이해할 수 없는 수수께끼'는 이렇게 '자본제국가의 한계'의 관점에서 볼 때 해석이 가능하지 않을까?

이렇게 볼 때 민주주의는 부유한 나라에서 생존율이 높다는 일반적 추세에도 불구하고,[7] 그 경향은 단선적으로 일반적으로 적용되기는 어렵다는 사실을 확인할 수 있다. 후퇴와 전진을 반복하고 지그재그의 과정을 겪는 것이 실제 역사적 과정이었던 것이다. 특히 민주주의와 따른 근로대중의 삶의 질 개선을 생각할 때 더 더욱 그렇게 생각하지 않을 수 없다. 그래서 정치는 급격하게 발전할 수 있어도 경제는 점진적으로, 진화적으로 발전한다는 말을 다시 주목할 수밖에 없다. 기대하되 실망하지 말며, 분투 노력하되 인내하여야 민주주의의 과실은 다수 근로대중의 것으로 되지 않을까 하는 것이 이 글의 마지막 결론이라 할 수 있다.

---

7 빈곤층의 자유는 이미 가난에 의해 제한되어 있는 반면, 부유층은 독재에 의해 뺏길 것이 더 많기 때문이다. 실제로 1951~99년간에 1인당 소득 1천 달러 이하 나라에서 민주주의가 꺾일 확률이 8.19%, 즉 수명이 약 12년이었는데, 1001~3000달러 사이에 있는 나라에서는 그 확률이 2.48%, 즉 수명이 약 40년, 3001~6055달러 사이의 나라에서는 0.99%, 약 101년의 예상수명을 가졌다. 1975년 아르헨티나의 소득수준인 6055달러 이상일 때에는 민주주의가 꺾일 확률이 0였다. 이 소득수준 이하에서는 역사적으로 약 70여 민주주의가 붕괴되었지만, 그 이상의 소득수준에서는 37개의 민주주의가 1000년 이상 존속되었다(Przeworski & Limongi 1977, Przeworski et al. 2000).

좌담

쇠퇴기에 생각해보는 신자유주의의 개념과 새로운 전망

사 회 : 안현효

토 론 : 최병두, 김재훈, 김홍중, 박지웅

신자유주의란 무엇인가?

사회 —— 안녕하세요? 이 책은 저희들이 사회와 사상 콜로키움에서 신자유주의에 대해 발표하고 토론한 결과를 묶은 것입니다. 그 결과물에 대해 현재적 관점에서 다시 보는 기회를 가져보는 것도 의미가 있을 것 같습니다. 이 책의 제목이 『신자유주의에 대하여』이고 부제는 『신자유주의 쇠퇴기에 생각해보는 새로운 전망』입니다. 과연 이 제목이 적절한지, 즉 작금의 상황이 신자유주의 쇠퇴기라고 볼 수 있는지 간단히 말씀해주세요.

최병두 —— 가시적으로는 쇠퇴기의 조짐을 보여주지만, 그 동안 전개되어 온 신자유주의의 변화과정을 되돌아 볼 때 쇠퇴기라고 말하기에는 아직 이르다고 할 수 있습니다. 왜냐하면 신자유주의가 등장한 이후 시장을 우선하면서 국가 개입의 상대적 축소를 원칙으로 유지해 온 것처럼 보이지만, 실제 그 동안의 전개 과정을 보면 국가가 적극적으로 개입하면서 시장의 작동을 강화하거나 보완해 왔습니다. 이러한 사실을 고려해 볼 때, 최근 미국발 금융위기에서 초래된 신자유주의적 시장의 실패가 세계적 규모로 가시화되었다고 할지라도, 앞으로 신자유주의에 대한 자본과 국가의 조정역할에 따라서 신자유주의가 되살아날 수 있다, 즉 새로운 형태의 신자유주의가 강화될 수도 있다고 봅니다.

김재훈 —— 제 생각에는 조금 다릅니다. 일단은 신자유주의의 정의를 우선 짚어봐야 한다고 생각합니다. 어차피 신자유주의가 자본의 논리를 확대하려는 것이라면 그것은 과거부터 있어왔지요. 그런데 앞에서 최병두 교수님의 글에서도 나오는 것이지만 이것이 정치적 프로젝트라고 생각한다면 현재 국가가 그 논리에 따라 움직이는 것이고 그 국가의 주체는 누구냐, 국민들이 투표를 통해 선택하는 결과라 봐야지요. 20세기 대중민주주의의 시대에서 대중이 신자유주의를 선택한 것이고 그것은 70년대 서구자본주의의 위기 속에서 일시적으로 선택한 경향인 것입니다. 그러니까 신자유주의 금융의 위기가 드러났고 제 글에서 나타난 바와 같이 대중의 생활이 극도로 핍박해졌기 때문에 대중은 다시 신자유주의에 저항하며 이에 반대하는 경향에 대해 투표할 것이라고 보기 때문에 신자유주의는 오래가지 못할 것이라고 봅니다.

박지웅 —— 자본주의 축적체제가 변화한 것이죠. 현대자본주의는 포디즘에서 포스트 포디즘으로, 글로벌 시장체제, 금융주도축적체제, 지식주도축적체제 등으로 변화했습니다. 축적체제의 변화를 촉진하는 기능을 신자유주의가 했다고 봅니다. 다만 신자유주의는 과도기적 성격을 띤다고 봐야 합니다. 과도기라는 것은 미국주도의 글로벌자본주의를 말합니다. 신자유주의는 그것이 정치적 프로젝트이든, 이데올로기든 과도기에서 기능을 다했다고 봅니다. 서브프라임 모기지 사태에 따른 미국의 금융위기는 이러한 과도기의 종식을 알리는 신호가 아닐까라는 생각을 합니다. 따라서 오늘날의 글로벌 자본주의에서 이러한 과도기를 지나 본격적인 새로운 축적체제가 출현한 것이라고 한다면 지금과 같은 형태의 신자유주의는 끝났다고 봅니다.

사회 —— 그러면 이 제목은 적당하다고 보세요? 이런 논의를 듣다 보니 도대체 신자유주의가 뭐냐는 질문이 드네요. (웃음)

박지웅 —— 앞서 저는 신자유주의를 미국주도의 질서체제라는 사실에 강조점을 두었습니다. 글로벌 스탠더드라는 것이 사실 영미식의 스탠더드를 말합니다. 영어로 말해야 되고 영미기업의 구조를 가져야 하고 노사교섭도 영미식으로 해야 하는 것이죠. 미국식이라면 모든 게 용인되죠. 그러나 이러한 영미시스템만이 새로운 축적체제의 조절양식이 되고 글로벌 가버넌스 체계가 될 수 있다는 것은 말이 안 됩니다. 이와 같이 정치적 프로젝트로서, 정책으로서의 신자유주의는 매우 구체적이지만 과도기적 성격을 가질 수밖에 없습니다. 문제는 신자유주의가 퇴조했다고 하더라도 신자유주의를 추동시키는 내부적 힘은 여전히 견고하다는 것입니다. 따라서 새로운 질서라고 해서 신자유주의와 상반된 모습을 기대하기 어려울 것입니다. 다만 미국의 이해관계에 복속하는 불합리한 측면은 사라질 것으로 기대할 수 있을 뿐이죠.

최병두 —— 신자유주의는 어떤 특정한 정치적, 경제적 현실의 과정으로 이해할 수도 있고 또 다른 한편으로는 이러한 정치, 경제적 과정을 추동시키기 위한 이데올로기 또는 정당화 이념으로 이해할 수도 있을 것 같아요. 일단 정치, 경제적 현실로 보았을 때 신자유주의는 대체로 1970년대 서구의 경제침체 이후 현실적으로 등장한 어떤 정치경제적 메커니즘인데 결국 그 시대적 상황에서의 자본주의 발전의 한 국면 또는 한 시기 - 물론 그 시기가 현재 끝나가는지는 알 수 없지만 - 의 특정한 자본축적 메커니즘으로 이해해야지, 신자유주의를 어떤 특정한 학술적 개념으로 지칭하기 어려운 점은 분명히 있다 하겠습니다. 왜냐하면 신자유주의를 철학적, 학술적으로 이해할 경우 1930년대 하이에크, 1960년대 프리드만이 이야기한 이론적 배경은 현실에서 전개되었던 신자유주의화 과정과는 상당 정도 다르기 때문입니다. 그럼에도 불구하고 현실에서 전개되는 최근의 자본축적 메커니즘을 신자유주의라고 하는 이유는 이데올로기적 차원에서 시장 메커니즘을 촉진시키고 국가의 개입을 축소하려고 했기 때문이죠. 뿐만 아니라 자유라는 보편적 가치를 강조하면서 마치 신자유주의라는 과정이 우리 모두에게 어떤 혜택을 줄 것처럼 알려졌기 때문에 그것을 신자유주의라고 하는 것이죠.

사회 —— 그러면 이론과 현실 중 어떤 것이 더 본질적 신자유주의인가요?

최병두 —— 신자유주의의 현실적 과정이 신자유주의 이념을 통해 정당화되고 있고, 현실의 신자유주의화 과정은 그 이념을 구체화하기 때문에 동전의 양면이라고 보아야 하겠지요. 단지 우리는 한편으로 현실은 어떠한가, 그리고 다른 한편으로 여기에 미치는 이념적 영향은 어떠한가를 구분해서 논의는 할 수 있다는 것이죠.

金재훈 —— 저는 경제사적으로 보면 신자유주의를 뚜렷히 규정할 수 있다고 봅니다. 신자유주의의 원래 이념은 자유주의에서 온 것입니다. 아담 스미스가 자유주의 경제사상을 주장한 것은 봉건체제로부터 자본주의, 즉 근대시민사회가 형성되기 위해서는 당시 절대왕정의 국가개입이 적을수록 좋다고 주장했고 개인에게 자유가 충분히 주어지면 사회에 혼란이 오는 것이 아니라 자연법적 질서 하에서 번영이 온다고 주장한 것입니다. 그것은 자본주의가 아직 형성중이어서 계급 분화 이전 상태의 주장이었습니다. 그런데 자본가와 노동자로 계급 분화가 확연해지고 자본주의에서 독점이 출현하고 시장실패가 나타나는 상황에서는 그 자유주의가 현실에 적용되기 어려운 상황에 왔거든요. 그럼에도 불구하고 변화한 상황에서 이를 인정하지 않고 자유주의를 그대로 주장하니 신자유주의라고 부른 것입니다. 이것이 프리드만의 신자유주의인데 이 사상의 근원을 추적해보니 하이에크까지 소급된다는 것입니다. 그러니까 오늘날의 자유주의, 즉 신자유주의는 자본 축적의 자유죠. 말하자면 지금 우리나라에서 대학의 자유를 얘기할 때 이는 대학구성원의 자유가 아니고 대학설립자의 자유를 뜻할 때가 많지 않습니까? 마찬가지로 자본주의에서 자유라고 할 때 자본주의에 사는 사람들의 자유가 아니고

자본주의를 주도하는 사람들, 즉 자본가들의 자유라는 거죠. 따라서 나는 신자유주의의 핵심은 1970년대 이후, 즉 선진국 경제의 위기 상황에서 과거에 있었던 담론, 신자유주의 이론, 또는 이데올로기를 일시적으로 채택한 것이라는 거죠.

사회 —— 박지웅 선생님은 어떻게 보십니까? 글을 볼 때 도식적으로 생각한다면 박지웅 선생님은 좀 더 이념 중심으로 볼 것 같습니다만.

박지웅 —— 저도 이념으로 보기보다는 세계자본주의 추세와 함께 봐야 한다고 생각합니다. 신자유주의는 자유주의를 계승하는 보편적 자유주의라고 보기 어렵습니다. 사실 하이에크는 오늘날의 민주주의를 무제한적 민주주의라고 싸잡아서 비난했습니다. 제도주의와 신제도주의가 서로 관련이 없는 것처럼 자유주의와 신자유주의가 서로 관련이 없다는 생각이 많이 들어요. 케인즈를 보세요. 케인즈는 자유주의자이지만 신자유주의와 달라도 한참 달라요. 사실 신자유주의의 부상은 노자간의 충돌뿐만 아니라 자유주의자들 간의 충돌도 야기했습니다. 자본주의 축적체제의 변화는 시스템의 변화이지만 경제적 의사결정의 주도권을 가진 기득권자들 간의 위상에도 변화를 초래했습니다. 신자유주의는 경제정책과 사회정책을 둘러싼 케인지안의 주도권을 탈취하고 그들이 원하는 세력들에게 이양한 것이죠. 신자유주의는 경제적 의사결정의 주도권을 정부주도에서 시장근본주의로, 경영자자본주의에서 주주자본주의로, 공기업을 민영화로, 산업자본에서 금융자본으로 바꾸는 혁혁한 공을 세웠습니다. 이 과정에서 주요 의사결정에 관여하는 주도세력이 바뀌어 버렸어요. 이와 같이 신자유주의는 글로벌자본주의로의 지형변화에 그 나름의 역할을 찾아 성공적으로 수행한 것이죠. 그런 점에서 신자유주의를 자본주의 세계경제의 변화와 연동시켜 봐야한다고 생각합니다.

사회 —— 그러면 신자유주의는 다면적으로 정의할 수 밖에 없나요?

박지웅 —— 글쎄요. 신자유주의가 보여준 다양한 현실에도 불구하고 신자유주의는 나름대로 이념적 일관성을 갖고 있다고 봅니다. 이점을 설명하여 보죠. 좌파경제학의 시각으로 볼 때 자유주의나 신자유주의는 그놈이 그놈이죠. 그들의 입장이 자본의 운동논리를 옹호하고 따른다는 점에서 사실상 같죠. 자본운동의 합리적 외관의 형태를 보여주는 것이 시장입니다. 신자유주의는 이러한 합리성에 함몰된 나머지 시장근본주의에 빠져 듭니다. 종교적 근본주의와 유사하게 신자유주의는 합리성 외의 다른 어떠한 원리도 받아들이려 하지 않죠. 그런 점에서 신자유주의는 자유주의와 구분되는 것 같아요. 신자유주의는 그 자체로는 결코 합리적이지 않지만 합리성만을 배타적으로 추구하는 사조임에는 틀림없죠. 이러한 사조는 신자유주의 이전에도 있었고 자유주의와 다른 이념적 계보를 갖고 있습니다. 가령 대공황이 발발하기 직전에 팽배했던 시장

맹신적, 기업 친화적 사조가 대표적인 예입니다. 이러한 사조는 폴라니와 같은 많은 사람들에 의해 비판을 받았죠. 이러한 비판은 자본의 운동을 염두에 두어야 한다는 것이 저의 생각입니다. 왜냐하면 시장은 자본에 의해 조종되니까요. 물론 시장이 자본축적의 위기를 초래하면 자본의 논리는 가차없이 시장과 시장근본주의에 철퇴를 가합니다. 그럼에도 불구하고 시장을 맹신하는 사조가 역사적으로 되풀이 합니다. 이점을 보면 자본의 논리에 내재하고 있는 어떤 것이 시장맹신을 조장하는 것 같습니다. 그것은 자본주의가 자본의 논리로 모든 질서를 통합하는 단일의 거대한 시스템을 지향하는 것입니다. 이러한 지향 속에서 글로벌 자본주의가 탄생한 것이죠. 신자유주의를 굳이 정의하자면 글로벌자본주의와 짝을 이루는 시장근본주의라고 할 수 있겠죠.

최병두 —— 신자유주의의 정의와 관련해서는 그 작동 메커니즘이 뭐냐를 규명해야 할 것 같습니다. 하나는 시장메커니즘이라는 것이고, 다른 하나는 시장메커니즘을 정당화시키는 이데올로기라는 거죠. 여기서 이데올로기라고 할 때 단순히 정당화하는 이론, 즉 현실과 분리된 이념이 아니라, 이를 통해 개인의 의식과 가치 체계를 구조화하는 것이라는 거죠. 이렇게 볼 때 사물을 보는 방식 또는 현상을 설명하고 이해하는 방식도 포함하고 있는 거죠.

사회 —— 김홍중 교수님은 신자유주의를 거시적 사회운용시스템이자,

이론적으로 정당화하는 일련의 지식이자 이념이라고 하시는데요. 김홍중 선생님은 어떻게 생각하시는지요?

김홍중 —— 네. 신자유주의를 우리가 거시적 사회 운용시스템, 즉 제도적 차원에서만 규정한다면 신자유주의의 극복이나 그에 대한 대안의 모색 또한 제도적 차원에서 쉽게 가능할 것입니다. 그러나 우리가 좀 더 깊이 생각해야 하는 것은, 분명히 제도적으로 기능하는 신자유주의가 어느 수준에서는 그 제도 속에서 사는 행위자들의 몸과 마음에 스며들어 온다는 것입니다. 그람시의 표현을 빌려 말하자면 헤게모니일 것이고, 부르디외적으로 말하자면 아비튀스일 것입니다. 이 수준의 신자유주의는 그 폐해를 우리가 의식으로 깨닫고 있다 할지라도 어찌할 수 없는 견고한 힘을 갖고 있습니다. 이런 차원에 주목해야 한다고 생각합니다.

신자유주의는 어떻게 출현하였으며 어떤 과정을 거쳐 지배적이 되었나?

사회 —— 그러면 신자유주의는 현실의 체제이면서 동시에 이를 정당화하는 이론이라고 봐야 하고, 등장은 1970년대 이후 자본주의 위기 이후의 경제체제라고 봐야 하겠네요. 그리고 그 내용을 따지자면 시장근본주의라는 것이고, 승자의 자유로 구성된다는 것이군요. 자 이제 그러면 이러한 신자유주의 출현 배경은 어떻게 설명할 수 있습니까? 최병두 선생님의 하비에 관한 논문에도 나오지만, 폴 크루그만(2009년 노벨 경제학상 수상) 같은 미국의 골수 민주당원은 『자유주의자의 신념』이라는 책에서 신자유주의 프로젝트의 등장을 자세히 묘사하고 있는데요.

최병두 —— 1970년대 포드주의 축적체제의 위기와 이에 따른 경제침체, 그리고 이에 이은 유연적 축적체제 또는 포스트포드주의로의 전환과정에서 신자유주의 이념과 현실이 출현한 것이라고 볼 수 있겠지요. 특히 이 과정에서 자본 축적의 난점을 해소하기 위한 국가적, 시대적 요청에 부응하여 미국의 레이건, 영국의 대처 행정부가 신보수주의 프로젝트를 작동시켰다는 것이죠. 특히 미국의 경우는 국가 및 도시 재정의 위기 상황 속에서 기업에게 더 많은 투자를 촉진하기 위한 분위기를 만들기 위하여 신자유주의화가 시발되었다고 봅니다. 이 상황에서 대중적 지지를 확보하기 위해 자유에 대한 강조가 나타났고요. 영국의 경우는 미국과 좀 다른데 영국은 독일과 스웨덴과 같은 사회민주주의적 방식으로 포드주의 위기의 돌파가 가능한 상황이었는데도, 전통적으로 영국에는 금융자본이 상당히 지배적이고 영국경제를 뒷받침 하고 있었던 점에서 신자유주주의가 수용되었던 배경이라고 봅니다.

김재훈 —— 미국의 경우 신자유주의가 등장할 조건을 갖추고 있다고 할 수 있는데, 방금 말씀하신대로 영국의 경우 페이비안 사회주의에 기초하여 대규모의 복지국가였는데 금융자본을 산업기반으로 한 한계로 인해 신자유주의는 영국에서 먼저 나왔단 말이죠. 역사적으로는 영국에서 출현한 신자유주의가 미국으로 확산된 후 세계적으로 전면화된 것입니다.

최병두 —— 국가 간에도 신자유주의화 과정이 불균등하게 전개되었지만, 또한 한 국가 내에서도 영역별로 다른 양상을 보였습니다. 예로, 영국에서는 주거, 교통은 그 초기 단계에 상대적으로 빨리 민영화되었지만 의료, 교육복지는 아직도 상당정도 기존 체제를 유지하고 있다는 점을 볼 때, 영국 내에서도 영역별로 다르고, 또한 미국과는 상당히 다른 양상을 보인다고 이해해야 할 것 같은 데요.

김재훈 —— 그것은 결과적 차이인데 이는 영국의 사회민주주의가 워낙 강했으므로 공적 요소를 쉽게 붕괴시키지 못했다는 거죠.

최병두 —— 저 생각으로, 그런 이유보다는 주거, 교통은 축적과 직접 관련된 물적 인프라로 구성되지만 의료, 교육은 사회적 서비스로서 즉각적인 이윤 추구와 직접 연관되지 않았다는 점에 상대적으로 영역별 불균등한 신자유주의가 나타났다고 생각해요.

사회 —— 이런 차이가 우리 논의에서 어떤 의미가 있죠? 신자유주의 출현이 나라별로, 역사적으로 다르다는 것이 되겠네요. 그렇다면 이 신자유주의가 왜 지배적으로 된 건가요?

최병두 —— 축적의 둔화와 국가재정의 위기 속에서 케인즈주의적 복지국가가 해체되고 그 자리에 신자유주의 프로젝트가 추동되었는데, 이는 결국 정치가의 입장에서 자신의 전략을 정당화시키기 위한 이데올로기가 없었다면 불가능했을 것이라고 봐야하겠지요. 즉 신자유주의 체제가 정착되기 위해서는 사람들의 의식도 이에 맞아야 하고 행동도 이에 맞추어 추동되어야 하는데 이러한 변화가 어떻게 가능하게 되었냐는 점을 알아봐야 하지요. 이 상황에서 중요한 것은 신자유주의가 유일한 대안TENA: There is no alternatives이라는 대처의 발언과 자유를 극도로 격상시킨 부시의 발언들에서 그 이데올로기적 속성을 파악할 수 있겠지요.

김재훈 —— 복지재정의 파탄이죠. 자본축적이 어려워지고 재원 확보는 안되고 지출은 경직적인 상태에서 재정적자가 심화되었다는 것이 신보수주의 등장의 배경이라는 고 볼 수 있습니다. 선진국의 자본축적 위기는 한편으로는 신흥공업국의 등장에 기인하는데요, 이 과정에서 복지제도를 계속 유지할 수 없게 되니까 선진국 자국 내의 약자에 대한 공격으로 나타나게 된 것이죠. 또 1973년 1979년에 발발한 석유위기로 인해 에너지 위기가 도래되었고 이것이 생산비용의 급격한 상승을 초래하였죠. 배럴당 1달러에서 1차 위기를 겪으면서 18달러가 되었고, 2차 위기를 겪으면서 38달러까지 치솟았죠. 이것이 경쟁력의 위기와 인플레이션,

즉 스태그플레이션이 초래했어요.

더 전면적인 것은 1989년 소련 동유럽의 해체로 이데올로기의 종언이라는 시대상황이 보다 더 지배적으로 되어 신자유주의 외에는 대안이 없다는 생각이 세계적으로 전면화되었다고 볼 수 있습니다.

박지웅 —— 신자유주의가 전면화된다고 해서 나라마다 똑같은 모습으로 전개된 것은 아닙니다. 가령 노자간 갈등조정체제를 보면 전국적인 노사교섭체제를 가졌던 스웨덴은 독일과 같은 산별교섭체제로 독일은 기업별교섭의 비중을 높이는 체제로 기업별교섭이 우세했던 이태리는 사업장 중심의 교섭비중을 높이는 체제로 바꾸어 간 거죠. 쉽게 말해 영미식을 향해 각국은 한 단계씩 추락한 거죠. 최병두 선생님이 지적한 것처럼 신자유주의적 대안은 시대적 대세가 되었습니다. 그 이유를 경제학 측면에서 설명하여보죠. 케인즈 경제학은 복지국가의 경쟁력에 대한 이야기가 없습니다. 국가의 경쟁력은 개인과 기업의 역량에 달려 있는 것입니다. 정부는 그저 써재끼는 주체일 뿐이었죠. 당연히 복지국가의 방만한 운영이 문제가 되었습니다. 복지국가의 위기가 도래하자. 케인즈 경제학은 잘 대처하지 못했습니다. 왜냐하면 정부의 유효수요 확대정책은 양적 차원에서 문제를 해결하는 것이지 국가의 경쟁력을 올리는 질적 차원에서 문제를 해결하는 것이 아니기 때문입니다. 그러나 신자유주의는 케인즈 경제학과 달리 국가의 경쟁력을 도마에 올리고 복기국가의 위기에 대한 해법을 구하였습니다. 신자유주의의 해법은 국가를 글로벌시장에서 기업과 같이 무한경쟁을 벌이는 하나의 경쟁단위로 만들어 버리는 것이죠. 그래서 신자유주의는 국가 간의 구분을 허물어뜨리는 글로벌 스탠더드를 끊임없이 남발해 왔습니다. 신자유주의의 해법은 케인즈 경제학의 무대책을 강조하면서 유일한 대안으로 떠오른 것이죠.

최병두 —— 이에 덧붙여서 금융자본의 출현도 중요한 원인이었죠. 생산 또는 산업 자본주의 관점에서 보면 노동에 의한 가치의 창출과 소비를 중요하게 봐야 하는 반면, 신자유주의 경제에서는 금융자본의 힘이 강화되었고 이들은 노동에 의한 확대재생산보다는 기존에 창출된 사회적 부의 재분배에 관심을 가집니다. 1970년대 말에서 1980년대에 걸쳐 이러한 금융자본의 규모와 힘을 강화시키는 몇 가지 요인들이 있었습니다. 우선 포드주의축적체제의 침체로 인해 새로운 투자처를 찾지 못한 유휴자본이 떠돌아다니게 되었다는 점, 국가 재정의 위기로 인해 복지기금이 축소되면서 노후 생활의 책임이 개인으로 전가되면서 사적인 유휴자산이 증가했다는 점, 마지막으로는 중동의 오일달러로 인해 유휴자본이 영국의 금융시장으로 유입되었다는 점 등에서, 전반적으로 유휴자본이 누적되고 금융자본화되면서, 독자적인 금융시장의 형성, 확대를 통해 엄청나게 증식되었다는 점도 지적되어야 합니다. 신자유주의화가 새로운 부의 창출보다는 부의 재분배 과정에 개입하여 양극화를 심화시켰다고 하는데, 이러한 점은 바로 금융자본이 노동의 확대재생산보다

사회적 부의 재분배에 관심을 더 가지고 있었기 때문이라고 보아야 하겠지요.

김재훈 —— 금융자본의 본격적 전개는 1990년대 이후라고 봐야 하지 않을까요? 미국 경제의 IT 혁명(신경제)과 닷컴버블 때 유휴자본이 IT분야의 기술혁신과 결합했다가 혁신의 흐름이 끊기면서 독자적으로 전세계를 무대로 운동하면서 금융자본이 본격화된 것이죠. 이것이 물론 2008년 미국발 금융위기의 원인이 되기도 합니다만.

사회 —— 금융자본의 지배 문제는 신자유주의를 금융자본분파의 쿠데타로 보는 관점에서 보면 중요한 문제인데, 이 문제는 뒤에 신자유주의 장래와 관련하여 이야기를 좀 더 해보기로 합시다. 지금은 신자유주의가 지배적으로 된 원인이랄까, 배경에 대해 집중할 필요가 있을 텐데요, 경제위기 상황 속에서 각 개인들이 개별화한 생존전략을 추구할 것인가, 아니면 복지국가에 계속 책임을 요구할 것인가가 문제였던 것이지요. 신자유주의는 대중들이 변화하는 사회 구조 속에서 개인주의적 전략을 선택한 것과 관련되는 것 같습니다. 사실 1960년대 말에서 1970년대에 들어서면 경제위기와 더불어 생태적 위기가 아주 심각했고 반反공해 운동이 반反자본주의 운동으로 확산될 조짐을 보이기도 했습니다. 환경운동은 자본주의 발전의 산물이었던 거죠. 그런데 경제가 심각해진 1970년대 말에서 80년대에는 사람들의 관심이 환경이 아니라 경제침체 자체에 대해 사람들이 더 많은 관심을 갖게 된 거죠. 이 과정에서 경제 문제가 국민들의 큰 관심사로 부각되었고, 이 과정에서 신보수주의가 이를 부각시켜 정권을 장악하게 되었다는 거죠. 이런 관점에서 생존자의 의식이 어떻게 생겨났으며 그 실체는 뭔가에 대해 김홍중 선생님께서 말씀 해주세요.

김홍중 —— 제가 탐구한 것은 한국 사회의 경우인데요, 한국 사회의 경우에 이 생존자라는 주체 형식의 사회적 발생은 명백하게 IMF 외환위기와 연관이 있는 것으로 보입니다. 1997년 이후의 한국 사회는, 그 이전의 한국 사회에 남아 있던 일말의 낭만적 분위기, 전자본주의적 요소들, 전통적 관계와 온정에 대한 욕망을 모두 차갑게 일소시키는 계기로 기능합니다. 인간에 대한 관점, 삶에 대한 관점, 관계에 대한 관점의 수준에서 사회적 합의의 내용이 급격하게 변화한 시점도 바로 이 시기입니다. 이제 중요한 것은 어쨌거나 살아남는 일이 됩니다. 살아남는 것이 다른 어떤 가치나 도덕보다도 중요한 것이라 생각하는 존재, 그것이 생존자라면 그가 추구하는 공격적 서바이벌이 바로 생존자 의식의 핵심을 이루는 것이겠죠.

사회 —— 자 이제 이 논의들을 요약하면 신자유주의가 등장 지배하게 된 배경은 신흥공업국의 등장과 오일쇼크 등으로 선진국의 경제침체가 초래되고 이것이 복지재정의 위기로 나타났으며 이에 대해 당시 지배적 경제학인 케인스주의가 대답하지 못한 것에 있다는 것이네요. 이 과정에서 영국의 경우에는 1970년대에 이미 형성된 유휴자본으로 인한 금융자본의 영향력 확대가 기여했다고 봐야 한다는 거네요. 그러면 금융자본이 어떻게 신자유주의에서 중요한 요소가 되었는가를 설명해주시지요.

박지웅 —— 금융자본주의의 등장과 관련하여 본문에 소개된 하비의 부채에 의한 탈취라는 현상을 주목할 필요가 있습니다.

김재훈 —— 그것은 하비의 설명이고 금융자본에 관한 일반적 해명이기에는 부족한 점이 있습니다. 금융자본의 지배라는 현상은 맞습니다다만, 금융자본의 지배는 이전 복지국가 아래 존재했던 자본 블록 즉 산업자본의 역할을 금융자본 블록이 대체했다고 봐야 하지 않을까요?

박지웅 —— 김재훈 선생님의 지적에 동의합니다. 다만 금융자본없이 신자유주의가 의도했던 경제의 주도권을 탈취할 수 있었겠느냐는 문제를 생각해보자는 것입니다. 하비가 설명하듯이 금융자본은 부채를 떠안겨 그 덫에 빠지게 만듭니다. 즉 지불유예를 통해 채무자로 만드는 거죠. 그 대상은 개인, 기업뿐만 아니라 국가도 포함됩니다. 이것은 신이 인간을 지배하는 원리와 같아요. 카인이 아벨을 죽였을 때 신은 카인을 죽이지 않았습니다. 오히려 신은 누군가 카인에게 위해를 가할 때 7배의 벌을 가하겠다고 언약하여 카인을 보호합니다. 카인은 집행유

예가 된 셈이죠. 평생을 채무자로 살아가는 거죠. 말하자면 금융자본은 개인, 기업, 국가를 파산시켜 완전히 없애버리는 것이 아니라 빚쟁이로 만들어 채무노예로 만드는 거예요. 이러한 지불유예를 통해 금융자본은 그들이 원하는 대로 채무노예를 부려먹는 것이죠. 이것은 효과적이면서 핵심적인 글로벌자본주의의 지배방식인 셈이죠. 금융자본은 그야말로 전지구를 부채의 우산아래 복속시켰습니다. 문제는 채무노예의 주인인 금융자본이 파산한 것이죠. 그렇다고 해서 신이 파산한 것은 아닙니다. 사제가 파산한 것이죠. 사제가 타락해도 더 타락하는 것처럼 금융자본이 더 큰 채무자이고 더 큰 사고를 친 것입니다. 미국의 금융위기로 인해 신자유주의가 구가했던 금융자본의 행태에 많은 변화가 초래되겠지만 지불유예를 통한 금융자본의 지배원리는 변하지 않을 것 같습니다.

최병두 —— 일단은 1980년대 서구사회가 당면한 경제침체를 극복할 수 있는 여러 가지 경로를 생각해 볼 수 있죠. 스웨덴과 독일처럼 생산의 혁신을 통해 경쟁력을 확보하고 축적을 계속할 수 있을 겁니다. 하지만 영국과 미국은 생산과정에서는 양적 유연성을 강조하면서 노동에 대해서는 해고와 실업, 임금인하를 강제하면서 생산성 증대를 추구하는 반면, 생산자본의 해외 유출이 가속화되었단 말이에요. 이 과정에서 유휴자본이 금융자본으로 형성될 제도적 틀이 만들어졌다고 볼 수 있겠지요.

김재훈 —— 이 대규모의 잉여자본이 제3세계 등에 대부되어 제3세계

생산의 확대에 일정 기여를 했죠. 유휴자본의 국제적 환류시스템이 있었던 것이지요. 동시에 이 과정은 제3세계 경제를 부채의 덫에 빠트리는 과정이기도 했습니다. 1980년대의 부채위기에서 알 수 있듯이 제3세계 생산자본 노동자에 대한 가혹한 착취를 통해 순환을 하게 되었는데, 어느 시점부터 이 순환이 붕괴되고 공격성이 극대화되었느냐는 것입니다.

최병두 —— 우리나라에서도 포드주의 위기가 야기되고 신자유주의가 시작한 것이 1980년대 말이거든요. 미국에서도 은행법이 바뀐 것이 1980년대 후반이라고 보여집니다.

신자유주의에서 국가란?

사회 —— 그러면 신자유주의 국가란 무엇일까요? 신자유주의가 시장근본주의라고 하지만, 사실상 여기에 국가가 깊숙이 개입했단 말이에요. 그렇기 때문에 신자유주의에서 국가란 무엇이냐는 문제가 제기될 수밖에 없어요. 국가는 시장을 확대한다고 주장하지만, 사실상은 노조를 분쇄하고 긴축재정을 강제하는 과정에서 더욱 시장에 개입하는 아이러니를 보여주고 있습니다. 작지만 강한 국가가 나타난 거죠. 이것이 신자유주의가 가진 패러독스입니다. 가라타니 고진에 의하면 국가는 자본주의와 동일한 것이 아니라고 합니다. 왜냐하면 자본주의적 시장은 그 자체로 사회를 구성하기에 완전하지 않기 때문이죠. 극단적인 시장은 양극화를 심화시켜 사회를 붕괴시킵니다. 따라서 시장이 초래하는 붕괴 사태를 막기 위해 재분배 장치인 국가가 들어옵니다.

김홍중 —— 가라타니 고진에 의하면 자본주의는 자본주의-민족-국가입니다. 이러한 삼위일체가 잘 나타난 것은 프랑스 혁명기입니다. 이러한 해석에 따르면 신자유주의에는 국가가 약화되어 이념형의 신자유주의는 존재할 수가 없다는 겁니다. 어떤 형태든지 국가는 존재해야만 자본주의는 유지 가능합니다.

김재훈 —— 신자유주의가 자본의 권력을 탈환하는 과정으로 본다면 국가는 신자유주의에 꼭 필수적이죠. 국가는 신자유주의를 유지하는 과정에서 결국 계급적 편향, 다국적 기업의 이익을 대변하지 않을 수 없습니다.

사회 —— 그렇다면 이념형의 신자유주의, 즉 순수한 시장근본주의는 현실적으로 존립하기 어렵다. 현실의 신자유주의는 폭력적 재분배 과정으로서의 국가와 결합되어 있고 이것이 현실의 신자유주의가 이념형의 신자유주의와 다른 이유가 되겠네요.

최병두 —— 근대자본주의 성립자체가 이미 국민국가와 결합되어 있는 형태로 시작되었다고 볼 수밖에 없고, 이 점에서 고진의 이야기가 설득력이 있지요. 그런데 신자유주의에서 자본은 주도적이어야 하고 이 과정에서 국가는 자신의 조직과 역할을 축소시키려고 시도한 것은 분명하다 볼 수 있죠. 그러나 이는 단기적이었고 실제로는 시장의 실패, 자본의 실패 때문에 국가의 개입이 전제되지 않을 수 없었죠.

신자유주의의 영향, 신자유주의의 미래

사회 —— 이제 신자유주의의 영향으로 한번 넘어가보겠는데요. 신자유주의가 우리에게 끼친 영향이 뭡니까?

박지웅 —— 글로벌자본주의는 신자유주의에 의해 이뤄졌지만 이것을 가능하게 한 것은 들뢰즈와 가타리가 말한 자본주의의 유연한 공리계 즉 합리성입니다. 이러한 합리성은 네그리의 통제사회에서 고도의 단계로 실현됩니다. 유연한 자본의 공리계, 마법적 포획, 통제사회는 한결같이 합리적입니다. 너무나 합리적이어서 새로운 형태의 자본주의에 대해 낙관적인 입장을 가지는 사람도 있어요. 제 글은 이점에 대해 분명하게 입장을 제시합니다. 이 사람들은 국가장치의 지배양식의 형식만을 보고 내용을 간과하고 있어요. 국가의 지배형식이 포획장치입니다. 들뢰즈와 가타리에 의하면 그 형식은 자본, 화폐, 토지라는 스톡을 쥐고 인간의 활동을 즉 플로우를 포획하는 것이죠. 현대자본주의에서 포획장치는 합리적인 외관을 갖고 있습니다. 합리적인 외관과는 달리 그 내용을 보면 끔찍합니다. 그 내용이란 것이 국가가 인간의 신체를 불구를 만들어서 지배한다는 것입니다. 즉 신체훼손을 통해서 지배하는거죠. 가장 최악은 현대자본주의에서의 신체 훼손입니다. 이는 인간의 신체를 아예 부정해버려요. 인간은 자본주의 시스템의 부속물에 불과하게 된다는 겁니다. 즉 좀비가 되어버린 거죠. 신자유주의는 이러한 신체훼손을 노골적으로 실행에 옮겼습니다. 이러한 사실을 염두에 둔다면 새로운 형태의 자본주의에 낙관적인 입장을 가지기 어렵죠.

최병두 —— 실제로 신체 훼손은 몸이 병약화되는 거잖아요. 그런데 자본주의에서 신체는 피둥피둥해지는 거 아닌가? 이런 점에서 감성이 메마른, 즉 소외된 사회라는 점을 지적한 것이 아닐까요? 가시적 신체훼손이 아니라 자본주의라는 기계 속에 들어 있는 부품이라는 거 아닌가요? 이 속에서 노동자는 스스로 상품화되는 것을 추구하는 거죠. 취업한다는 게 이겁니다. 이것을 모두가 노력하는 사회, 영혼의 상품화 이것이 가장 심각한 거라는 것이며, 이를 가능하게 한 것이 신자유주의 의식과 이데올로기라는 거죠.

사회 —— 그렇다면 일본에 있는 프리터나 오타구나 이런 것들이 신자유주의에 포섭된 거에요, 아니면 반 신자유주의적 요소에요?

박지웅 —— 신자유주의 앞에 인간은 좀비일 뿐 어떠한 소통도 할 수 없습니다. 지젝이 말한 것처럼 신자유주의 앞에 우리는 다마고치였을 뿐입니다. 소통부재의 사회 속에서 소통을 시도하는 많은 것들이 있습니다. 그 중에 하나가 프리터나 오타구가 있습니다. 그러나 이것들은 자신을 다마고치로 만든 사회시스템 자체를 거부하는 것은 아닌 것 같습니다. 자신들만의 장벽을 쌓고 자신들만의 세계를 구축함으로써 자본주의 사회시스템뿐만 아니라 다른 외부와도 소통을 하지 않는 것 같습니다. 프리터나 오타구가 신자유주의를 거부하지 않고 폐쇄적인 네트워크 구조를 갖고 신자유주의와의 차이만 강조한다면 반신자유주의적이라고 말하기에는 곤란합니다. 소통은 중요합니다. 소통은 감금을 허무는 것입니다. 근대사회는 훈육사회죠. 훈육은 감금입니다. 감금된 채로 주어진 답을 진술하는 고문이 바로 훈육이예요. 오늘날의 통제사회는 더 이상 훈육이 필요없는 사회입니다. 훈육이 필요없다고 해서 고문없는 좋은 사회를 의미하는 것이 아닙니다. 스스로 통제하고 스스로 감금하고 스스로 사지를 자르는 것이 바로 통제사회입니다. 훈육이 필요한 늑대가 아니라 훈육이 필요없는 개가 되었다는 것을 의미합니다. 훈육이 아직까지 필요한 사람은 오늘날의 자본주의 시스템에서 떨어내야 할 사람들입니다. 기계의 부속물이 기계에서 떨어져 나가는 것은 죽음이죠. 불행하게도 오늘날의 노동계급이 이러한 처지에 있습니다. 오늘날의 사회는 근대의 영토에서 탈근대의 영토로 이동하였습니다. 노동계급은 탈근대의 영토로 잘 가지 못하고 상당 부분 근대의 영토에 머무르고 있어요. 그들은 어떻게든 시스템에 남아 있으려고 발버둥을 칩니다. 자포자기한 상태에서 발버둥치는 것을 포기한 것이 혹시 프리터나 오타구가 아닐까요? 잘 모르겠습니다. 자본주의 시스템에 떨어져 나가더라도 얼마든지 살 수 있다는 것을 보여주는 것이 중요합니다. 그것은 감금의 공간을 너머 볼 수 있어야 합니다. 소통이 그것을 가능하게 해 줄 것입니다.

최병두 ── 여기서 신자유주의 미래에 대해 이야기할 근거가 좀 있는 것 같습니다. 앞서 노동자의 신체가 훼손되고 가장 억압되는 조건이 있다는 거죠. 노동자들은 자신이 신체 밖에 없는 상황이기 때문에 비정규화되거나 근대적 산업체제로부터 이탈되었을 때 최대의 위험에 노출된다는 거죠. 반면에 부분적으로 나타나는 프리터 같은 경우는 그 사람의 개인적 의식이 신자유주의적 시스템에 적응하기 어려운 부분도 있겠지만 그 자체가 이미 신자유주의에서 허용된 점도 있다는 거죠. 신자유주의는 기본적으로 가진 자에게 유휴화된 자본을 제공했고 이것이 일정기간 동안 실제 고용이 되지 않더라도 얼마간 먹고 살 수 있게 해 준 거죠. 결국 한편에서는 하위직 노동자는 기를 쓰고 비정규직이라도 가지려고 하는 반면, 다른 한편에는 놀면서 사는 사람도 존재한다는 거죠.

김재훈 —— 그러면 후자의 경우 얼마나 사회적 문제라고 할 수 있을까요?

사회 —— 일본의 프리터가 단지 여유있는 사람들은 아니라고 봅니다. 일본 만화 『하늘』에서 보여지는 것은 스스로 프리터를 선택했지만 사실 배후에는 자신의 꿈을 실현할 수 없어서 결국 좌절한 결과 의식적으로 프리터를 선택한 사람들이 나옵니다. 즉 전자인 비자발적 실업자와 후자인 자발적 실업자간의 구분이 명확한 것이 아니란 거죠.

김재훈 —— 프리터가 본질적으로 뭐냐는 것이 문제일텐데, 그것은 미래의 문제라고 하더라도, 우리 사회에서는 결국 원하지 않은데도 비정규직을 강제로 갖게 되는 88만원 세대가 문제 아니냐는 거죠. 이 세대가 어떻게 될 것이냐가 신자유주의의 미래와 밀접히 관련되는 것 같습니다. 이 사람들이 왜 자신의 권리를 요구하지 않고 개별적으로 자기들끼리 헛된 경쟁을 하고 있느냐는 거죠. 저는 그것이 심각한 문제라고 생각하는데, 프랑스에서는 청년들이 데모도 하고 일자리를 요구하잖아요. 그러나 우리 학생들은 아직 그런 요구가 없거든요.

최병두 —— 복지가 미약하고 경험이 일천하여 우선적으로 시스템에 적응하려고 하는 것 아닌가 생각합니다. 프리터가 나오는 것은 어느 정도 복지 시스템이 유지되고 있기 때문이지 아닐까요? 지금 우리나라는 프리터도 나올 수 없는 환경이라고 봐야지요.

박지웅 —— 며칠 전에 나온 자퇴한 고대 여학생이 좋은 사례이죠. 고대여학생의 자퇴의 변을 보니 우리나라 대학생이 전형적인 좀비가 아닌가라는 생각이 듭니다. 학벌 못 갖춘 불구, 영어 못하는 불구, 정보화 사회의 지식을 결여한 불구, 각종 스펙을 못 갖춘 불구, 그야말로 불구 덩어리입니다. 좀비의 특징이 자신이 좀비이면서 좀비라는 것을 모른다는 것이예요. 이런 점에서 그 여학생에게 박수를 보냅니다. 그 여학생은 제 글에서 폴짝뛰기를 한 셈입니다. 대학생들뿐만 아니라 우리사회의 다양한 계층에서 신자유주의의 합리성을 거부하는 소통의 네트워크를 형성하며 지켜야만 신자유주의의 전횡을 막을 수 있다고 생각합니다.

우리나라에서의 신자유주의, 그 대안은 무엇인가?

사회 —— 88만원 세대, 고대 자퇴생 등 이야기가 자연스럽게 우리나라 이야기로 들어왔네요. 우리나라 신자유주의의 특성과 전망, 대안에 대해 이야기를 해주세요.

—— 우리나라 이야기는 할 게 많은데, 우리나라 신자유주의 언제 시작했나, 우리나라 신자유주의 특성이 뭐냐, 우리나라 신자유주의 극복이 뭐냐 이점이 이야기되어야 할 것입니다. 우리나라에서 신자유주의를 이야기할 때 말하는 사람에 따라 조금씩 다른 것 같아요. 신자유주의

를 이야기 하는 사람 중 노동 해방을 주장했던 사람들이 특히 신자유주의를 아주 폭넓게 보는 것 같더군요. 특히 발전국가에서 발전국가의 해체를 모두 신자유주의로 보는 것 같더군요. 즉 1980년대 후반부터 신자유주의로 본단 말이에요. 그러나 저는 이후에 신자유주의에 제동을 거는 정책도 있는데 이 모두를 뭉뚱거려 신자유주의로 보는 문제가 있다고 생각이 듭니다. 예를 들어 김대중 정부의 경우 IMF 구조조정을 전폭적으로 받아들일 수밖에 없었고, 이 중 4대 구조조정은 분명히 신자유주의죠. 그런데 이 과정에 복지제도가 대폭 들어왔어요. 이것은 완전한 신자유주의라고 보기는 어렵다고 생각해요. 다음에 분단문제에 대해 상당히 적극적인 정책이 나왔죠. 따라서 김대중, 노무현 정부를 완전한 의미에서 신자유주의라고 보기 어렵다고 생각합니다. 그 시기를 한국에서는 아직 완성되지 못한 사민주의라고 본다면 그 부분은 우리 사회가 계속 키워야 한다고 생각합니다.

최병두 —— 일단 우리나라의 신자유주의 등장과정은 세 단계로 구분할 수 있을 것 같습니다. 저는 대체로 1980년대 말에 등장했다는 점에 동의합니다. 이렇게 보는 이유는 1980년대말 우리나라에서 발생했던 두가지 중요한 전환적 상황 때문입니다. 하나는 권위주의적 독재정권이 붕괴되고 민주화의 길로 나아가게 되었다는 점입니다. 이 당시까지 우리나라 국가는 흔히 발전(주의)국가로 규정되었지만, 그 이후 신자유주의적 정책들을 수행하고자 했습니다. 물론 발전주의 국가가 독재국가와 등치되지는 않을 것 같아요. 대만, 일본도 발전주의라고 할 수 있으니 말이지요. 따라서 독재의 해체는 신자유주의로 갈 기초를 마련했지만 곧 발전국가의 해체는 아니지요. 오히려 김영삼 정부 하에서 발전주의 국가의 기능이 더 강화되고 있음을 볼 수 있습니다. 또 다른 하나는 1980년대 말 우리나라에서 포드주의가 주변부적 특성을 탈각하고 시장의 기능이 정상화되었다는 겁니다. 시장이 정상화, 즉 합리화되지 않으면 신자유주의가 성립할 수 없단 말이지요. 물론 시장의 정상화, 합리화 자체가 신자유주의화를 뜻하는 것은 아닙니다. 그러나 우리나라의 경우, 시장의 합리화란 국가로부터 재벌을 중심으로 하는 자본가계급의 자율성이 상당히 증대되는 시기라는 거죠. 그런데 김영삼정부는 신자유주의화를 지나치게 추동했어요, 그리고 외적으로는 투기적 자본의 공략의 대상이 되어 1997년 말 외환위기를 겪은 거죠.

두 번째 단계는 김대중, 노무현 정부 시기이며 보다 본격적으로 신자유주의가 된 시기로 볼 수 있는데 이는 기본적으로 시장의 자유가 적극적으로 도입되는 과정이었고 외국자본에 대한 개방이 본격화되었다는 거죠. 문제는 이런 부분에서 정부가 어떤 역할을 했느냐는 것입니다. 신자유주의에서 국가는 시장의 경제 문제를 뒤처리하는데 우선적 관심을 가졌다는 거죠. 복지제도는 뒤처리 과정의 일환이었지, 서구의 복지체제와는 다릅니다. 우리나라의 복지는 생산적 복지, 즉 시장의 원활한 작동과 관련된 복지죠. 또 햇볕정책도 신자유주의 심화의 한국적 특수성과 관련되지 않았을까라고 생각해 볼 수도 있을 것같습니다. 이것은 확인되지는 않았지만 노무현 정부 하에서의 한미FTA가 신자유주의의 대표적 사건이라고 본다면, 이 시기 북한에 접근하면서 한미FTA가 같이 병행되었다는 점에 주목해봐야 할 거라고 봅니다.

세 번째 단계는 이명박 정부의 등장에서 시작되었습니다. 이 시기의 신자유주의화는 미국식으로 보면 신보수주의적 신자유주의라 할 수 있지만, 이 신자유주의가 가능한 것은 흔히 퇴행적 발전주의라고 하는 것의 연장선상에 있기 때문이죠. 특히 국가 주도의 공적 자원의 배분 전략, 예를 들어 4대강 사업 등이 추진되고 있을 뿐만 아니라 에너지위기 극복을 명분으로 녹색성장과 같이 추가로 새로운 신자유주의적 산업정책이 등장하게 됩니다. 녹색성장이란 환경을 경제축적에 동원하는 것이지요, 예를 들어 탄소시장 등은 자연을 금융화하는 것이지요. 반면 두 번째 단계에서 강조되었던 혁신과 '거버넌스'라는 신자유주의의 이데올로기적 기능에 대한 국가적 관심은 무시 또는 쇠퇴되었죠. 이 과정에서 현 정부는 일방적으로 신자유주의를 강제하기 때문에, 국민들의 광범위한 저항이 전면화되는 국면들이 나타나는 거죠. 예로, 촛불집회 등은 국가가 신자유주의의 이데올로기화를 소홀히 하면서 저항의 공간적 틈새를 보여주었기 때문에 나타나는 현상이라는 거죠.

사회 —— 김재훈, 최병두 선생님의 생각은 우리나라의 신자유주의에 대한 두가지 인식을 대표하고 있는 것 같습니다만, 각각 문제가 있다고 생각됩니다. 예를 들어 최병두 선생님처럼 김대중, 노무현 정부를 신자유주의라고 이해한다면 김영삼-이명박으로 이어지는 정책과 김대중-노무현으로 이어지는 정책들이 현 시점에서 충돌하는 측면을 간과하게 되는 문제가 있고, 김재훈 선생님처럼 신자유주의를 신자유주의 정책들(개방, 민영화, 규제완화, 감세 등)에만 한정해서 이해한다면 김대중, 노무현 정부의 정책들이 신자유주의적인 것과 아닌 것, 즉 김재훈 선생님 표현대로라면 사회민주주의적인 것들이 같이 포함되어 있다고 보는 것인데 이 경우 우리는 민주당으로 대표되는 우리나라의 정통야당이 사실상은 그다지 진보적이지 않았고, 그 내에서 조차 진보적이지 않은 입장이 헤게모니를 지배했다는 점을 잘 설명할 수가 없어요. 그래서 저는 우리나라에서 신자유주의를 극복하기가 더 어려운 점이 있다고 생각합니다. 요컨대 민주당으로 대표되는 자유주의 야당은 자유주의가 가진 진보성과 신자유주의가 가진 보수성을 모두 가진 것 같아요. 이런 점을 감안할 때 우리나라 신자유주의의 대안은 어떨까요?

박지웅 —— 사회운동의 차원에서 신자유주의에 대한 접근은 참 혼란스러워요. 좌파정권이라는 지난 10년의 정책기조가 신자유주의였고 이를 비판하는 현정부의 정책기조도 신자유주의입니다. 서로 상반된 입장을 가진 사람조차도 가령 예를 들어 재벌이나 반재벌 모두 다 자신을 신자유주의자라고 그러거든요. 따라서 누가 신자유주의자인지 판별하는 것은 큰 의미가 없어요. 중요한 것은 신자유주의 세력과 반 신자유주의 세력의 전선을 형성하는 것입니다. 반 신자유주의 세력이 협소한 좌파집단이어서도 안되고 그렇다고 해서 비 신자유주의와 같은 잡동사니여서도 곤란합니다. 반 신자유주의 세력의 전선형성은 한국적 현실에 뿌리를 두고 실천할 수 있는 창의적 노력이 있어야 하지 않나 생각합니다. 반 신자유주의 세력의 전선형성에 다양한 세력들이 참여하여야 합니다. 다양한 세력들의 이러한 공존은 소통을 통해서만 가능합니다. 소통은 촛불집회를 보면서 사건이 터질 때마다 일어나는 것으로는 부족한 것 같습니다. 촛불집회에서 보는 것처럼 소통의 네트워크는 잘 형성되어 있어요. 촛불집회의 열기가 식자 현 정부는 허브를 틀어막아 네트워크를 무용지물로 바꿔버렸습니다. 그래서 유모차 엄마들을 법정에 소환하는 것을 안타깝게도 지켜만 봐야했습니다. 반 신자유주의 세력의 전선형성이 이렇게 되어서는 곤란합니다. 그것은 누르하치의 팔기군처럼 되어야 한다고 봅니다. 팔기군은 전쟁만 한 것이 아니죠. 전시가 아닐 때 그들 각자는 다른 일들을 한 것입니다. 그들은 전시에 징집되는 군인이 아니라 언제든 전쟁기계로 바뀔 수 있는 게릴라였던 셈입니다. 반 신자유주의 세력의 전선형성에도 소통이 항상 일어날 수 있도록 허브를 지킬 필요가 있습니다.

김홍중 —— 공감합니다. 제 생각에는 신자유주의에 대한 비판이 자유주의에 대한 비판을 포괄하고 있는 듯합니다. 그러나 시장 자유주의로 환원되지 않는 자유주의적 전통 즉 개인의 성찰적 능력과 이성적 반성 그리고 도덕적 결단을 강조하는 입장으로부터 오히려 신자유주의적 삶의 비판의 동력을 찾아낼 수 있을 것 같습니다. 말하자면 신자유주의는 진정한 자유주의를 불가능하게 만든다는 것이지요. 진정한 자유주의는 개체의 행복에 기초한 사회적 공생을 추구하는 것이죠. 이런 방식으로 자유주의를 신자유주의와 분리시켜, 반 신자유주의적 연대의 가능성을 확장하는 것, 그것이 가능한 한 대안일 수도 있을 것이라 생각합니다.

최병두 —— 진정한 자유주의가 가능하다면 대안이 될 수도 있다고 생각합니다. 그러나 신자유주의가 과거의 자유주의의 연장선상에 있거나 이의 변형이라고 생각한다면, 개인의 자유나 행복보다는 오히려 공동체주의적 입장에서 타자성을 인정하는 사회적 공생을 대안으로 제시해 볼 수도 있을 것입니다. 어쨌든 시장이나 자본에 편향된 '나쁜' 자유를 명분으로 한 신자유주의적 이데올로기에서 벗어나는 것이 중요하다고 생각합니다.

또한 신자유주의가 단지 어떤 이데올로기일 뿐만 아니라 현실의 작동과정이나 메커니즘과 관련된다는 점에서 특히 하비가 주장한 탈취에 의한 축적에서 금융자본에 의한 신자유주의화 과정을 분석하고 이를 해체시킬 수 있는 방안을 모색해 보아야 할 것입니다. 떠돌고 있는 사회적 유휴자본이 금융자본의 영역이 아니라 시회복지의 영역으로 투입되어, 사람들의 삶의 질을 높이면서 복지적 소비가 다시 경제로 연결될 수 있는 메커니즘을 만들어내는 것이 필요합니다. 이렇게 하기 위해서는 국가가 새로운(신케인즈주의적 복지국가의) 역할을 담당하여야 할 뿐만 아니라 시민들도 사회적 권리, 도시적 권리의 관점에서 이를 요구하는 운동을 치열하게 전개해나가야 할 것입니다.

김재훈 —— 앞에서 신자유주의에 대한 정의를 일부 했거든요. 앞의 신자유주의에 관한 정의와 일관성을 가지고 대안을 구성해야 할 것이라고 봅니다. 신자유주의 정의를 국가규제를 철폐하고 자본축적을 촉진하는 그런 정의를 견지하면서 신자유주의 정책을 분석해야 합니다. 김영삼 정부는 계속해서 친재벌적 자유화를 추구했죠. 이런 점에서 독재체제, 즉 발전국가(즉 정치적으로는 주변부 파시즘체제죠)가 해체되고 신자유주의로 가는 길목에 있었던 거죠. 저는 시장경제가 합리화되는 부분과 독점재벌을 위한 신자유주의는 구분해야 한다고 생각합니다. 그런 점에서 모든 것을 무조건 신자유주의로 봐서는 안된다고 생각합니다. 왜냐하면 자본주의 하에서도 사민주의가 가능한데, 신자유주의를 너무 광범위하게 정의하면 사민주의의 가능성이 없어진다는 것이 문제가 됩니다. 또 다른 한편 개방의 문제가 있는데 FTA협정 체결이 그 단적인 예죠. 무역의 개방을 완성시키는 부분은 한국자본주의의 세계자본주의 내 생산력 수준에서 볼 때는 한국자본주의의 대외 개방 확대라는 측면에서 볼 수 있고 이것을 신자유주의로 보기는 어렵다고 생각합니다. 북유럽의 사민주의 복지국가들이 모두 아주 높은 수준의 경제개방 하에 있다는 것도 고려해야 합니다. 개방이 곧 신자유주의는 아닌 것이지요. 결국 김대중, 노무현 정부는 일부 신자유주의 요소가 있지만 다른 요소도 있었던 것이에요.

그런데 지금의 이명박 정부는 한편으로는 복지의 후퇴, 해체와 같은 신자유주의의 전면화 다른 한편으로는 4대강, 녹생성장, 민주주의의 파괴 등과 같이 발전국가로의 후퇴라는 특성을 띠고 있어요. 따라서 이 사회민주주의적 요소를 더 키워야 할 상황이라고 봅니다.

사회 —— 여러 선생님 논의를 들어보니 우리나라 신자유주의에 대해서 쟁점이 되는 대표적 시각을 잘 요약해주신 것 같습니다. 결국 이것은 김대중, 노무현 정부를 어떻게 봐야 할까? 이 양 정부가 가져왔던 정책들이 신자유주의냐, 아니면 다른 무엇인가 등이 문제가 되는 것 같습니다. 다만 현재의 이명박 정부의 신자유주의에 대해서는 대체로 합의가 있는 것 같습니다. 하지만 우파에서 '잃어버린 10년'이라고 부르는 자유주의의 집권기는 문제적 시기이네요. 정말 우리가 어떻게 해야 할지 앞으로 계속 고민해야 할 주제라고 생각이 됩니다. 이를 위해서는 정말 토론이 활성화되어야 합니다. 모쪼록 이 토론이 독자들에게 우리 글의 좋은 가이드가 되고 향후 과제들을 명확히 하는 계기가 되었으면 합니다. 장시간 토론 감사합니다.

김재훈 —— 그러면 후자의 경우 얼마나 사회적 문제라고 할 수 있을까요?

사회 —— 일본의 프리터가 단지 여유있는 사람들은 아니라고 봅니다. 일본 만화 『하늘』에서 보여지는 것은 스스로 프리터를 선택했지만 사실 배후에는 자신의 꿈을 실현할 수 없어서 결국 좌절한 결과 의식적으로 프리터를 선택한 사람들이 나옵니다. 즉 전자인 비자발적 실업자와 후자인 자발적 실업자간의 구분이 명확한 것이 아니란 거죠.

김재훈 —— 프리터가 본질적으로 뭐냐는 것이 문제일텐데, 그것은 미래의 문제라고 하더라도, 우리 사회에서는 결국 원하지 않은데도 비정규직을 강제로 갖게 되는 88만원 세대가 문제 아니냐는 거죠. 이 세대가 어떻게 될 것이냐가 신자유주의의 미래와 밀접히 관련되는 것 같습니다. 이 사람들이 왜 자신의 권리를 요구하지 않고 개별적으로 자기들끼리 헛된 경쟁을 하고 있느냐는 거죠. 저는 그것이 심각한 문제라고 생각하는데, 프랑스에서는 청년들이 데모도 하고 일자리를 요구하잖아요. 그러나 우리 학생들은 아직 그런 요구가 없거든요.

최병두 —— 복지가 미약하고 경험이 일천하여 우선적으로 시스템에 적응하려고 하는 것 아닌가 생각합니다. 프리터가 나오는 것은 어느 정도 복지 시스템이 유지되고 있기 때문이지 아닐까요? 지금 우리나라는 프리터도 나올 수 없는 환경이라고 봐야지요.

박지웅 —— 며칠 전에 나온 자퇴한 고대 여학생이 좋은 사례이죠. 고대여학생의 자퇴의 변을 보니 우리나라 대학생이 전형적인 좀비가 아닌가라는 생각이 듭니다. 학벌 못 갖춘 불구, 영어 못하는 불구, 정보화 사회의 지식을 결여한 불구, 각종 스펙을 못 갖춘 불구, 그야말로 불구 덩어리입니다. 좀비의 특징이 자신이 좀비이면서 좀비라는 것을 모른다는 것이에요. 이런 점에서 그 여학생에게 박수를 보냅니다. 그 여학생은 제 글에서 폴짝뛰기를 한 셈입니다. 대학생들뿐만 아니라 우리사회의 다양한 계층에서 신자유주의의 합리성을 거부하는 소통의 네트워크를 형성하며 지켜야만 신자유주의의 전횡을 막을 수 있다고 생각합니다.

우리나라에서의 신자유주의, 그 대안은 무엇인가?

사회 —— 88만원 세대, 고대 자퇴생 등 이야기가 자연스럽게 우리나라 이야기로 들어왔네요. 우리나라 신자유주의의 특성과 전망, 대안에 대해 이야기를 해주세요.

김재훈 —— 우리나라 이야기는 할 게 많은데, 우리나라 신자유주의 언제 시작했나, 우리나라 신자유주의 특성이 뭐냐, 우리나라 신자유주의 극복이 뭐냐 이점이 이야기되어야 할 것입니다. 우리나라에서 신자유주의를 이야기할 때 말하는 사람에 따라 조금씩 다른 것 같아요. 신자유주의 유철규, 2004, 양극화와 국민경제 해체의 경제구조 - 사회적 갈등의 심화와 민주주의의 위기, 아세아연구 통권 제118호.

유철규, 2004, 한국 자본주의의 현안과 갇힌 진로:자본 집중과 사회 · 경제적 양극화 그리고 자본 수출과 유휴자본의 누적, 동향과전망 통권 제61호.

윤수종, 2003, 네그리와 맑스: 자율주의적 맑스주의, 맑스코뮤날레 조직위원회 편, 지구화시대 맑스의 현재성 1, 문화과학사.

이덕재, 2004, 외환위기 전후 축적구조변화에 관한 시론적 분석, 사회경제평론 23호.

장시복(2008), "미국 서브프라임 모기지 사태와 세계 경제의 위기", 사회경제평론 31호

가라타니 고진 외, 2002, 국가와 자본에 대항하는 투쟁 · 보이콧, 문화/과학(32).

가라타니 고진, 1986, 탐구 I, 새물결(권기돈 역, 1998).

가라타니 고진, 1989a, 탐구 II, 새물결(권기돈 역, 1998).

가라타니 고진, 1989b, 언어와 비극, 도서출판b(조영일 역, 2004).

가라타니 고진, 1990, 마르크스 그 가능성의 중심, 이산(김경원 역, 2003).

가라타니 고진, 1999, 유머로서의 유물론, 문화과학사(이경훈 역, 2002).

가라타니 고진, 2000, 윤리21, 사회평론(송태욱 역, 2001).

가라타니 고진, 2001, 트랜스크리틱, 한길사(송태욱 역, 2005).

가라타니 고진, 2006, 세계공화국으로, 도서출판b(조영일 역, 2007).

Arendt, H., 1953, The Human Condition. Chicago & London: The University of Chicago Press.

Arendt, H., 1982, 칸트 정치철학 강의, 김선욱 옮김, 푸른숲, 2000.

Arrighi, G. et al. 2008, Chaos and Governance in the Modern World System, 체계론으로보는 세계사, 모티브북(최홍주 역).

Benasayag, M., 2008, La santé à tout prix, Paris, Bayard.

Benhabib J. and A. Przeworski, 2003, The Political Economy of Redistribution under Democracy,

Benhabib J. and A. Przeworski, 2006, The political economy of redistribution under democracy, Economic Theory, vol. 29, issue 2.

Bichler, S and J. Nitzan, 2004, Capital as Power, 권력자본론, 삼인(홍기빈 역, 2004).

Block F., 1977, The Ruling Class Does Not Rule, Socialist Revolution, vol.7,no.3, 1977.

Brenner, N. and Theodore, N. (eds), 2002, Spaces of Neoliberalism: Urban Restructuring in North America and Western Europe, Blackwell, Oxford.

Brown, W., 2003, "Neo-liberalism and the End of Liberal Democracy", Theory and Event (7-1).

Castree, N., 2008, Neoliberalising nature: the logics of deregulation and regulation, Environment and Planning A, 40, 131-152.

Chomsky, N., 1970, 촘스키, 미래의 정부를 말하다, 모색(유강은 역, 2006).

Danajay, M. A. & D. Rieder, 2003, 「매트릭스, 마르크스 그리고 건전지의 생애」, S. Zizek et al(2003), Matrix and Philosophy: Welcome to the Desert of the Real, 매트릭스로 철학하기, 한문화(이운경 역, 2003).

de Brunhoff, S.,1978, The State, Capital and Economic Policy, Pluto Press.

Deleuze, G. & F. Guattari, 1972, L'anti-Oedipe: Capitalism and Schizophrenia I(AO로 약칭), 앙띠 오이디푸스, 민음사(최영관 역, 1997).

Deleuze, G. & F. Guattari, 1980, A Thousand Plateaus: Capitalism and Schizophrenia II(TP로 약칭), translated by B. Massumi, Minneapolis: University of Minnesota Press, 1987.

Deleuze, G., Pourparlers 1972~1990, 1990, 솔(김종호 역, 대담 1972~1990).

Descartes, R., 1637, 방법서설, 서광사(최명관 역, 1983).

Dumenil, G. and Levy, D., 2000, Crise et sortie de crise: Ordre et désordres néolibéraux, 자본의 반격(신자유주의 혁명의 기원), 필맥(이강국 역, 2006).

Durham J., Economic Growth and Political Regimes, Journal of Economic

Growth, 4, March 1999.

Dyer-Withefold, N., 1999, Cyber-Marx: Cycles and Circuits of Struggle in High-Technology Capitalism, 사이버-맑스, 이후(신승철, 이헌 역, 2003).

Foucault, M., 1975, Surveiller et Punir, 감시와 처벌: 감옥의 탄생, 나남출판(오생근 역, 1994).

Foucault, M., 1977, "Le jeu de Michel Foucault", in Dits et écrits II 1976~1988. Paris, Gallimard, 2001.

Foucault, M., 1984, 성의 역사2, 나남(문경자, 신은경 역, 2004).

Gasiorowski M., Democracy and Macroeconomic Performance in Underderveloped Countries: An Empirical Analysis, Comparative Political Studies, 33(3), 2000.

Giavazzi F. & G.Tabellini, Economic and Political Liberalization, Journal of Monetary Economics, Journal of Monetary Economics, vol. 52, issue 7, 2005.

Giddens A., 1984, 사회구성론, 자작아카데미(환명주, 정희태, 권진현 역, 1998).

Giddens A., 1992, 친밀성의 구조변동, 새물결(배은경, 황정미 역, 2003).

Giddens A., 1994, 탈전통사회에서 산다는 것, in Giddens, A. · Beck, U. · Lash, S. 성찰적 근대화, 한울(임현진, 정일준 역, 1998).

Glassman, J., 2006, Primitive accumulation, accumulation by dispossession, accumulation by 'extra-economic' means, Progress in Human Geography, 30(5), 608-625.

Glyn, A. & Sutcliffe, R. (1972), British Capitalism, Workers and the Profit Squeeze, Penguin, Harmondsworth.

Glyn, A., 2006, Capitalism Unleashed: Finance, Globalization and Welfare, Oxford, 고삐 풀린 자본주의:1980년 이후, 필맥(김수행, 정상준 역, 2008).

Gordon, C., 1991, "Governmental Rationality", in Foucault Effect, Brighton:

Harverster.

Guattari, F & A. Negri, 2000, Rotour vers le futur, 미래로 돌아가다, 갈무리(조정환 역, 2000).

Hamilton N., State Autonomy and Dependent Capitalism in Latin America, British Journal of Sociology, vol.32, no.3, 1981.

Hardt, M. & A. Negri, 2004, Multitude: War and Democracy in the age of Empire, New York: the Penguin press.

Hardt, M. & A. Negri, 2000, Empire, 이학사(윤수종 역, 2001).

Hardt, M.(1993), Gilles Deleuze: An Apprenticeship in Philosophy, 들뢰즈 사상의 진화, 갈무리(김상운, 양창렬 역, 2004).

Harman, C., 2008, Theorising neoliberalism, International Socilaism, 117.

Harvey, D., 1982, The Limits to Capital, Blackwell, Oxford, 자본의 한계, 한울(최병두 역, 1995).

Harvey, D., 2003, The New Imperialism, Oxford Univ. Press, Oxford, 신제국주의, 한울(최병두 역, 2005).

Harvey, D., 2005, A Brief History of Neoliberalism, Oxford Univ. Press, Oxford, 신자유주의: 간략한 역사, 한울(최병두 역, 2007).

Harvey, D., 2006, Spaces of Global Capitalism: Towards A Theory of Uneven Development, Verso, London.

Harvey, D., 2006a, A war waged by the wealthy, interview by J. Choonara, http://www.socialistreview,org.uk/article.php?articlenumber=9655.

Harvey, D., 2006b, On neoliberalism: An interview with David Harvey (by S. Lilley), Monthly Review, http://mrzine.monthlyreview.org/lilley190606.html.

Harvey, D., 2007a, Neo-liberalism as creative destruction, The Annals of the American Academy of Political and Social Science, 610(1), 21-44.

Harvey, D., 2007b, Neo-liberalism and the city, Studies in Social Justice, 1(1), 2-13.

Harvey, D., 2008, The right to the city, New Left Review, 53, 23-40.

Harvey, D., 2009a, Is this really the end of neoliberalism?, Counterpunch, http://www.counterpunch.org/harvey03132009.html.

Harvey, D., 2009b, The right to the city and alternatives to neoliberalism, http://wsf2009.wordpress.com/2009/01/30/the-right-to-the-city-and-alternatives-to-neoliberalism/

Harvey, D., 2009c, David Harvey on the G20, the financial crisis and neoliberalism, http://urtextedition.wordpress.com/2009/04/02/david-harvey-on-the-g20-the-financial-crisis-and-neoliberalism/.

Harvey, D., 2010, The Enigma of Capital, Oxford University Press, Oxford.

Hazleden, R., 2003, Love yourself, Journal of Sociology39(4).

Helliwell J., 1994, Empirical Linkeages between Democracy and Economic Growth, British Journal of Political Science, 24, 1994.

Holloway J. & S.Picciotto,1978, Towards a Materialist Theory of the State, J.Holloway & S.Picciotto eds., State and Capital, London, Edwards Arnold, 1978.

Huntington S., 1968, Political Order in Changing Societies, Yale University Press, 1968.

Jensen, M. C., 1988, Takeover: Their Causes and Consequences, The Journal of Economic Perspectives, 2.1.

Kant, I, 1784b, 세계시민적 관점에서 본 보편사의 이념, 칸트의 역사철학, 서광사(이한구 역, 1992).

Kant, I., 1784a, 계몽이란 무엇인가에 대한 답변, 칸트의 역사철학, 서광사(이한구 역, 1992).

Keynes, J. M., 1926, "The End of Laissez-Faire", Collected Writings of Keynes, Vol. 9.

Lacan, J., 1986, L'éthique de la psychanalyse, Paris, Seuil.

Lazonick, W. & M. O'Sullivan, 2000, "Maximizing shareholder value: a new ideology for corporate governance", Economy and Society, No. 1. Feb.

Lemke, Th., 2002, Foucault, Governmentality, and Critique, Rethinking Marxism 14(3).

Li H. & H.Zou, Income Inequality Is Not Harmful for Growth: Theory and Evidence, Review of Development Economics, vol. 2, issue 3, 1998.

Margalit, A., 1996, 품위있는 사회, 동녘(신성림 역, 2008).

Marx, K, Capital I, Harmondsworth: Penguin, 1976.

Marx, K, 1848, The Communist Manifesto, 19세기 독일사회사상, 연찬(이대환 편역, 1987).

Marx, K., 1867, 자본론, 비봉출판사(김수행 역, 1989).

Massumi, B., 1987, "Rearer than Real: The Simulacrum According to Deleuze and Guattari," Copyright, no. 1.

Massumi, B., 1992, A User's Guide to Capitalism and Schizophrenia, :Deviations from Deleuze and Guattari, Cambridge, MA.: The MIT Press.

Mumford, L., 1961, The City in History: Its Origin, Its Transformation, and Its Prospect, 역사 속의 도시, 명보문화사(김영기 역, 1990).

Mumford, L., 1967, The Myth of Machine, Technics and Human Development, New York: Harcourt, Brace & World, Inc., 1967.

Myers, T., 2003, 누가 슬라보예 지젝을 미워하는가, 엘피(박정수 역, 2005).

Nonini, D. M., 2008, Is China becoming neoliberal? Critique of Anthropology, 28(2), 145-176.

Nussbaum, M., 1996, 애국주의와 세계시민주의, Cohen, J., ed., 나라를 사랑한다는 것, 삼인(오인영 역, 2003).

Persson T.& G. Tabellini, Democracy and Development: The Devil in the Details, Working Papers from IGIER (Innocenzo Gasparini Institute for Economic Research), No 302, Bocconi University, 2006.

Polanyi, K., 1944, The Great Transformation: the Political and Economic Origins of Our Time. Boston: Beacon Press, 거대한 전환, 길(홍기빈 역, 2009).

Poulantzas N., 1969, The Problem of the Capitalist State, New Left Review, no.58, Nov/Dec.

Przeworski A. and F.Limongi, 1993, Political Regimes and Economic Growth, Journal of Economic Perspectives 7(3)

Przeworski A., M.Alvarez and F.Limongi, 2000, Democracy and Development, Cambridge University Press

Razac, O., 2002, 텔레비전과 동물원, 마음산책(백선희 역, 2007).

Richard, M., M-F. Côte-Jallade & J-F. Skrzypczak, 1985, Penseurs pour aujourd'hui, 오늘의 프랑스 사상가들, 문예출판사(이상률, 양운덕 역, 1998).

Rimke, H. M., 2000, "Governing Citizens Through Self-Help Literature", Cultural Studies 14(1).

Saad-Filho, A. and Johnston, D., 2005, Neoliberalism: A Critical Reader, Pluto Press, London, 네오리버럴리즘, 그린비(김덕민 역, 2009).

Sennett, R., 2006, 뉴캐피털리즘, 문예출판사(유병선 역, 2001).

Sirowy L. & A.Inkeles, 1991, The Effects of Democracy on Economic Growth and Inequality: A Review, in On Measuring Democracy: Its Consequences and Dondomitants, ed. Alex Inkeles, Transaction Publishers

Song, Je Sook, 2003, Shifting Technologies: Neoliberalization of the Welfare State in South Korea, 1997~2001. Ph D. Dissertation, University of Illinois.

Stiglitz, J., 2001, Globalization and Its Discontents, W.W. Norton.

Tomey, S., 2004, 反자본주의, 유토피아(정해영 역, 2007).

UNDP, 1999, World Report on Human Development

Virilio P., 1977, Vitesse et Politique, 속도와 정치, 그린비(이재원 역, 2004).
Wallerstein, I., 1991, Historical Capitalism, 역사적 자본주의/자본주의 문명, 창작과 비평사(나종일, 백영경 역, 1993).
Zupančič, 2001, 실재의 윤리, 도서출판b(이성민 역, 2004).
Žižek, S., 2004, Organs without Bodies: On Deleuze and Consequences, London: Rouledge.
Žižek, S., 2006, The Parallax View, 시차적 관점, 마티(김서영 역, 2009).
Žižek, S., 1994, 향락의 전이, 인간사랑(이만우 역, 2001).

참고 사이트

산업자원부
통계청
한국은행
한국은행, 「85~90~95년 접속불변산업연관표」, 2002
OECD, Society at a Glance- OECD Social Indicator, 2005

본서에 포함된 글의 출처: 본서의 제1장의 글은 〈마르크스주의 연구〉, 6권 2호; 제2장은 〈사회와 이론〉 14권 1호; 제5장은 〈기억과 전망〉, 16호에 발표된 논문을 수정 보완한 것입니다.